아수라장의 모더니티

박해천

1980년, 시골 출신 청년 덕배는 이제 막 개발의 기지개를 켜고 있던 강남의 어느 중국집에서 배달원으로 일하기 시작했다. 2년 전, 그는 소작농 부모님을 도와 농사를 짓다가 더 이상 이렇게는 못 살겠다는 생각에 새벽 기차를 타고 무작정 상경했다. 손에 밴 기술 하나 없이 맨몸뚱이 하나로 서울에서 버티는 건 쉬운 일이 아니었다. 그저 삼시 세끼 고봉밥 먹여주고 비 새지 않는 골방에 잠만 재워주면, 무조건 오케이 하고 달려갈 수밖에 없는 처지였다. 서러운 서울살이 2년 동안 온갖 허드렛일을 전전한 끝에 손에 거머쥔 것은 겨우 푼돈 몇 푼뿐이었다.

그는 얼마 전까지 폐차장에서 일했다. 거기서 그가 맡은 일은 고물 차들을 해머로 내리치며 박살을 내는 것이었다. 1년에 한 번 택시를 탈까 말까 한 형편이었지만, 폐차 직전의 피아트 124나 코티나 같은 고급 승용차의 몸매를 직접 손끝으로 쓰다듬으며 자신도 언젠가는 자가용을 몰며 폼 나게 살 수 있을 것이라는 기대감에 빠져들곤 했다. 물론 이런 단꿈은 언제나 잠시뿐이었다. 일자리를 옮긴 후 그는 한 손으로 배달통을 들고선 열심히 자전거를 몰아야 했다. 아스팔트가 채 깔리지 않은 동네 비포장도로를 달리다 보면, 사거리에서 갑자기 튀어나오는 아이들을 피하지 못해 넘어지기 일쑤였고, 그때마다 땅바닥에 널브러진 음식 값을 월급에서 변상해야 했다.

사실 서울 올라온 뒤 별의별 해괴한 꼴을 다 보았지만, 배달 일을 하면서 경험한 것보다 더 괴상망측한 것은 없었다. 일을 시작한 지 얼마 되지 않아 고급 이층양옥이 즐비한 옆 동네로 볶음밥을 배달 갔을 때의 일이다. 그 집 식모가 코빼기도 비치지 않은 채 대문의 스피커폰을 통해, 정원 올라가는 계단 위에 음식을 놓고 가라고 했다. 사실 그때부터 낌새가 좀 이상하긴 했다. 그런데 그릇을

아수라장의 모더니티

돌려받으러 갔더니 글쎄, 황소만 한 셰퍼드가 볶음밥을 먹어 치운 뒤 긴 혓바닥으로 접시를 핥고 있는 게 아닌가. 아무리 대궐 같은 집에서 산다고 해도 그렇지, 사람이 먹을 음식을 짐승에게 먹이다니. 그의 고향 같았으면, 동네 어르신들에게 천벌 받을 짓을 했다며 욕을 한 바가지 얻어먹었을 만한 일이었다.

얼마 전에는 더 요상한 일도 있었다. 덕배는 철가방을 들고 걸어가다가 포니 승용차에 치일 뻔했다. 선글라스를 낀 멋쟁이 여대생이 그 차의 주인이었다. 그녀는 딱정벌레같이 생긴 차를 모는 남자 친구와 동네 비포장 골목길에서 추격전을 벌이다가 큰 사고를 낼 뻔했던 것이다. 덕배는 땅바닥에 엎어진 음식 값을 배상하라고 요구했고, 며칠 뒤 그 여대생은 자신의 이층양옥으로 덕배를 불러 돈을 건넸다. 그런데 그것으로 끝이 아니었다. 그녀는 덕배를 응접실에 앉혀놓고 커피를 대접하더니 묘한 미소를 지으며 추파를 보내는 것이 아닌가.

위의 내용은 이장호 감독의 1980년 작「바람 불어 좋은 날」초반부의 몇몇 장면들을 정리한 것이다. 내가 이 영화를 처음 본 것은 1987년 겨울, 고등학교 1학년 때였다. 그해 12월 말, 내가 머물고 있던 도시는 16년 만에 직선제로 치러진 대통령 선거 이후 완전히 넋이 나가버린 상황이었다. 인구 100만의 도시가 망연자실한 상태로 혼절 직전에 내몰리면 어떤 표정을 짓게 되는지 그때 처음 목격했다. 하지만 나는 이런 분위기에 아랑곳하지 않았다. 이전에 해오던 대로 토요일 밤 친구들과 함께 기숙사를 빠져나와 심야 프로를 상영하는 시내 중심가의 극장으로 향했던 것이다. 이미 몇 번 본 주윤발의 「영웅본색」을 상영하던 두 편 동시 상영관이었다. 험한 세상에 믿을 것이라곤 '사나이 의리'밖에 없다고 생각하던 시절이었으니 반복 관람은 당연한 선택이었다. 그리고 동시 상영 프로였던 이 영화를 만났다.

서문

이 책을 마무리하는 동안, 「바람 불어 좋은 날」의 몇몇 장면을 계속 떠올렸다. 덕배의 시선으로 1980년 서울의 모습을 바라보기도 했고, 과거의 특정 시점을 응시하는 내 시선을 덕배의 시선과 겹쳐보기도 했으며, 2015년의 덕배는 어디서 무엇을 하며 살고 있을지 상상하며 그가 걸었을 법한 인생의 행로를 그려보기도 했다. 그러다 보니 그가 이 책에 직접 등장하지는 않지만, 이 책이 다루는 대상들 주변 어딘가에 몸을 숨긴 채 나를 바라보고 있는 듯한 느낌이 들기도 한다.

이 책은 이전에 출간된 두 권의 책, 『콘크리트 유토피아』와 『아파트 게임』의 연속선상에서 기획되었다. 목차상으로는 서로 독립된 6개의 장으로 이뤄져 있으며, 그 내용의 흐름은 크게 두 개의 축을 따라 진행된다. 첫 번째 축은 목차 순서에서 드러나듯이 한국전쟁 발발 이후 모더니티의 얼굴을 한 채 등장했던 인공물들의 변화상을 따라간다. 새로운 일상의 질서는 새로운 욕망의 구조를 요구하고 새로운 욕망의 구조는 새로운 감각의 논리를 필요로 하기 마련이다. 이 책에서 나는 일상의 질서, 욕망의 구조, 감각의 논리를 변화시키는 데 촉매제 역할을 했던 모더니티의 인공물들을 소환하고자 했다. T-34형 탱크와 B-29 전폭기 같은 전쟁 기계로부터 서구식 이층양옥과 포니 승용차를 거쳐 쏘나타 투와 신도시 아파트와 대형 할인점, 그리고 개인용 컴퓨터와 그래픽 소프트웨어까지가 이 책에서 다루고자 한 인공물의 목록이다.
첫 번째 축이 위의 인공물들을 순차적으로, 하지만 다소 산만하게 나열한다면, 두 번째 축은 첫 번째 축과 연동된 상태로 중산층 문화의 역사적 형성 과정을 뒤쫓는다. 나는 이 두 번째 축을 통해 모더니티의 인공물들과 밀접한 이해관계를 맺고 그것들을 독특한 힘의 자장 내부로 포섭해내는 행위자로 중산층 내부의 특정 집단을 주목하고자 했다. 특히 그들이 특정한 주거 모델을 삶의 터전으로 삼고선 이 인공물들과의 상호작용을 통해 감각의 논리를 갱신하고 욕망의

구조를 조정하고 일상의 질서를 재편하는 일련의 과정을 살펴보고자
했다. 나는 이 지점에서 크게 세 가지 집단을 주목했는데, 그것은
1960년대의 서북계-이층양옥-중상류층, 1980년대의 강남-아파트-
중산층, 1990년대의 신도시-이마트-중산층이다. 이전의 두 책에서
'강남-아파트-중산층'을 집중적으로 다뤘기 때문에 이 책에서는
일종의 카메오처럼 등장시킨 반면, 다른 두 유형에 대해서는 「'서북-
모던'과 이층양옥 연속체」와 「마지막 코리안 스탠더드」, 이 두 장을
할애해 살펴보았다. 특히 이 두 장은 약간은 세대론적인 관점에서
제각각 중산층의 흥망성쇠를 다룬다는 점에서 『콘크리트 유토피아』의
3장 「영웅시대」와 『아파트 게임』의 베이비 붐 세대에 관한 2, 3장과
연관 관계를 맺고 있다.

　　한편 나는 『콘크리트 유토피아』와 『아파트 게임』에 실험한
바 있는 '비평적 픽션'의 글쓰기 전략을 이 책에서도 활용했다.
1장에서는 한국전쟁을 다룬 소설의 허구적 내용을 역사적 사실과
뒤섞어서 전쟁의 모더니티가 안겨준 충격의 경험을 재구성해 보려고
했고, 2장과 3장에서는 중산층 문화와 긴밀한 이해관계를 맺었던
인공물을 화자로 내세워 그 관계의 역학을 재구성해 보고자 했다.
반면 5장과 6장은 특정 세대의 개인을 주인공으로 내세워 그가
주변의 인공물들과 상호작용하면서 새로운 형태의 행위자로 변모하는
과정을 서술하고자 했다. 5장은 고교 평준화-베이비 붐 세대의
대졸 봉급생활자가 1990년대 전반에 걸쳐 신도시 아파트, 자가용
승용차, 대형 할인점이 제공하는 새로운 경험 형식을 경유하면서
중산층의 90년대 버전이라고 할 만한 '보통 사람들'의 소비문화 속으로
빠져드는 과정, 그리고 이를 통해 '국민', '민족', '시민' 같은 집단적
정체성의 프레임에서 벗어나 '소비자'로서 개인의 정체성을 획득하는
과정을 추적하고자 했다. 반면 6장은 중산층 출신의 디자이너가
전 생애에 걸쳐 디지털 테크놀로지의 역사를 압축적으로 경험하며
컴퓨터 인터페이스와 독특한 관계를 맺는 과정, 그리고 이를 통해

서문

'변종'이라고 불릴 만한 인지적 행위자로 거듭나는 과정을 살펴보았다.

아마도 『콘크리트 유토피아』나 『아파트 게임』을 읽지 않은 독자들에게 이 책의 글쓰기 전략은 꽤 낯설게 느껴질 수도 있을 것이다. 개인적으로 이 책을 이른바 '콘유' 삼부작의 마지막 책으로 간주한 터라, 약간은 미련스럽게 '비평적 픽션'의 형식을 고집했다. 양해 바란다.

이 책을 쓰는 동안 많은 분들의 도움을 받았다. 먼저 이 책에 실린 글들의 초기 아이디어를 지면에 정리할 기회를 제공해준 여러 매체의 담당자 분들께 감사드린다. 천성이 게으른 터라 그분들의 원고 청탁이 아니었으면 머릿속의 생각들은 문자화될 기회를 잃은 채 흔적도 없이 사라지고 말았을 것이다. 또한 지난 1년 반 동안 연구에 매진할 수 있는 여건을 마련해주신 진중권 교수님을 비롯한 동양대학교 교양학부 교수님들, 그리고 언제나 풍부한 데이터베이스와 독특한 통찰로 지적인 자극을 주는 사사 작가님, 박미나 작가님, 임근준 미술 디자인 평론가님, 최우형 학형에게도 감사의 말씀을 전한다.

이 책이 완성되기까지 실질적인 도움을 주신 분들에게도 고마움을 표하고 싶다. 조건형 편집자님은 기획 초기에 많은 조언을 해주었고, 박활성 편집자님은 저자의 변덕에도 묵묵히 빨간 펜 선생의 역할을 맡아주었다. 그리고 김형진 디자이너는 여기에 실린 글들에 최적의 물질적 형식을 부여해주었고, 데이터 분석가 신수현 씨와 김형재, 유연주 디자이너는 신도시에 관한 자료 조사와 인포 그래픽 디자인을 맡아주었다. 이분들 덕분에 책 만드는 과정 내내 즐겁게 일할 수 있었다. 마지막으로 아내와 두 아들, 성현과 수현, 그리고 어머니께도 고맙다는 말을 전한다.

2015년 8월
박해천

아수라장의 모더니티

첫 번째 아수라장
기계 야수들과 불의 전쟁[1]

1950년 6월 25일

오전 5시. 연백평야 남쪽 마을의 주민들은 이상한 소음에 잠을 깼다.
삼팔선 접경 지역이었다. 처음에는 "멀리서 달구지 바퀴 돌아가는
소리"인가 싶었다. 그런데 소리가 점점 커지더니 "산과 들과 마을을
온통 뒤흔"들기 시작했다. 소음의 정체를 알아보기 위해 일부
주민들은 집 밖으로 나왔다. 확실히 무언가 가까이 다가오고 있음을
느낄 수 있었다. 곧이어 그들의 눈앞에 "이제까지 한 번도 본 적이
없는 기괴한 물체"가 새벽녘의 희뿌연 공기를 뚫고 윤곽을 드러냈다.
평생 "땅만 파며 살아온" 주민들은 "대체 그것이 무엇인지 왜 그렇게
나타난 것인지 전혀 알"지 못했다. 그렇기 때문에 크게 놀라지도
않았다. 그들은 그저 "줄지어 남쪽으로 남쪽으로 밀려가는" "그 기괴한
물체"를 수상하게 여길 뿐이었다.

　　사태가 분명해진 것은 그 물체들이 마을을 지나간 한참 후였다.
"전지를 뒤집어엎는 듯한 총소리와 포 소리"가 요란스럽게 들려왔다.
그들은 기어코 올 것이 왔음을 직감했다. 전쟁이 터진 것이었다.
기겁한 주민들은 당장 집으로 뛰어 들어가 "단단히 문고리를 걸어
잠그고 저마다 이불을 뒤집어썼다."[2]

오전 8시. UP 통신의 빌 제임스 기자는 지프를 몰고 미국 대사관으로
향했다. 일요일임에도 출근길에 나섰던 것은 본사로 송고할 기사를
마무리하기 위해서였다. 반도호텔에 자리 잡은 대사관 1층 기자실이
그의 일터였다. 마침 호텔 입구의 길목에 들어서려던 찰나, 존 무초
미국 대사 일행과 마주쳤다. 제임스 기자는 차 밖으로 목을 내밀고
"일요일 아침인데 어딜 그렇게 바삐 가느냐"며 의례적인 인사를

기계 야수들과 불의 전쟁

건넸다. 그러자 대사는 뜻밖의 답변을 남기고 사라졌다. "새벽에
공산주의자들의 전면 공격이 시작되었다는 보고를 받았다"는 것이다.
제임스 기자는 특종이라는 생각에 지프를 주차하고 현관 쪽으로
뛰어갔다. 이번에는 평소 잘 알고 지내던 미군 정보장교와 마주쳤다.
제임스 기자를 알아본 장교가 먼저 말을 걸어왔다.

"일선에서 무슨 일이 생기지 않았습니까?"

제임스 기자는 짐짓 무심한 척 되물었다.

"아뇨, 별로. 무슨 소리를 들었습니까?"

그러자 장교는 어두운 표정을 지으며 재빨리 반응을 보였다.

"이거 큰일 났습니다. 놈들이 8사단 지역만 빼놓고 사방에서 밀고
내려오고 있답니다."

제임스 기자는 놀란 표정을 지으며 간단히 눈인사를 주고받았다.
그리고 곧바로 기자실에 들렀다가 지체 없이 삼각지의 육군본부로
향했다. 하지만 그곳에서 근무 중이던 장교들이 건네준 정보는 그리
만족스러운 것이 아니었다. 새벽녘에 전방 부대에서 올라온 보고들은
제멋대로였고, 이후의 보고 상당수도 꽤 과장된 것 같았다. 전선의
상황을 전체적으로 가늠해 보기에는 역부족이었다. 오전 7시를
기해 전군에 비상령이 내려졌다고 전해 들었지만, 상황실에는 아직
빈자리가 많았다. 확실한 것은 전면전이 발발했다는 사실뿐이었다.
다시 대사관으로 돌아온 그는 취합한 정보를 바탕으로 기사를
작성했다. 기사가 완성되자, 곧바로 덕수궁 옆 체신청 국제전신국으로
가서 "지급 신문 해외 전보"로 기사를 송고했다. 기사의 내용은 다음과
같았다.

「29095 제임스」 삼팔선 지역의 단편적 보고에 의하면 북한은
일요일 아침 전 경계선에서 전면 공격을 개시했다. 이곳 시간
오전 9시 30분 현재의 불규칙한 보고 내용에 의하면 서울 서북방
64킬로미터 지역인 개성시(한국군 제1사단 사령부 소재)가 9시에

첫 번째 아수라장

함락되었으며 옹진 남쪽 2~4킬로미터 지역에서 적의 부대가
발견되었다. 서울 북동방 75킬로미터 지점인 춘천 지역에서
공격에 투입된 적의 전차 부대가 출현했다. 국도 없는 강릉 이남의
동부 해안 지역에서 적은 단정 20척으로 상륙을 감행했다. 그러나
상황은 아직도 단편적이고 모호하다는 사실을 덧붙여둠.[3]

이 전보는 샌프란시스코를 경유해 곧바로 뉴욕의 본사로 전해졌다.
서울 시간 6월 25일 오전 9시 50분, 워싱턴 시간 6월 24일 저녁 8시
50분의 일이었다. 그로부터 30여 분 뒤, 미 국무부는 무초 대사가
다급하게 보낸 전문 보고를 접수했다. 북한의 전면 남침에 대한 최초의
보고였다.

오전 10시. 국군 제1사단 사단장 백선엽 대령은 수석 고문관 로이드
로크웰 중령과 함께 임진강 철교 앞에 섰다. 6월 중순부터 시흥의
보병학교에서 고급 지휘관 교육을 받고 있던 백 대령은 이른 아침에
급히 연락을 받고 신당동 집에서 뛰쳐나와 육군본부로 향했다. 그리고
총참모장 채병덕 장군과 간단히 면담을 한 뒤, 수색의 사단 사령부를
거쳐 임진강 철교로 이동했다.
　　그는 로이드 중령이 건넨 '럭키 스트라이크' 담배에 불을 붙인
뒤 깊이 빨아들이며, 강 너머 북쪽을 살펴보았다. 개성은 이미 적의
수중에 넘어갔고, 그곳에 주둔하던 12연대와는 연락이 끊겼다. 문산
방면의 13연대는 교전 중이었고, 수색의 예비 11연대는 전방으로
이동하고 있었다. 연천에서 의정부에 이르는 축선의 방어가 7사단의
몫이었고, 개성에서 문산으로 이어지는 축선의 방어는 1사단의
몫이었다. 단시간 내 서울 점령을 목표로 하는 북한군 1군단은 이 두
개 축선에 전투력을 집중하고 있었다. 솔직히 백 대령은 사단 소속의
9000여 장병만으로 북한군의 정예 부대를 막아낼 자신이 없었다.[4]

기계 야수들과 불의 전쟁

오후 2시. 이승만 대통령은 임시 국무회의를 소집했다. 이 자리에서 신성모 국방부 장관은 다음과 같이 전황을 설명했다.

> 괴뢰군이 오늘 새벽 4시를 기해 남침을 감행, 옹진, 개성, 장단,
> 동두천, 그리고 포천, 춘천, 강릉을 기습 공격했고 동해안에는
> 대형선 1척과 소형 선박으로 1개 연대가 상륙을 해왔습니다.
> 그러나 아군은 이를 반격, 적절한 작전 중에 있으며 다만 동두천
> 방면에 적 제4사단이 전차 부대를 앞세우고 진격해옴으로써 다소
> 고전하고 있을 따름입니다.[5]

국무위원들은 전선의 상황에 대한 좀 더 자세한 설명을 요구했지만, 신 장관은 낙관적인 전망만 되풀이할 뿐이었다.

> 수도 서울에 대한 아군의 방위는 완벽하며 지금이라도 대통령께서
> 북진 명령을 내리신다면 우리 군은 즉각 삼팔선을 돌파, 평양으로
> 진격할 태세를 갖추고 있는 것입니다.[6]

불과 한 달 전인 5월 말만 해도, 신성모 장관은 제2대 국회의원 선거를 취재하기 위해 내한한 10여 명의 외국 기자들과 회견을 가진 바 있었다. 그 내용은 "적의 남침 기도가 농후한데 국군 장비가 허술하며 공식 통로를 거쳐 미국에 무기 원조를 요청했으나 반응이 없다"는 것이었다. 하지만 전쟁이 발발하자 신 장관은 어쩐 일인지 자신만만한 태도로 일관했다. 분명한 것은 국군은 미군의 도움 없이 독자적으로 전면전을 수행할 수 있는 전력을 갖추지 못한 상태였고 전투 경험이 풍부한 지휘관 역시 북한군에 비해 태부족이라는 점이었다. 1891년에 태어난 신 장관은 군 경력이 없는 항해사 출신이었고, 신 장관을 보좌하던 육군 총참모장 채병덕 소장은 당시 34세로 일본 육군사관학교를 졸업한 병기 장교 출신이었다. 사단장급 인사들 역시

첫 번째 아수라장

30세 안팎의 "소년 장군들"이었다.

오후 3시. 북한군의 기습 남침 소식이 서울 시민들 사이에 본격적으로
퍼져 나가기 시작했다. 이미 정오쯤 북한의 야크기 4대가 용산역을
비롯한 주요 요지에 기총소사를 가하고 폭탄을 투하한 후 돌아갔지만,
크게 동요하는 분위기는 아니었다. 이전부터 남북 간의 국지적인
충돌이 있어왔던 터라, 전면전이 벌어졌다고 생각하는 이들은 그리
많지 않았다. 게다가 이승만 대통령은 기회 날 때마다, "만약 전쟁이
나면 파죽지세로 밀고 올라가 점심은 평양에서, 저녁은 압록강에서
먹으리라"고 장담하지 않았던가? 그 노인네의 허풍을 모르는 바는
아니지만, 그렇다고 피난을 준비하는 이들을 찾아보긴 힘들었다.
시민들 대부분은 평소와 다를 바 없이 일상생활을 해나가고 있었다.
군인들만이 삼삼오오 떼를 지어 수선스럽게 움직일 뿐이었다.7

    6월 27일
오전 5시. 신성모 장관은 국방부 수뇌부 회의를 소집했다. 이 자리에는
육군의 채병덕 소장, 해군의 김영철 대령, 공군의 김정열 준장 등
삼군의 총참모장이 참석했다. 전날 밤부터 당일 새벽까지 이어진
심야의 국무회의에서 정부의 수원 이동이 결정되었다. 이승만 대통령은
회의를 마치자마자 특별 열차를 타고 대전으로 빠져나갔다. 서울이
적의 수중에 넘어가는 것은 시간 문제였다. 개성-문산 축선 방어를
담당한 백선엽 대령의 1사단은 편제를 유지하며 북한군의 진격을
지연시키는 데 성공했으나, 연천-의정부 축선 방어를 책임진 유재흥
준장의 7사단이 제대로 싸워보지도 못한 채 패퇴를 거듭한 탓이었다. 신
장관은 침통한 표정을 지으며 다음과 같은 발언으로 회의를 시작했다.

    애국 충정에 불타는 여러분, 지금 조국은 여러분과 함께 장군에서
    말단 사병에 이르기까지 각자의 양식만이 남아 있습니다.

기계 야수들과 불의 전쟁

국가의 지도자나 군의 지도자가 이 난국을 수습할 시기는 이미
지나갔습니다.[8]

이틀 전의 자신감은 완전히 사라지고 없었다. 일국의 국방부 장관의
발언이라고 하기에는 믿기지 않을 정도로 절망적인 어조였다. 국군의
방어 대형이 무너진 반면 미군의 참전을 확신할 수 없는 상황, 이런
상황에서 군 수뇌부가 내놓을 수 있는 대책이란 아래와 같은 것이었다.

> 1) 육군은 패전이 계속되는 경우 게릴라 작전으로 전환하여
>   최후까지 항전한다.
> 2) 해군과 공군은 지상군 작전에 협동하며 마지막에는 망명 정부
>   요인의 수송을 담당하기로 한다.[9]

오전 6시. 날이 밝기 시작하자 파주 봉일천 일대에서 북한군의 공격이
개시되었다. 전날, 백선엽 대령 휘하의 국군 1사단 예하 부대들이 이
일대에 집결해 저항선을 구축하고 방어에 들어간 상태였다. 적진의
동태를 살피던 백 대령은 "저 멀리서 포신을 하늘 쪽으로 향한 커다란
쇳덩어리가 움직이는" 것을 목격하고선 곧바로 쌍안경으로 확인했다.
적 탱크 25대가 선봉에 서서 국도를 따라 내려오고 있었던 것이다.[10]
   바로 소련제 T-34형 탱크였다. 제2차 세계대전 당시 동부전선에
처음 모습을 드러낸 이후 동급 최강의 위력을 발휘했던 전설의 중전차,
포드주의 대량생산 체제에 최적화된 형태로 '공포'의 기계 미학을
구현했던 최고의 공격 무기, 바로 그 T-34형 탱크가 85밀리 포를
장착해 업그레이드된 상태로 만 29세의 일본 육사 출신 사단장의
눈앞에 위용을 드러냈던 것이다. 1년 전인가 윌리엄 로버트 미
군사고문 단장은 "한국 지형에는 전차전이 맞지 않으며 한국전에
전차를 끌어들인다면 수 시간도 못 버티고 박살 날 것"이라고 단언한
바 있었다. 완벽한 오판이었다.[11]

첫 번째 아수라장

1사단의 장병들은 지난 이틀 동안의 경험을 통해 T-34형 탱크의 위력을 직접 눈으로 확인했다. 빠르게 이동하는 적 전차의 조준 포격 앞에서 사람이 "온데간데없이 흩어지는 것"은 인간의 눈이 잡아낼 수 없는, 다만 몸으로 느낄 수만 있는 광경이었다. 그에 비하면, 사람이 총에 맞고 쓰러지는 것은 "그래도 인간이 눈으로 지켜볼 수 있는 광경"에 속했다. 당황한 장병들은 57밀리 대전차포나 2.36인치 바주카포로 탱크에 맞서보려고 했지만, 적의 탱크는 "부서지기는커녕 흔들리지조차 않"았다. 국군 병사들은 포탄을 맞고 잠시 멈춰 섰던 탱크가 "다시 두르르르 음산하기 짝이 없는 소리를 내며" 움직이는 것을 숨죽인 채 멍하니 바라봐야만 했다. 그나마 전차전 경험이 있는 일본군 출신의 장교들은 "적 침입로에 대(對)전차호를 파게 하고, 다이너마이트나 지뢰를 묻"었다. 하지만 그 역시 별 효과를 거두지 못했다. 이런 상황이 계속 반복되자 "탱크다!"라는 외침은 후퇴 신호가 되어버렸다.[12]

이날 새벽, 1사단 장병들은 임전무퇴의 각오로 전투에 임했다. 일단 전차를 앞세운 적의 공격을 확인하자 집중 포격을 시작했다. 적의 전차가 주춤하는 사이, 곧바로 특공대원들이 티엔티 묶음 속에 수류탄을 넣은 자폭용 폭탄을 들고 적 전차에 뛰어들었다. 육탄 돌격 작전이었다. 국군의 반격이 거칠게 이어지자 북한군도 머뭇거리기 시작했다.[13] 현대전의 시민권을 발부받지 못한 젊은 병사들, 패배를 거듭하던 그들에게 이제 유일하게 남은 전술은 적 탱크와의 백병전뿐이었고 "왜소하고 부서지기 쉬운 몸뚱이"[14]가 그들이 소지한 마지막 무기였다.

오전 7시. 박정희가 용산역에 도착했다. 모친 제사로 구미의 고향 집에 내려가 있던 그는 전쟁 발발 당일 오후 1시경에 긴급 전보를 받았다. 구미읍 경찰서의 순경이 건네준 전보는 정보국장 장도영 대령이 보낸 것으로, "금조 미명 삼팔선 전역에서 적이 공격을 개시, 목하 전방

기계 야수들과 불의 전쟁

부대는 적과 교전 중, 급히 귀경"이라는 내용이 담겨 있었다. 그는 곧바로 짐을 챙겨 집을 떠났으나, 밤이 되어서야 서울행 야간열차에 몸을 실을 수 있었다. 박정희가 탄 열차는 군 병력 수송 문제로 도중에 몇 차례나 정차한 끝에 27일에야 서울에 도착할 수 있었다.

박정희는 2년 전 여순반란 사건 당시 남로당 전력이 발각되어 군법정 1심에서 무기징역을 선고받은 바 있었다. 그러나 백선엽 등의 탄원으로 감형과 함께 형의 집행을 면제받고 1949년 초부터 다시 육군본부에서 근무하기 시작했다. 정보국의 비공식 문관이 그의 새 직책이었다. 그는 이미 6개월 전에 북한의 전면 남침을 정확히 예측하고 북한 담당 김종필 중위와 「연말종합적정(敵情)판단서」를 작성한 바 있었다. 그 핵심 내용은 "적의 기습 시기는 1950년 3월경으로 예측되나 동북 지방의 중공군 출신 의용군의 편입이 늦어질 경우 6~8월로 연기될 가능성"이 있으며, "적의 주공은 동두천-의정부-서울로, 조공(助攻)을 개성-문산-서울, 춘천-원주, 속초-강릉으로 하여 선제공격"을 감행하리라는 것이었다.[15] 당시 이 보고서는 국군 수뇌부에 전달되긴 했지만 뚜렷한 근거가 없다며 철저히 무시당했다. 오히려 채병덕 장군은 "우리가 북진을 개시하면 일주일 안에 신의주까지 밀고 올라갈 것"이라고 큰소리를 쳤다.[16]

박정희를 맞이한 이른 아침의 용산역 앞 거리 풍경은 "살기가 감돌"고 있었다. "거리를 다니는 사람들의 표정은 모두가 불안에 휩싸여 있고, 위장을 한 군용 차량들이 최대한도로 거리를 질주하고" 있었다. 곧바로 육군본부로 향한 그가 작전 상황실 문을 열고 들어갔을 때 다음과 같은 풍경이 펼쳐져 있었다.

25일 아침부터 밤낮 2주야를 꼬박 세운 작전국 정보국 장병들은 잠을 자지 못해서 눈이 빨갛게 충혈이 되어 있고 질서도 없고 우왕좌왕 전화 통화 관계로 실내는 장바닥처럼 떠들썩하고 소란하기만 했다.[17]

첫 번째 아수라장

오전 8시. 서울대 국문학과 신입생, 완서는 돈암동 주택가에서 빠져나와 학교로 향하다가 대로변의 전찻길에서 피난민 행렬을 목격했다. 어제까지만 해도 아침 일찍 동숭동의 문리대로 등교해 양주동 선생의 강의를 청강했다. 고명한 학자에 대한 호기심이 전쟁의 불안감을 이겨낸 것인지 많은 학생들이 몰려들어 강의실은 입추의 여지가 없었다. 완서는 겨우 강의실 뒤편에 자리를 잡고, "해학과 유식을 폭포수처럼 토해내며 강단을 자유자재로 누비는 선생"의 면모에 황홀한 눈길을 보냈다.

그런데 하루가 지난 오늘은 분위기가 심상치 않다. 멀리서 들리던 대포 소리가 아침부터 점점 더 가까이서 들리기 시작했기 때문만은 아니었다. 실제로 적지 않은 수의 사람들이 달구지에 가재도구를 싣고 미아리고개를 꾸역꾸역 넘어오고 있었다. 의정부에서 밀려 내려온 피난민들이었다. 분명히 집에서 나올 때만 해도 라디오의 긴급 뉴스는 국군이 승리를 거두고 있다고 했다. 하지만 피난민들을 직접 눈으로 보고 나니 마음속에서 빠르게 불안감이 번져갔다.[18]

비슷한 시간대, 서울대 교수였던 1913년생 역사학자 김성칠도 자신이 살던 정릉의 마을 앞 행길에서 피난민의 행렬을 목격했다. 국군의 방어선도 바로 코앞까지 다가온 상황이었다. 앞산에선 전방에서 밀려난 포병대의 대포가 불을 뿜고 있고, "모자에 풀을 담뿍 꽂은 군인들이 한두 사람씩 산골을 타고 내려"오고 있었다. 그들은 민간인들 앞에서 넋 나간 표정으로, "수없이 밀려 내려오는 탱크"에 대해 횡설수설했다. 탱크를 처음 본 상당수의 국군 장병들은 "대포알이 아무리 명중하여도 움쩍도 않"는 전쟁 기계의 위력에 상당한 충격을 받은 것처럼 보였다. 그들은 겁에 질린 눈을 껌벅거리며 퇴각하고 있었다.[19]

오후 11시. 서울 시내에는 "포탄이 쌔앵 공기를 가르는 소리와 명중해서 폭발하는 소리"가 끝없이 되풀이되었다. 완서의 가족은 방

기계 야수들과 불의 전쟁

안에서 솜이불을 뒤집어쓰고 땀을 뻘뻘 흘리면서 긴 밤을 견뎌내고 있었다. "대포나 폭탄 파편이 솜을 잘 못 뚫는다는 일제 말기에 얻어들은 어설픈 지식" 때문이었다. 미아리고개의 대로변에서 가게를 운영하는 숙부네도 밤늦게 이들 집으로 피난 와 있었다. 숙부는 솜이불을 뒤집어쓴 채 수도 사수의 결연한 의지를 밝히는 라디오 연설에 귀를 기울였고, 어머니는 혹시라도 오빠가 돌아올까 하는 생각에 안마당과 대문 밖을 서성였다. 포성과 총성이 뒤범벅된 채로 어둠의 시간이 그렇게 지나갔다. 그들 중 누구도 다음 날 새벽에 한강 다리가 폭파되리라곤 상상하지 못했다.[20]

6월 28일

오전 6시. 새벽녘이 되자 전쟁의 소음은 한풀 꺾인 분위기다. 뜬눈으로 밤을 샌 김성칠 교수는 상황을 살피려고 집 밖을 내다보다가 처음으로 북한군의 탱크를 목격했다. 저 멀리 "미아리고개로 자동차보다 크고 육중해 보이는 것이 이곳을 향해 천천히 내려오고 있"었다. 이 광경을 지켜본 김성칠은 이 정체불명의 차량이 전날 국군 패잔병들이 말하던 탱크일 것이라고 지레 짐작했다. 그는 이전까지 말로만 들었을 뿐 실제로 탱크를 본 적이 없었다.

탱크가 묵직한 금속성의 카리스마를 발휘한 덕분이었을까? 김성칠의 시선에 포착된 탱크들의 행렬은 스펙터클한 장관을 연출해냈다. 탱크들이 그 장관 한가운데에서 줄지어 전진하고, 그 뒤로는 "이상한 군복을 입은 군인들이 떼 지어 행진하"고 있었다. 반면, 저 멀리 아리랑고개에는 국군이 버리고 간 대포가 "정신 나간 사람처럼 멍하니" 서 있었다.[21]

한편 서울 도심은 이보다 한발 앞서 북한군의 수중에 넘어간 상태였다. 시내에서 고물상을 운영하던 홍기중은 이날 새벽녘에 바깥 동정을 살피러 을지로 4가까지 나갔다가 "칡넝쿨로 위장한 북한군 탱크"를 목격했다. "탱크 두 대가 시청 쪽으로 굴러가며 포를

첫 번째 아수라장

쏘아댔"고 북한군들이 그 뒤를 따라가고 있었다. 이미 새벽 4시 반경, 북한군의 선발 부대는 사대문 안의 주요 관공서와 방송국을 접수한 상태였다.

아침이 밝아오자, 김성칠 교수가 새벽녘에 목격했던 북한군 병력은 사대문 안으로 진입했다. 서울 시청으로 향하는 을지로의 길목에는 "환영 인파와 구경꾼들"로 초만원이었다. 따발총과 소총 등으로 중무장한 채 "인공기와 부대 깃발을 앞에 세운 8열 횡대의 보병 부대"가 행진했고, 그 뒤를 오토바이 편대가 지나갔다. 그중에서 군중의 시선을 단박에 사로잡은 것은 캐터필러의 굉음을 내며 다가오는 전차 부대였다. 특히 "상체를 밖으로 내고 기관총좌를 잡고 있"는 탱크병은 여느 병사와 달라 보였다. 이 광경을 지켜본 군중들은 한마디씩 던진다. "탱크 부대다. 정말 대단하군", "남한 군대는 탱크가 없다잖아", "모두 소련제다" 등등. 불과 하루 전만 해도 남한의 주요 일간지들은 "현지에서 들어온 확실한 정보"라면서, "적의 부대는 소련 장교에 의하여 지휘"되고 있으며, 적 전차 부대의 반수는 "소련 장병이 탑승 조종하고 있"다고 전했다.[22] 하지만 서울에 입성한 탱크병들은 북한군 복장의 한국인뿐이었다.

오전 11시. 확성기를 통해 행진곡풍의 군가가 울려 퍼지는 가운데, 북한군 부대들이 시청 광장에 하나둘 집결했다. 그리고 11시 30분, 탱크 부대, 박격포 부대, 보병 부대가 도열한 가운데 시민 환영 행사가 시작되었다. 이날 행사의 정점은 김일성이 평양에서 행한 '우리 조국 수도 서울 해방에 제하여'라는 제목의 축하 연설이었다.[23] 라디오 방송을 통해 생중계된 연설에서 김일성은 전쟁을 조속한 승리로 이끌기 위해 북한군은 모든 역량을 다하고 있다고 강조하며 "서울 시민들은 인민위원회를 급히 복구해 북한군을 적극 원조"하고 동시에 "미해방 지역의 인민들은 빨치산 활동을 전개하고 폭동을 일으켜 후방을 교란"해줄 것을 요청했다. 시청 광장에 나온 시민들은

기계 야수들과 불의 전쟁

김일성의 연설을 들으며 하룻밤 사이에 세상이 완전히 뒤집혔음을 확인했다.

오후 6시. 완서 오빠가 귀가했다. 그런데 혼자가 아니었다. "거의 한 트럭분은 됨직한 죄수들을 거느리고" 집에 돌아왔다. 서울에 입성한 북한군들이 풀어준 좌익 사상범들이었다. 사실 오빠는 해방 직후 좌익 운동에 가담한 전력이 있었다. 하지만 결혼을 한 뒤, 보도연맹에 가입하고선 고양군의 시골 중학교에 국어 선생으로 근무를 시작했다. 정부 수립 후, 이승만 정권이 "좌익 근절"을 기본 방침으로 정하자, "골수 공산주의자는 삼팔선을 넘어 월북을 하거나 체포되어 감옥살이를 할 수밖에 없"었다. 그런 상황에서 오빠 같은 "얼치기 빨갱이"가 선택할 수 있는 것은 전향뿐이었다.

　이날 아침 오빠는 고양군 주재소에 인공기가 게양되는 걸 보고선 곧장 자전거를 타고 서울 집으로 향했다. 그러다가 트럭을 타고 시내를 누비던 좌익 사상범들과 마주쳤고, 그들 중 한 명이 옛 동료였던 오빠를 한눈에 알아보았다. 그후 오빠는 트럭을 타고 하루 종일 서울 시내를 돌아다니다가, 저녁이 되어서야 그들과 함께 집에 돌아왔던 것이다.

　그날 밤, 완서네 집에서는 거하게 잔치가 벌어졌다. "죄수복을 입은 혁명 투사들"은 "먹고 마시고 지치지도 않고 인민 가요를 불러댔"고, 동네 사람들은 대문 앞으로 몰려들어 "큰 구경거리라도 난 것처럼 안을 기웃"거렸다. 밤늦게야 그들은 각자의 집으로 돌아갔다.[24]

　6월 29일
오전 6시. 미 극동군 사령관 더글러스 맥아더 장군이 15명의 수행원과 함께 수원비행장에 내렸다. 그는 그곳에서 우연히 북한 야크기와 미국 무스탕기의 공중전을 목격했다. 그리고 한강변으로 이동해 흑석동 언덕에서 국군의 방어선을 시찰하며 전황을 살폈다.[25]

첫 번째 아수라장

오전 8시. 맥아더 장군은 비행기 통신을 통해 도쿄의 공군 사령부로 다음과 같은 명령을 하달했다. "스트레이트마이어[26]로부터 패트리지에게, 북한의 비행장들을 즉각 파괴하라. 공포하지 말 것. 맥아더가 승인함."[27] 트루먼 대통령의 승인 없이 다소 즉흥적으로 내려진 작전 명령이었다. 그리고 이날 오후, 미 극동공군 산하 제3폭격전대가 평양비행장을 공습했다. 이틀 전에 무초 대사가 이승만 대통령에게 미국의 참전 결정을 전달하며 했던 발언, "이제부터 전쟁은 각하의 전쟁이 아니라 미국의 전쟁이 되었"다는 말이 현실이 되었던 것이다.

7월 4일

이근석 대령의 F-51 무스탕은 대구 기지에서 출격한 이후 경부국도를 따라 북상하면서 먹잇감을 찾고 있다. 그는 어제 출격에서 동해안 삼척 지구에 주둔한 적 지상군을 공격해 탱크와 차량을 격파하는 전과를 올렸다. 대한민국 공군 사상 최초의 전투기 출격이었지만, 이근석 대령은 어렵지 않게 임무를 수행했다. 그는 일본군의 최정예 에이스 출신이었다. 1917년생으로 일본의 카미타니 소년항공학교를 졸업했고, 태평양전쟁 당시 제로센을 몰면서 20대 이상의 미군 전투기를 격추시킨 바 있었다.[28]

　　이근석 대령을 비롯한 10명의 공군 조종사들이 직접 일본으로 건너가 미 극동 사령부로부터 F-51 무스탕 10대를 인수해온 것이 이틀 전이었다. 그 전까지 그의 동료들은 "조잡하고 원시적인 방법"으로 적을 공격해야만 했다. "작고 낡은 22대의 경비행기를 타고 나가 적군을 향해 경기관총을 쏴대거나 사제 폭탄을 투하"하는 것이 전부였다. 이 "폭탄 투하라는 것도 목표물이 나타날 때까지 조종사 허벅지 위에 폭탄을 얹어놓았다가 목표물이 가까워지면 고도 200피트로 저공비행하면서 비행기의 창문을 열고 손으로 폭탄을 던지는" 식이었다. 그나마 다행인 것은 이런 식의 폭탄 투하가

기계 야수들과 불의 전쟁

움직이지 않는 목표물에 대해서만큼은 꽤나 명중률이 높았다는
점이었다.[29]

　　이 대령이 이날 공격 목표로 삼은 것은 탱크였다. 어제 출격을
통해 얻은 자신감으로, 북한 지상군 화력의 상징인 T-34형 탱크에게
본때를 보여줄 참이었다. 그가 20대가 넘는 탱크 부대를 발견한 것은
경기도 시흥의 상공에서였다. 그는 목표물을 확인하고는 곧바로
저공비행을 감행해 기관총 사격을 실시했다. 하지만 지나치게
자만했던 것일까? 그는 자신이 제로센이 아니라 무스탕을 조종하고
있다는 사실을 깜박 잊고 있었다. 제로센은 기체가 가벼워서 1400피트
상공에서도 급상승하는 것이 가능했다. 하지만 중량이 무겁고 속도가
느린 무스탕은 저공비행 안전 한계가 2000피트였다. 이 대령의
무스탕은 적 탱크에 타격을 가한 후 무리하게 급상승을 시도하다가
결국 추락하고 말았다. 이 대령은 그 자리에서 즉사했다.

　　7월 5일

미군의 제24사단 21연대에 속한 스미스 특수 임무 부대는 오산 북쪽
죽미령 일대에서 방어진지를 구축하고, 파죽지세로 남하하는 북한군을
저지하기 위해 전투 준비에 들어갔다. 지난달 29일, 맥아더 유엔군
총사령관이 전황을 살피기 위해 직접 영등포 전선을 둘러보고 돌아간
지 일주일, 그리고 이 부대가 일본 규슈의 주둔지를 떠나 항공편으로
부산 수영비행장에 도착한 지 4일 만의 일이었다. 406명의 보병과
134명의 포병으로 구성된 스미스 부대는 북쪽으로 이동해 대전
방어선에 배치되었다. "미군의 본격 투입 이전에 참전 사실을 적에게
알려 충격을 줌으로써 시간을 끌 목적"[30]이었다.

　　북한군은 미군과의 첫 교전을 승리로 이끌기 위해 33대의 탱크를
선봉에 내세웠다. 탱크를 저지하기 위해 미군의 2.36인치 바주카포와
105밀리 곡사포가 불을 뿜었지만, 탱크는 미동도 하지 않은 채 남진을
계속했다. 실제로 미군의 대전차 무기는 소련제 탱크 앞에서 별다른

첫 번째 아수라장

파괴력을 보여주지 못했다. 3대의 탱크가 전차 궤도가 파괴되어 주저앉은 것이 전부였다. 기선을 제압당한 스미스 부대는 탱크에 뒤따라온 5000명 규모의 북한군과 교전을 벌인 끝에 결국 허겁지겁 후퇴했다. 이 전투에서 미군 20명이 전사했고 130명이 부상당했으며 36명이 포로가 되었다. 북한군의 압도적인 승리였다.•

북한군의 서울 점령 이후, 탱크는 사람들 사이에서 "공화국 군대의 상징이요 영웅"으로 회자되곤 했다. "언덕, 개울, 논두렁을 가리지 않고 수목과 길갓집을 쓰러뜨리며 돌진해오는 쇳덩이", 그 앞에서 국군은 "'작전상'이란 꼬리표를 달고 후퇴"를 거듭할 수밖에 없었다. 서울에 오산 전투의 승전보가 전해지자, 이제 북한군의 탱크는 "승리의 화신"으로 확고히 자리 잡았다. 지상군 전력 면에서 북한군이 세계 최강의 미군과 맞대결을 벌여도 끄떡없을 만큼 강하다는 사실을 증명해주는 무기였기 때문이다.

서울 시민 일부는 세계 최강의 미군에게 패배를 안겨준 북한군의 기세에 묘한 자긍심을 느꼈다. 이런 민족주의적 반응에는 지식인도 예외는 아니었다. 정치적으로 중립적인 입장을 견지했던 김성칠 교수 같은 이마저도, "일본도 마침내는 손을 들지 않을 수 없던 미국의 힘과 겨뤄서 자꾸만 이겨나간다는 사실은 아닌 게 아니라 조선 사람으로서 어깻바람이 나는 사실이 아닐 수 없"다고 일기에 적었다.[31]

• 북한의 한 저작물은 미국과의 첫 교전에 대해 다음과 같이 평가했다. "오산계선 전투는 위대한 수령 김일성 동지의 령도를 받는 조선 인민군의 불패의 위력을 온 세상에 시위하였으며 이른바 세계 '최강'을 자랑해온 미제 침략군의 거만한 콧대를 꺾어버리고 놈들이 결코 '무적의 군대'가 아니라는 것을 실천적으로 확증하여 주었다." 이상호, 『한국전쟁과 맥아더』, 푸른역사, 2011년, 173쪽.

기계 야수들과 불의 전쟁

7월 12일

국군 제1사단장 백선엽 대령은 새 지도를 손에 넣었다. 이전까지 그는
"국민학교 교실 벽에 걸린 대한민국 전도"를 펼쳐놓고 작전 계획을
세워야만 했다. "고산자 김정호 선생이 만든 대동여지도를 보면서"
전쟁을 치르는 기분이었다고나 할까. 장병들만 105밀리 야포와 M1,
카빈 소총 등 현대식 화기로 무장했을 뿐, 실제 전장에서 작전을
수행하는 일선 지휘관의 시선은 "조선 시대의 장수"와 크게 다를 바
없었다.

이날 백 대령은 평소 알고 지내던 미군 25사단의 연대장을 우연히
조우했다. 그가 이끄는 1사단은 경북 상주로 후퇴한 상태였다. 그는
연대장을 보자마자 미군이 사용하는 지도를 줄 수 있냐고 물었고,
연대장은 주저 없이 오만분의 일 지도 한 장을 색색의 유성 펜과
투명지와 함께 내놓았다. 그가 건네받은 지도는 일제강점기 일본의
동양척식주식회사가 한반도 지형을 실측해 제작한 흑백 지도였다.
백 대령은 실개천과 샛길, 작은 구릉까지 자세히 표시된 지도를
들여다보면서 "눈이 확 뜨이는 심정"이었다.[32]

한편 한 대의 경비행기가 대구비행장을 이륙했다. "언젠가
여의도비행장에서 국민 헌금으로 만들어져 헌납식을 가졌던 L-19
'건국호'"였다. 몇 차례 시동이 꺼져 정비병들의 골치를 썩이더니만,
프로펠러가 맹렬히 돌기 시작하자 언제 그랬냐는 듯이 순식간에
활주로를 박차고 올랐다. 비행기에는 육군 정훈장교 김수인 대위가
탑승하고 있었다. 며칠 전 그는 미 고문단 소속 심리 작전 담당
장교의 도움을 받으며 대적 전단을 작성했었다. 그 내용은 간단했다.
"'인민군 전사들이여'로 시작하여 반민족 반인간적인 침략 행위를
뉘우치고 빨리 자유의 품으로 돌아오라는 것"이었다. 일본 동경의
미군 사령부로 보내진 전단 원본은 사흘 만에 수십만 장의 인쇄물로
변모하여 대구로 돌아왔다. 경비행기에 탑승한 수인의 임무는 적진
상공으로 이동해 전단을 살포하는 것이었다.

첫 번째 아수라장

수인은 생전 처음 비행기에 탑승한 것이었지만, 별다른 "육체적인 저항감"을 느끼지 않았다. 오히려 푸른 산천을 굽어볼 수 있어서 상쾌했다. 건국호를 가리키며 "글라이더나 다름없는 야크기의 밥"이라고 놀리던 공군 장교의 말도 잠시나마 잊을 수 있었다. 얼마쯤 시간이 지났을까? 멀리서 두 줄기 포연이 하늘 위로 솟아오르고 있었다. 비행기가 연기 곁으로 다가가자, 조종사는 수인에게 신호를 보냈다. 수인은 지시에 따라 비행기 밖으로 전단 뭉치를 던지고 또 던졌다.

무사히 임무를 마치고 귀환하는 길, 수인은 지상에서 벌어지는 전투를 목격했다. 그는 그 광경을 내려다보면서 자신이 지상의 병사들과는 전혀 다른 차원에 진입하고 있다는 착각에 빠져들었다. 그 차원 안에서라면, 안전하게 "사고 정지의 순간"을 즐기면서 우월한 관찰자의 시점으로 땅 위를 내려다볼 수 있을 것 같았다. 실제로 조감의 시선에 포착된 지상의 전투는 "그림만 보이는 무성영화"처럼 보였다.[33] 그런데 여기에서 그가 그저 영화 같은 장면을 목격한 것은 아니었다. 오히려 그의 시선은 전투 현장을 무대화할 수 있는 거리와 높이를 확보하자, 관객의 자리에서 지상의 교전 상황을 묵묵히 내려다보고 있었다. 따라서 다른 차원에 진입한 것 같다는 느낌은 착각이 아니었다. 실제로 그는 경비행기가 제공한 독특한 시선의 형식을 경유해 이미 전쟁의 극장에 입장을 마친 상태였던 것이다.*

---

* 제1차 세계대전 이후 등장한 새로운 유형의 영화감독 대다수가 전투기 조종사 출신이었다. 그들은 전쟁 중에 겪은 공중전 경험을 바탕으로 영화라는 오락 매체를 혁신했다. 이런 맥락에서 보자면, 김수인 대위는 자신이 이미 본 무성영화들을 근거로 이때의 경험을 '영화적'인 것으로 인식했다고 말할 수 있다. 프리드리히 키틀러, 『광학적 미디어: 1999년 베를린 강의』, 윤원화 옮김, 현실문화, 2011년, 289쪽.

기계 야수들과 불의 전쟁

7월 15일

이승만 대통령은 맥아더 유엔군 사령관에게 국군의 작전지휘권 이양을
제의하는 서한을 전달했다. 지난 7일, 유엔 안전보장이사회는 유엔군
사령부 설치에 대한 결의안을 채택했고, 10일에는 미국 극동군 사령관
맥아더 장군이 유엔군 사령관에 임명되었다. 이 대통령의 서한은
미국 정부 주도로 유엔군의 작전지휘 체계를 논의하는 과정에서 나온
것이었다. 그 내용은 다음과 같았다.[34]

　　맥아더 장군 귀하.
　　대한민국을 위한 국제연합의 공동 군사 노력에 있어 한국 내
　　또는 한국 근해에서 작전 중인 국제연합의 육해공군 모든 부대는
　　귀하의 통솔하에 있으며, 또한 귀하는 그 최고 사령관으로
　　임명되어 있음에 비추어 본인은 현 작전 상태가 계속되는 동안
　　일체의 지휘권을 이양하게 된 것을 기쁘게 여기는 바이며, 이러한
　　지휘권은 귀하 자신 또는 귀하가 한국 내 또는 한국 근해에서
　　행사하도록 위임한 기타 사령관이 행사해야 할 것입니다.

7월 16일

극동공군 폭격기 사령부에서 B-29 폭격기 55대가 출격했다. 이
중 8대는 근접 지원 작전을 위해 청주 전선으로 향했고, 나머지
47대는 차단 폭격 작전을 위해 서울로 향했다. 미 공군은 6월 29일
평양비행장에 대한 폭격 작전을 감행한 이후 한반도의 제공권을
완전히 장악하고 있었다. 남북의 상공을 마음껏 넘나들며 한편으로는
남한의 전선 지역 근접 지원 작전을, 다른 한편으로는 북한의 동북
해안 산업 지역 파괴 작전을 수행하면서 대량 폭격을 반복하고 있었다.
　　이륙한 지 얼마 후 B-29기들은 구름을 뚫고 서울 상공에
모습을 드러냈다. 47대의 전폭기들이 만들어내는 비행 대형은 그
자체로 하늘의 요새이자, '현해탄 너머의 무기 시스템'[35]의 일부였다.

첫 번째 아수라장

동경의 유엔군 총사령부가 원격조종하고 선두의 정찰기가 목표
지점으로 인도하는 거대한 요새, 그것은 서울의 하늘을 새까맣게
메운 채로, 30여 분에 걸쳐 약 1500발의 파괴폭탄을 순차적으로
투하했다. "아스팔트 도로 위에 지름 최대 17미터의 폭탄 구멍을 낼
정도로 강력한 무기였던 파괴폭탄"[36]은 서울 조차장 내 철도차량과
철로를 파괴했을 뿐 아니라, 북한군 병참기지를 포함한 용산 일대를
초토화했다. 병력과 물자의 이동을 막기 위한 차단 작전의 일환이었다.

미 공군의 편대가 자취를 감춘 이후에도 폭격의 잔상은 쉬이
사라지지 않았다. "화약고라도 터지는 것 같은 큰 음향이 일정한
간격을 두고 거듭 울"려 퍼졌고, "엄청난 양의 검은 연기가 하늘을
뒤덮었"다. 대낮임에도 시내의 표정은 순식간에 어두컴컴해졌다.
김성칠 교수는 폭탄이 터질 때마다 용산에서 30리나 떨어진 자신의
정릉 집도 "울컥울컥하고 몹시 흔들렸다"고 일기에 적었다.

7월 23일
남로당 출신의 서울시당 고위 간부 아버지를 둔 갑해는 친구 윤극과
함께 탱크를 구경하러 중앙청으로 향했다. 갑해와 윤극은 광화문
정문을 지키고 있는 북한군 보초의 눈치를 보면서, 나지막한 돌기둥
담 사이로 중앙청 마당을 살폈다. 주위에는 그들과 마찬가지로 탱크
구경을 나온 아이들이 여럿이었다. 그런데 갑해는 실망스럽다.

전쟁터에서 포를 쏘며 돌격하는 땅끄를 보면 모를까 전시되는
땅끄는 그다지 볼거리가 되지 못했다. 땅끄병 모습도 보이지
않고 꽁무니 안테나에 매단 공화국 깃발만 바람기가 없어 늘어져
있었다.[37]

사실 이날 이들이 탱크에 시들하게 반응한 것은 움직이지 않는 탱크
탓이 아니었다. 지상전의 왕자로 군림하던 탱크도 미군의 세이버

기계 야수들과 불의 전쟁

전투기나 B-29 폭격기 앞에서는 무기력하다는 사실을 아이들이
간파한 탓이었다. 한 달도 지나지 않았건만, 탱크의 명성은 벌써
내리막길이었다. 확실히 미군의 용산 대공습 이후 전쟁의 상징적인
국면은 빠르게 전환하고 있었다. 이전까지 기계와 인간이 싸우는
형국이었다면, 이제는 기계들끼리 대결하는 구도로, 달리 말하면
지상의 탱크와 창공의 비행기가 충돌하는 구도로 변모했던 것이다.*

　　탱크에 대한 아이들의 태도 변화와 보조를 맞추듯이 어른들
역시 이전과는 다른 이야기를 수군거리기 시작했다. 북조선 당국이
선전하던 '남조선의 8월 해방'은 미군의 본격적인 참전으로 인해
사실상 어려워졌다는 이야기, 더 나아가 전쟁의 승패도 오리무중에
빠져들게 되었다는 이야기 등등. 태평양전쟁 당시 징용당해 끌려갔던
이들의 미군 폭격 경험담도 여기에 빠지지 않았다. 일제 말기, 중국
신양의 부대에서 약 8개월간 군 생활을 했던 1924년생 민 씨는
의용군에 끌려가면 미군에게 개죽음을 당할 것이라고 굳게 믿고

* 전쟁 양상 변화에 대한 경험에도 서울과 지방 간의 시차가 있었다.
1934년생 임권택이 북한군의 탱크를 처음 목격한 것은 이 무렵이었다.
당시 전라남도 장성 남면에 살고 있던 그는 북한군의 기갑부대가
광주로 진입하는 것을 먼발치에서 지켜보면서, 이 전쟁에서 국군이
절대로 이길 수 없으리라 판단했다. 시골 소년의 눈에도 탱크는 자신이
여태껏 경험한 세상과는 다른 곳에서 건너온 천하무적의 무기처럼
보였기 때문이다. 임권택 감독은 다음과 같이 말한다. "그때는 탱크
때문에 전쟁에서 졌다고 생각을 하고 했으니까. 탱크가 밀고 왔을 때는
속수무책이라고 생각을 했으니까. 초기에. 전혀 속수무책이었다고,
진짜로. 지금은 무슨 대전차포들이 다 있잖아요. 아마 그런 기억들이
전쟁 영화라면 탱크를 먼저 떠올리게 만들었을 거요."『임권택이
임권택을 말하다』, 1권, 정성일 대담, 이지은 자료 정리, 현실문화,
2003년, 329쪽.

첫 번째 아수라장

있었다. 남들보다 먼저 이미 중국에서 미국의 막강한 군사력을 경험한
바 있었기 때문이다. 그의 이야기는 이랬다.

미군의 용산 폭격은 내가 중국에서 본 것과 똑같다니까.
걔네들은 부대 막사나 일개 병사 따위는 거들떠보지도 않아.
기차역이랑 군수물자 실은 화차들만 골라서 박살 내버리지. 일단
프로펠러 전투기인 무스탕 4대가 편대로 먼저 '쌩'하고 날아와서,
저공비행으로 주변을 수십 번 돌면서 염탐을 하고 돌아가. 50미터
정도로 낮게 비행하면 미군 조종사의 얼굴이 보일 때도 있지.
아무튼 무스탕이 뜨면, 그날은 B-29가 오는 날인 거지. 한 30대
정도가 오후 늦게 몰려와서 폭격하고 돌아가면, 30분 정도 지난
뒤에 뒤이어 한 30대 정도가 또 날아와. 아주 싹 쓸어버리려고
작정을 한 거지. B-29가 워낙 크니까 한 30대가 진을 치고
날아오면 하늘을 완전히 가리는 것 같더라고. 아주 새까맣지.
걔네들이 땅 위의 사정이 어떤지 알게 뭐야, 그냥 무스탕이 알려준
대로, 지도상의 좌표만 보고 폭탄을 떨어뜨리는 거지.
        걔네들이 투하한 폭탄이 일제히 땅에 닿을 때 느낌이 어떤 줄
알아? 폭삭 가라앉는 것 같아. 퍽 히고 떴다가 쿵 하고 가라앉는
것 같다니까. 무서운 정도가 아니야. 아주 몸서리가 쳐지.
폭탄이 떨어진 곳에 있던 사람들은 또 어떻고. 그 사람들 폭탄이
터지면 한 100미터 정도 하늘 위로 부웅 떠올라. 그 사람들 배가
맹꽁이처럼 터질 듯이 부풀어 오르지. 말도 못 해.
        아무튼 나는 그때 전쟁에서 제일 무서운 게 미군의
융단폭격이라는 걸 알았어. 그리고 일본보다 강한 나라가
미국이라는 것도 깨달았다고. 아예 상대가 안 되는 거야. 조선
바닥에만 있었으면 몰랐겠지. 우리야 그때 조선이 독립할 줄
꿈이라도 꾼 적이 있나. 그냥 무탈하게 일본 사람처럼 살기를
바랐던 것이지. 그런데 전쟁 때문에 징용으로 끌려간다니까,

기계 야수들과 불의 전쟁

35

일본을 위해 목숨을 바치는 건 어리석은 짓이다, 이런 생각을
하기 시작한 거지. 사실 그러면서도 도망갈 구멍이 없으니까,
그렇게 잡혀간 것이었는데, 미국 비행기가 폭탄 떨어뜨리는 걸
보고 나니까, 또 생각이 변해. 내가 모르는 다른 세상이 있다는 걸
깨달은 거지.

그런데 웃기는 게 뭐냐면 말이야, 그런 융단폭격도 한두 번
당해보면 구경거리가 된다니까. 처음에는 무서워서 죽어라고
도망갔는데, 나중에는 무스탕기 프로펠러 소리만 들으면 곧바로
근처 야산에 올라가서 그 장관을 구경하게 되더라고. 전쟁이
진짜 무서운 건 그런 거야. 사람을 모질게 만드는 거. 그런 미국과
싸운다니 그게 말이 돼? 그건 계란으로 북한산 바위를 치는 거랑
똑같아. 개죽음 당하지 않으려면 무조건 줄행랑칠 수밖에 없어.
절대로 의용군으로 끌려가지 않을 거야.[38]

사실 민 씨가 남들 앞에서 거들먹거리거나 혹은 나름대로 전황을
파악하기 위해 미군 폭격에 대한 경험담을 이야기하고 다닌 것은
아니었다. 오히려 그것은 또다시 사지로 끌려갈지 모른다는 불안감을
견뎌내기 위한 그만의 기억 활용법이었다. 그는 전멸에 대한 상상을
부추기는 폭격의 스펙터클을 반복적으로 떠올림으로써, 그 장면을
"모질게" 구경할 수 있는 방관자의 자리를 만들어내려고 애쓰고
있었다.

7월 27일
채병덕 소장은 경남 하동에서 미군 대대와 함께 작전을 수행하다가
전사했다. 피아를 분간하기 어려운 상황에서 전장의 산마루턱에 올라
쌍안경으로 북한군의 동태를 파악하려다가, 적의 초탄에 저격당하고
만 것이다. 탄환은 오른쪽 관자놀이에서 왼쪽 쇄골을 관통했다.
4일 전, 당시 부산에 머무르고 있던 채 소장은 신성모 장관의

첫 번째 아수라장

편지를 받았다. 그는 지난달 29일 맥아더 장군과의 면담 이후
참모총장 직에서 해임되고 '영남 지구 편성 관구 사령관'이라는
직책으로 좌천된 상태였다. 신 장관이 보낸 편지의 내용은 다음과
같았다.

> 귀하는 서울을 잃고 중대한 패전을 당했다. 책임은 중하고 크다.
> 그런데 지금 적은 전남에서 경남으로 지향하고 있다. 이 적을 막지
> 않으면 전 전선이 붕괴될 것이다. 귀하는 패주 중인 소재 부대를
> 지휘해서 적을 격퇴하라. 귀하는 선두에 서서 독전할 필요가
> 있다.[39]

8월 13일

8월이 되자, 흰 별판을 날개에 단 미군의 폭격기, 전투기, 정찰기가
밤낮을 가리지 않고 "서울 하늘을 정거장 삼아 떠 있"었다. 밤이 되면
정찰기의 탐조등 불빛이 서울의 지표면을 훑고 지나갔다. 한 달 내내
계속된 미군의 무차별적인 폭격이 일상의 일부로 자리 잡자, 더 이상
공습을 알리는 사이렌도 울리지 않았다. 서울은 앙상한 뼈대만 남긴 채
점차 잿더미로 변모했고, 사람들은 비행기 굉음이 들려도 별로 놀라지
않았다. 공습을 피하려고 일부러 몸 숨길 곳을 찾지도 않았다. 죽음과
밀착된 일상이 그들을 둔감하게 만들었던 것일까?
　　물론 아주 묘한 방식으로 감각의 촉수를 곤두세우는 이들도
있었다. 갑해가 그런 경우였다. 그는 하늘에서 들리는 비행기의 굉음만
듣고도 어떤 비행기가 몇 대나 출격했는지 얼추 맞힐 수 있게 되었다.＊

＊ 소설가 김원일은 6월 26일 낮, "비행기 한 대가 굉음을 지르며 낮게
　스쳐가더니 포탄을 한 개 떨어뜨리는 걸" 직접 목격한 바 있다. 그는
　당시 충무로 4가 네거리 근처의 다세대 주택 함석집에 살고 있었다.
　이때 비행기의 공격으로 바로 길 건너 2층집이 폭삭 주저앉았고, 길가

기계 야수들과 불의 전쟁

반면 여전히 탱크 주위를 맴도는 아이들도 있었다. 갑해네 동네 길가에
처참하게 부서진 채로 서 있는 탱크는 그 아이들의 놀이터로 변모했다.
미군 항공기가 떨어뜨린 네이팜탄을 맞아 내부가 불타서 탱크병 두
명은 즉사했고 한쪽 체인 바퀴는 부서진 상태였다. 동네 아이들은 탱크
안팎을 드나들며 전쟁놀이에 열중했다.[40]

　이 무렵, 갑해의 관심을 집중시킨 대상은 미군 비행기 말고도
하나 더 있었다. 바로 집에 자주 들르던 여성 군관 동무였다. 그녀는
"모터찌클"을 타고 와 아버지의 소식을 알려주곤 했다. 갑해는 그녀를
처음 보았을 때 눈을 떼지 못했다. 옷차림새 때문이었다. 견장에
매달린 가죽 끈이 가슴을 타고 내려가다 권총 지갑과 연결되었고, 그
"지갑 속에 비쭉이 내민 소련제 권총 자루는 잉크 색으로 번들거렸"다.
그리고 "잘록한 허리를 감싼 가죽 혁대"에는 여러 개의 탄창이 꽂혀
있었고, 허벅지가 펑퍼짐한 바지 바깥에는 붉은 선이 달려 있었다.[41]
이 군복의 윤곽선을 최종적으로 완성하는 것은 뭐니 뭐니 해도 윤이
나는 목이 긴 가죽 군화였다. 날카롭게 각을 잡으면서도 조심스럽게
관능적 분위기를 연출하는 유니폼. 갑해에게 그것은 여성 군관 동무의
몸을 활동적이며 지적인 현대인의 체형으로 거듭나게 만드는 마법의
도구나 다름없었다. 그는 자신을 들뜨게 만드는 기운의 정체를
파악하기 위해 '멋쟁이'라는 단어의 뜻을 곰곰이 새겨보곤 했다.*

전신주가 쓰러졌다. 김원일은 이때 본 비행기가 전쟁 내내 유일하게
목격한 북한군의 비행기였다고 말한다. 김원일, 「서울에서 겪은 인공
치하 석 달」, 『나를 울린 한국전쟁 100장면』, 눈빛, 2009년, 34쪽.

* 김성칠 교수는 7월 25일에 북한 서적을 구입하기 위해 전쟁 발발
　이후 처음 도심으로 외출했다가 북한군 여군을 보게 된다. 공습경보
　사이렌을 듣고 대피한 화신백화점의 지하실에서였다. 그는 다음과
　같이 일기에 적었다. "함께 대피한 사람들 중엔 인민군들도 있고 여자

첫 번째 아수라장

한편 완서는 더 이상 학교에 나가지 않기로 마음먹었다. 월초에
완서의 오빠는 의용군으로 끌려갔다. 곧 올케의 해산달인 터라 쌀
배급이라도 받아보려고 직장인 고양중학교로 출근했다가, 다른
선생들과 함께 붙들려 갔던 것이다. 한 달 전까지만 해도 완서는
학교에 등교해 민청 활동에 적극적으로 참여했었다.[42] 그녀는 이승만
정권에 염증을 느끼고 있던 많은 남한 젊은이들 중 한 명이었다. 반면
김일성에 대해서는 해방 전부터 호감을 품고 있었다. 태평양 전쟁
말기, 당시 보급되던 라디오 수신기 덕분인지 해외에서 활동하는 독립
운동 세력의 소식이 사람들 사이에 유언비어 형태로 널리 유포되곤
했다. 이전까지 민족의식과는 담을 쌓고 지내던 사람들도 "쉬쉬
목소리를 죽여가며 수군수군 이승만, 김구, 김일성 이름"을 입에 올릴
정도였다. 어린 완서에게 그 소문들 중 가장 인상적인 것은 김일성에
관한 것이었다. "그는 축지법을 써서 하룻밤에 몇 백 리씩 동에 번쩍
서에 번쩍, 신출귀몰한다는 것이었다." 물론 "빨치산 운동이 그렇게
과장되고 신비화"된 것이었다. 하지만 완서는 "아득한 미래의 지평에
영웅들이 희미하게 모습을 드러낸 것" 같은 강렬한 인상을 받았다.

　　해방 이후에도 호감은 줄지 않았다. 특히 "북쪽에서 단행한 철저한
친일파 숙청"에 매료되었다. 그녀는 "친일파가 여전히 거들먹거리며
요직을 차지"하는 남한의 상황이 못마땅했으며, "털어서 먼지 안 나는
사람 어디 있느냐는 식"의 기성세대의 편의주의적 태도도 불만이었다.
공산당의 폭정에 대한 월남민들의 증언을 들어도 그녀는 생각을
바꾸지 않았다. "월남민들은 다 지주나 친일파 계급이려니 싶었던

군인도 있다. 말로만 듣던 여자 군인을 처음으로 가까이서 보았다.
여기서 본 인민군들도 모두 행동거지가 단아하고 정중하며, 이즈음
늘 갖는 느낌이지만 인민군은 질이 좋고 훈련이 잘 되어 있다. 맨
처음에 학교에서 받은 인민군에 대한 불쾌한 인상은 갈수록 씻겨진다."
김성칠, 『역사 앞에서』, 창작과비평사, 2009년, 141쪽.

기계 야수들과 불의 전쟁

것이다."[43]

　사실 그녀는 북한군의 서울 점령 직후만 해도 "바뀐 세상"에 대한 기대감으로 들떠 있었다. 하지만 그 기대감은 두 달도 지나지 않아서 차갑게 식어버렸다. 학교에 나가봐야 그녀가 하는 일이라곤, 문리대생 소속 반동분자 명단을 복사하거나, "김일성 수령의 교시를 돌아가면서 읽고 예찬"하거나, "소학생도 알아들을 뻔한 소리를 무한 복습"하는 것이 전부였다. 교수들은 코빼기도 내비치지 않았다. 그녀는 바뀐 세상이 이전의 세상보다 반드시 더 낫지만은 않다는 사실을 순순히 인정하기 시작했다.[44]

8월 16일

이명준의 간호병 애인이 사망했다. 이명준은 서울에서 내무성 직속 정치보위부의 요원으로 일하다가 전출 명령을 받고 낙동강 전선에 투입되었다. 정치보위부에 있을 때 그의 임무는 "밉상스런 인민의 적들"을 고문하는 일이었다. 그가 보기에 그들은, "백 사람이 나무뿌리를 먹는 갚음으로만 한 사람이 파리제 화장수를 쓸 수 있는" 사회에서 "자기들만은 서양 사람들의 자리에서 사는 듯한 꿈속에서 살아온" 이들이었다. 물론 확실한 것은 아니었다. 하지만 이명준은 그럴 것이라고 굳게 믿었다. 그렇지 않다면 어떻게 그들을 가죽띠로 내리치면서 "사람의 몸을 짓밟는 악한 기쁨"을 느낄 수 있었겠는가? 이명준은 정치보위부 요원으로 일하는 내내 모멸감에 시달려야만 했다.[45] 그는 사단 사령부에 배치받고서도 무덤덤한 눈길로 전선의 상황을 바라보았다. 자신만큼은 영원히 방관자의 자리에 머무를 수 있다고 믿는 듯 보일 정도였다.

　현대 무기라는 매개물은, 싸움터에서조차 몸과 몸의 만남을 가로막는다. 더구나 소총이 미치지 못하는 사이를 두고 포격만 해대는 전쟁은 나쁜 장난 같았다. 지지는 햇볕 아래 멀리 울리는

　　　첫 번째 아수라장

포 소리를 들으며 참호에 서 있으면, 이 거창한 죽임의 마당이,
문득 자기와는 동떨어진 먼 이야기인 것만 같은 때가 있었다.[46]

이명준은 이 전쟁이 "역사를 앞질러 가고 싶어 하던 어른들의 야심"이
만들어낸 "저 바깥세상의 이야기"일 뿐이라며 외면하려고 애썼다.
그런 그에게 도피로가 되어준 것은 우연히 재회한 옛 애인과의
밀회였다. 그들은 야산 기슭의 동굴 안에 마련된 "원시의 광장"에서,
"솔밭을 지나는 바람 소리, 둑을 때리는 물결, 먼 바다 소리"를
들으면서, "서로의 몸뚱아리에서, 불안과 안타까움을 지워줄 힘을
더듬었다." 하지만 이런 식의 도피 행각은 그리 오래가지 못했다. 8월
16일 정오, 유엔군의 B-29 폭격기 98대가 하늘을 까맣게 뒤덮었고
낙동강 물은 빨갛게 피로 물들었다. 2차 대전 이후 최대 규모의
폭격이었다. 이날 이명준의 간호병 애인은 전사했다. 비로소 그에게
전쟁은 더 이상 피할 수 없는 현실이 되었다.

9월 6일
백선엽 장군은 또 한 번 새로운 지도를 손에 넣었다. 이번에는 컬러
지도였다. 이날, 그는 대구에서 미군 제1군단장 프랭크 밀번 소장을
만났다. 국군 제1사단이 미군의 지휘를 받게 되었음을 통보받는
자리였다. 화기애애한 분위기로 대화가 끝나갈 무렵, 백 장군은 밀번
소장에게 "지도가 필요한데 줄 수 있느냐"고 물었고, 밀번 소장은
마음껏 지도를 가져다 쓰라며 지프 한 대 분량의 지도를 건넸다.
거기에는 유성 펜뿐만 아니라 "지도 위에 펼쳐놓는 작은 표지물"까지
담겨 있었다.
　　이번 지도는 지난 7월 중순에 미군 연대장로부터 건네받은 일본의
흑백 지도와 달랐다. 미군이 직접 제작한 것으로 세밀하게 좌표가
표시되어 있었다. 이전까지만 해도 지원 포격을 요청할 때, 지명을
말하고 거기에서 얼마쯤 떨어진 곳에 쏴달라고 무전기로 말해야만

기계 야수들과 불의 전쟁

했다. 눈대중에다 주먹구구식이었다. 하지만 이제는 미군 지도에 표시된 좌표 숫자를 불러주면 그만이었다. 이전 지도가 정확한 측량을 통해 지형과 지물을 모사한 지도였던 반면, 이번 지도는 지리적 정보를 가상의 좌표에 재구성한 지도였다.

백선엽은 두 지도의 차이가 의미하는 바를 정확히 직시했고, 이 전쟁이 이원화된 구도 속에서 진행되고 있음을 간파했다. 동경의 총사령부 상황실이 전쟁의 테크노크라트들이 다양한 의사 결정 과정을 거쳐 작전을 구상하고 계획하는 추상적인 전략의 층위라면, 한반도의 최전방 전선은 일선의 장병들이 숙련 노동자처럼 각자에게 할당된 임무를 수행하는 구체적인 현실의 층위였다. 백선엽이 보기에 미군의 지도는 이 두 층위를 연결하는 매개물 중 하나였다. 결과적으로 이 지도는 적과의 면 대 면 대치에 익숙했던 일본군 하급 장교 출신의 사단장을 현대전의 새로운 차원으로 인도했다. 그것은 사령부 상황실과 최전방 전선을 매끄럽게 연결하는 정보의 유무선 네트워크에 기반해 최신 전쟁 기계들의 집단 군무를 압도적인 규모로 펼쳐 보이는 작전지휘권의 차원이었다.[47] 맥아더 총사령관은 바로 그 차원의 정점에서 "첨단의 시야"를 갖춘 "슈퍼 히어로"로서, "평범한 장군들이 감히 엄두도 내기 어려운 규모의 전략"[48]을 구상하고 실행에 옮기고 있었다.

전쟁 발발 직후, 백선엽 장군은 자신의 부대원들이 북한군 탱크의 진격을 저지하기 위해 육탄 공격을 감행하는 모습을 지켜봐야만 했다. 그리고 약 한 달 전에는 다부동 일대의 고지에서 북한군과 공방전을 벌이다가 미군으로부터 3.5인치 바주카포 5문을 보급받은 바 있었다. 그제서야 적 탱크를 제압할 수 있는 신무기를 손에 넣은 것이었다.[49] 또한 지난달 16일에는 미군의 B-29 폭격기 98대가 왜관 지역 일대에 감행한 융단폭격을 직접 지켜보았다. 당시 미팔군 사령부로부터 전달받은 명령은 "전선의 모든 부대는 호를 깊이 파고 머리를 절대 바깥으로 내밀지 말라"는 것이었다.[50] 이제 백선엽 장군은

첫 번째 아수라장

새로운 야심을 품기 시작했다. 미군 지도를 받아든 이상, 신무기 보급이나 지원 폭격에만 만족할 수는 없는 노릇이었다. 그는 자신의 부대가 미군이 지배하는 작전지휘권의 차원으로 이동해 "기계처럼 움직이는"[51] 군대로 거듭나기를 원했다. 대한민국 전도를 들고선 "조선 시대의 장수"처럼 사단 병력을 이끌어야만 했던 70여 일 전의 상황과 비교해보면 상전벽해였다.

9월 26일

인천이 "밤낮 없는 집중적인 함포사격"으로 초토화되었다는 소문이 돌기 시작한 것이 열흘 전쯤의 일이었다. 서울에서 치열한 시가전이 본격화한 지도 며칠이 지났다. "시내 쪽 하늘에 화광이 충천하고 폭격과 포격이 잠시의 숨 돌릴 새도 주지 않고 도시를 짓이기는 날"이 계속되었다.[52] 서울을 불바다로 만들려는 심사인지 "비행기는 24시간 폭격"을 퍼부었다.[53] 시내 곳곳에서 불기둥이 솟아올랐고, 검은 연기가 하늘을 채웠다. 가장 격렬한 전투가 전개된 곳은 독립문 부근의 안산이었다. 북한군의 완강한 저항으로 사흘간 공방이 오갔고 산자락에는 시신들이 넘쳐났다.

상황이 급박하게 돌아가는 와중에도 갑해와 그 친구들의 호기심은 새로 등장한 전쟁 기계로 향했다. 이번에는 북한군의 서부 방어선을 무력화시키며 한강을 건너왔다는 "코쟁이 양키 군대"의 수륙양용 장갑차가 그 주인공이었다. 갑해는 "장갑차라면 바퀴 달린 쇳덩어리인데 어떻게 다리 없는 한강을 건"널 수 있는지 의구심에 사로잡혔다. 아무리 생각해봐도 거짓말 같았다. 하지만 제2차 세계대전의 승부를 가른 노르망디 상륙작전 때도 동원되어 중요한 역할을 한 무기라는 친구의 설명을 듣고선 이내 고개를 끄덕였다. 갑해가 보기에 정말 그런 무기까지 등장했다면, 북한군이 서울을 지켜내기란 쉽지 않을 것 같았다.[54]

며칠 전, 갑해의 아버지는 가족에게 피난 준비를 해놓고 충무로의

기계 야수들과 불의 전쟁

집에서 기다리라고 연락을 주었다. 그러나 그는 가족을 데리러 오지
않았다. 오히려 갑해가 맞이한 것은 미군의 탱크였다. 이날 남산에서
내려온 미군 병사들을 피해 도망가던 갑해네 가족은 을지로 5가
네거리에서 시가전의 한복판에 내몰렸다. 한편에서는 북한군들이
모래 부대 방책에 몸을 엄폐한 채 기관총을 갈겨댔고, 다른 한편에서는
"나뭇가지를 씌운 육중한 집채 같은 물체"가 동대문 쪽에서 굉음과
함께 굴러오며 포를 쏘아댔다.

　　갑해가 보았던 그 "물체"는 M46 패튼 전차였다. 제2차 대전의
전차전 명장 조지 패튼 장군의 이름을 딴 이 탱크는 1949년부터 미군
부대에 배치되었고 한국전에는 8월 초순부터 투입되었다. 바로 그
최신예 탱크가 갑작스럽게 갑해의 눈앞에 등장한 것이었다.* 하지만
신기한 감정도 잠시일 뿐, 이 아비규환의 현장에서 갑해는 총상으로
다리를 다쳤고, 그의 형은 창자가 터져 그 자리에서 즉사하고 말았다.
길이 엇갈린 것인지, 그들 가족은 끝내 아버지를 만나지 못했다.

　　9월 28일

서울 한복판에서 패주와 수복의 시간이 교차되었다. 세상이 다시
한 번 뒤집혔던 것이다. 이 상황을 가장 먼저 눈치 챈 이들은 오랜
굶주림으로 "물자에 환장한 조선 사람"들이었다. 그들은 아직 국군과
유엔군이 진주하지 못한 치안의 공백을 틈타, 이날 이른 새벽부터
북한군이 버리고 간 군수물자들을 찾아 나섰다. 그들로 인해 북한군이
사용하던 창고마다 "피륙이며 식료품이며를 두고 서로 많이 가지려고
수라장"이 연출되었다. 김성칠 교수의 아내도 우연한 기회에 이

* M46의 장갑 두께는 T-34형의 두 배에 가까운 102밀리였고, 주포의
구경 역시 T-34형보다 큰 90밀리였다. 이 탱크는 1950년 말까지
한국전쟁에 200대가 배치됐다. 백선엽, 『내가 물러서면 나를 쏴라』,
중앙북스, 2010년, 30쪽.

첫 번째 아수라장

난장판에 뛰어들었다. 그녀가 손에 상처를 입어가며 집으로 챙겨온 전리품은 비단 한 토막이었다.[55]

　　오전 6시 10분, 드디어 광화문의 중앙청 국기 게양대에 태극기가 올라갔다. '인민공화국기'가 그 자리에서 나부끼기 시작한 지 89일 만의 일이었다. 그 이후 미군 해병대가 시내를 휩쓸고 지나가면서 모든 건물의 국기 게양대에 성조기를 내걸었다. 덕분에 "서울 거리는 삽시간에 성조기의 숲을 이루었다."[56] 그렇게 유엔군과 국군의 서울 수복이 분명해지자, 북한군 치하의 석 달 동안 감쪽같이 숨어 있던 젊은 남자들이 거리로 쏟아져 나오기 시작했다. 서울의 거리는 한동안 군복을 입은 남자들을 제외하곤 노인과 여자들, 그리고 아이들의 차지였다. 그 거리에 이제 "머리칼이 길길이 자라고 얼굴이 백지장같이 센 젊은이들"이 "서로 얼싸안"거나 "개선한 국군을 붙들고 미친 듯이 환호하고 춤"을 췄다.

　　청년들만 거리에 나선 것은 아니었다. 수많은 시신들도 세종로 한복판을 차지했다. 북한군이 퇴각과 함께 총살한 뒤 중앙청 지하실에 방치해두었던 우익 인사들의 시신이었다. 태극기가 게양된 중앙청의 정문부터 지금의 이순신 장군 동상이 서 있는 자리까지, 그 죽은 몸들이 2층 높이의 피라미드 꼴로 차곡차곡 쌓아 올려졌다.[57] 갑해의 엄마 봉주댁은 그 광경을 묵묵히 지켜보며 참담한 심경에 빠져들었다. 남편에 대한 원망이 한없이 부풀어 올랐지만, 다시 뒤집힌 세상에서 아들과 함께 살아남을 궁리를 하는 것이 먼저였다. 눈앞으로 다가온 부역자 숙청의 시간, 그녀는 더욱 단단히 마음을 먹어야만 했다.

　　10월 초순

완서의 오빠가 돌아왔다. "거지 중에도 상거지 꼴"로. 실제로 수복 이후 서울 시내에는 의용군 탈영병들이 상기되거나 넋을 잃은 표정으로 거리를 헤매며 돌아다니곤 했다. 유엔군의 거센 반격에 전열에서 탈출하거나 낙오한 이들이었다. 완서의 오빠도 그들 중

기계 야수들과 불의 전쟁

하나였다. 엄마와 올케는 실낱같은 희망이 현실이 된 기쁨에, "꿈인지 생시인지" 오빠를 붙들고 울고불고 난리였다. 하지만 오빠의 시선은 "잠시도 가만히 있지를 못하고 불안하게 흔들"렸고, "잔뜩 겁먹은 표정은 무슨 소리를 해도 바뀌지 않았다." "죽기를 무릅쓰고 사선을 넘나든 무용담"도 있을 법한데, 아무 말도 하지 않는다. 불과 몇 개월 전과는 전혀 다른 모습이었다. 그는 변해 있었다. 몸이 망가진 것뿐만 아니라, 마음이 병든 것이다. 가족들은 그가 전쟁터에서 무엇을 보았는지, 무슨 일을 경험했는지 알지 못했다. 그의 몸은 돈암동 집으로 돌아왔건만, 그의 정신은 여전히 전쟁터의 한복판을 무방비 상태로 헤매고 있었다. 전쟁 기계의 낯선 힘들이 맹렬하게 살의를 내뿜으며 인간의 신체를 산산조각 내던 그곳. 피비린내가 진동하는 그곳에서 한 발치도 벗어나지 못하고 있었던 것이다. 그의 귓전에는 아직 파괴와 살육의 신들이 태산이라도 무너뜨릴 것처럼 포효하고 있었다. 외아들이 꼭 살아서 돌아올 것이라는 완서 어머니의 꿈은 현실이 되었지만, 그녀의 외아들에게 그렇게 현실이 된 꿈은 탈출구 없는 악몽이었다.[58]

11월 24일

맥아더 장군은 비행기 안에서 압록강을 내려다보고 있었다. 국경 인근 지역에서 진행된 유엔군의 총공세를 시찰하고 있는 중이었다. 맥아더 장군이 탑승한 대형 비행기 내부는 "기내나 좌석도 넉넉"했고, 그가 앉은 좌석 등받이에는 새하얀 커버도 씌워져 있었다. "책상 위에 지도를 펼쳐놓고 바라보고 있는 맥아더" 장군은 여유 만만한 표정이었다. 그의 주변에는 전쟁의 테크노크라트들이었던 참모진들이 둘러 앉아 화기애애한 분위기 속에서 대화를 나누고 있었다.[59]

이달 초, 맥아더는 강계와 신의주 등 국경 지역의 주요 도시들에 대한 대규모 폭격을 지시하는 한편,[60] 유엔군의 작전 지역을 만주로 확대해줄 것을 합동참모본부에 요구했다. 중국군의 전쟁 개입에

첫 번째 아수라장

대처하기 위함이었다. "맥아더의 한국전쟁에 대한 인식은 사실상 중국 전역에 대한 확전론으로 급변하고 있었다." 그는 더 높은 곳에서, 더 넓은 지역을 조감하며 대륙적인 규모의 작전을 지휘하기를 원하는 듯 보였다.[61]

12월 4일

중공군이 총공세를 벌여 벌떼같이 밀고 내려오자 전쟁이 제3차 대전으로 확전될지 모른다는 소문이 돌기 시작했다. 실제로 12월 1일에는 트루먼 대통령이 원자탄의 사용을 적극 고려하고 있다고 발언했고,* 다음 날에는 신성모 국방부 장관이 이 발언에 지지 의사를 피력했다. 12월 4일에는 『서울신문』이 "하루빨리 원자탄을 써야만 한다"고 강경히 주장하고 나섰다.[62]

원자폭탄의 사용 가능성이 점점 커지자, 평양이 '유령 도시'로 변했다는 소문도 돌았다. 서울로 피난 내려온 평양 시민들이 소문의 진원지였다. 미 공군의 폭격도 견뎌냈던 그들은 "핵전쟁의 저당물"[63]이 된 도시에서 더 이상 버티고 있을 자신이 없었다. 실제로 11월 하순부터 주민들 상당수가 피난길에 나섰고, 남은 사람들도 지하 방공호로 꽁꽁 숨어들었다. 폐허가 된 도시만이 외로이 지상에 남겨졌다.**

* 11월 후반, 미 육군의 작전참모부는 중국군의 참전이라는 새로운 상황에 대처하기 위해 맥아더 장군에게 원자폭탄의 사용 권한을 부여할 준비를 해야 한다고 주장했다. 이들은 중국군이 한반도로 계속 이동하는 경우 만주 국경의 바로 북쪽에 핵 방사능에 의한 띠 모양의 '방역선'을 설정하여 한국의 전장을 만주로부터 고립시키는 가능성까지도 상정하고 있었다. 이상호, 앞의 책, 305쪽.

** 평양에 거주하던 아홉 살 연표는 이날 아침 일찍 아버지의 손을 잡고 작은형과 함께 피난길에 나섰다. "겹겹으로 옷을 껴입고 목도리까지

에필로그

한반도의 거주민들이 물질의 형상을 갖춘 다종다양한 전쟁의
모더니티를 체험하는 데에는 그리 많은 시간이 필요치 않았다. 6월의
T-34형 탱크부터 7월의 B-29 전폭기와 9월의 M46 패튼 전차를
거쳐 12월의 첨단 대량 살상 무기까지. 그들은 각자의 자리에서
전쟁이라는 "파괴적인 흐름과 폭발의 역장"[64]으로 진입했다. 그리고
폭력으로 점철된 그 지옥도 안에서 어떤 이들은 적뿐만 아니라 전쟁
그 자체와 싸우다가 목숨을 잃거나 사지가 뜯겨져 나간 채로 말없이
집으로 돌아갔고, 어떤 이들은 인명 살상에 최적화된 기계 포식자들과
백병전을 치르면서 현대적인 인간 병기로 거듭나려고 애처로운 몸짓을
되풀이했다. 또한 어떤 이들은 산업화된 전쟁의 흐름 속에서 특권적인
경험의 경로들을 경유해 자신이 처한 상황을 좀 더 냉정하게 조망했고,
그들 중 일부는 첨단의 군사 무기 시스템의 영주권을 발부받아 세계
최강 미군의 작전지휘권 아래 머물 수 있기를 간절히 소망했다.* 한편

단단히 했는데 날씨가 어찌나 매몰찬지 걸음조차" 떼기 어려웠다.
할아버지, 할머니, 어머니, 여동생 둘, 이렇게 다섯 식구는 평양의
지하 방공호에 남기로 했다. "영하 몇 십 도의 강추위"를 뚫고 피난을
떠나기에 여동생들은 너무 어렸고, 어머니는 병든 할아버지를
돌봐야만 했다. 아버지는 유엔군의 후퇴는 일시적인 것이니 금방
다시 평양으로 돌아올 수 있을 것이라고 믿었다. 연표는 아버지를
따라가면서도, "피난 갈 동안 식구와 절대 떨어지면 안 된다"는
어머니의 마지막 당부를 곱씹고 또 곱씹었다. 김원일,『어둠의 축제』,
강, 2009년, 129~130쪽.

* 전쟁은 남한의 군부가 조직, 기술, 이념의 측면에서 급속하게
성장할 수 있는 계기이면서 현대화의 사회적 확산 경로를 장악할
수 있는 기회였다. "전시와 전후 시간에 진행된 군대 중시와 군사

첫 번째 아수라장

민간인 대다수는 불안, 공포, 경악으로 단련된 굳은살을 자신의
감각 표면에 촘촘하게 박아 넣었다. 그리고 다들 각자의 트라우마를
육탄 공격용 폭탄처럼 끌어안은 채 속앓이를 하기 시작했다. 탱크의
장갑판처럼 무감각해져버린 외피로 온몸을 감싼 채로, 그렇게.

혁명(military revolution)은 군대를 사회의 가장 선진적 부문으로
변전시켰"고, 이에 따라 "훗날 군부가 정치적으로 움직일 때 실제로
미국을 제외하고는 통제할 수 있는 어떤 집단도 사회 내에 존재하지
않았다." 박명림, 「박정희와 김일성—한국적 근대화의 두 가지 길」,
『역사비평』, 통권 82호, 2008년 2월, 138쪽.

기계 야수들과 불의 전쟁

1. 이 장의 제목은 잭슨홍의 2005년 첫 개인전 『기계 야수들과 불의 전쟁』에서 빌려온 것이다.

2. 선우휘, 『노다지 2 · 불꽃 · 테러리스트』, 학원출판공사, 1993년, 585쪽.

3. 조양욱, 「한국전쟁, 특종과 죽음의 갈림길」, 『마당』, 1983년 1월, 95~96쪽.

4. 백선엽, 『내가 물러서면 나를 쏴라』, 중앙북스, 2010년, 153~159쪽.

5. 정순태, 「신성모는 억울하다」, 『마당』, 1984년 1월, 177쪽.

6. 위의 책, 177쪽.

7. 박완서, 『그 많던 싱아는 누가 다 먹었을까』, 웅진지식하우스, 2005년, 266~267쪽.

8. 정순태, 앞의 책, 178쪽.

9. 위의 책, 179쪽.

10. 백선엽, 앞의 책, 168쪽.

11. 정순태, 앞의 책, 176쪽.

12. 선우휘, 앞의 책, 607~608쪽.

13. 백선엽, 앞의 책, 167~169쪽.

14. 발터 베냐민, 최성만 옮김, 「이야기꾼: 니콜라이 레스코프의 작품에 대한 고찰」, 『서사 · 기억 · 비평의 자리』, 길, 2012년, 417쪽.

15. 전인권, 『박정희 평전』, 이학사, 2006년, 112쪽.

16. 「김종필 증언록 '소이부답'(48): 한국전쟁 65주년 JP 특별 회고」, 『중앙일보』, 2015년 6월 24일.

17. 박정희, 『한국 국민에게 고함』, 동서문화사, 2005년, 962쪽.

18. 박완서, 앞의 책, 267~269쪽.

19. 김성칠, 『역사 앞에서』, 창작과비평사, 2009년, 75~76쪽.

20. 박완서, 앞의 책, 271~272쪽.

21. 김성칠, 앞의 책, 80~82쪽.

22. 「찬(燦)! 아군 용전에 괴뢰군 전선서 패주 중」, 『경향신문』, 1950년 6월 27일.

23. 김원일, 『불의 제전』, 4권, 강, 2010년, 33쪽.

24. 박완서, 앞의 책, 276~279쪽.

25. 김태우, 『폭격』, 창비, 2013년, 100쪽.

26. 당시 미 극동공군 사령관으로 맥아더의 전선 시찰에 함께했다.

27. 이상호, 『한국전쟁과 맥아더』, 푸른역사, 2011년, 169쪽.

28. 「한국군 코멘터리: 조국의 하늘을 지킨 '창공의 영웅들'」, 『주간경향』, 1082호, 2014년 7월 1일.

29. 딘 E. 헤스, 『신념의 조인』, 플래닛미디어, 2010년, 131쪽.

30. 백선엽, 앞의 책, 194쪽.

31. 김성칠, 앞의 책, 181쪽.

32. 백선엽, 앞의 책, 206~209쪽.

33. 선우휘, 앞의 책, 623~626쪽.

34. 이상호, 앞의 책, 174~175쪽.

35. 폴 비릴리오, 『전쟁과 영화』, 권혜원 옮김, 한나래, 2004년, 264쪽. "지평선 너머의 무기 시스템"이라는 비릴리오의 표현을 여기에서는 약간 변형했다.

36. 김태우, 앞의 책, 246쪽.

37. 김원일, 앞의 책, 197쪽.

38. 『서울 사람이 겪은 해방과 전쟁』, 서울특별시 시사편찬위원회, 2011년, 22~40쪽. 위의 대화는 이 책의 구술 내용을 바탕으로 재구성한 것이다.

39. 「누가 최고의 전시 참모총장이었나?」, 『마당』, 1983년 9월, 87쪽.

40. 김원일, 『불의 제전』, 5권, 강, 2010년, 109쪽.

41. 위의 책, 121~124쪽.

42. 박완서, 앞의 책, 283~287쪽.

43. 박완서, 「60대 ― 삶과 정신의 운명적 이중성」, 『역사비평』, 32호, 1996년 2월, 역사비평사, 177쪽.

44. 위의 책, 286~287쪽.

45. 최인훈, 『광장/구운몽』, 문학과지성사, 1994년, 154쪽.

46. 위의 책, 156쪽.

47. 폴 비릴리오, 앞의 책, 193~195쪽.

48. 백선엽, 앞의 책, 117쪽.

49. 위의 책, 249~250쪽.

50. 위의 책, 256~257쪽.

51. 위의 책, 265쪽.

52. 박완서, 『그 많던 싱아는 누가 다 먹었을까』, 290쪽.

53. 김성칠, 앞의 책, 244쪽.

54. 김원일, 『불의 제전』, 5권, 111쪽.

55. 김성칠, 앞의 책, 247~248쪽.

56. 선우휘, 앞의 책, 687쪽.

57. 김원일, 「서울에서 겪은 인공 치하 석 달」, 『나를 울린 한국전쟁 100장면』, 눈빛, 2009년, 39쪽.

58. 박완서, 『그 많던 싱아는 누가 다 먹었을까』, 304쪽.

59. 요시다 도시히로, 『공습』, 김해경 · 안해룡 옮김, 휴머니스트, 2008년, 196쪽.

60. 김태우, 앞의 책, 298~300쪽.

61. 이상호, 앞의 책, 272쪽.

62. 김성칠, 앞의 책, 309쪽.

63. 폴 비릴리오, 앞의 책, 214쪽.

64. 발터 베냐민, 앞의 책, 417쪽.

두 번째 아수라장
'서북 모던'과 이층양옥 연속체

1.

한 가족이 응접실에 모여 앉아 화목하게 정담을 나누고 있다. 레이스가
달린 흰색 블라우스 위에 빨간색 카디건을 받쳐 입은 여자는 맥주가
가득 담긴 컵을 들고선 행복한 표정으로 미소를 짓는다. 그녀의
시선은 남자를 향하고 있다. 탁자 맞은편에 앉아 있는 남자는 보라색
줄무늬 카디건을 걸치고 도쿄의 관광 안내서를 손에 쥐고 있다.
여자에게 무언가를 말하려는 듯한 입 모양새다. 그런데 그의 시선이
뭔가 어색하다. 여자와 안내서 사이를 그냥 지나쳐 사진 바깥의
무언가를 응시하고 있다. 부부 간의 엇갈린 시선 때문일까? 사진 속의
부자연스러운 대목이 하나둘 눈에 들어오기 시작한다. 영부인 덕분에
유행을 탄 탓인지 여자의 올림머리 스타일은 이마 선을 강조하고,
받침다리를 잘라냈는지 소파의 높이는 유난히 낮아 보인다. 입식도
좌식도 아닌 어정쩡한 상태, 그래서 그녀는 약간 옹색한 자세로 앉아
있다. 남자의 옷차림새에도 묘한 구석이 있다. 여자가 제대로 신경을
써주지 않은 탓일까? 그의 티셔츠 칼라가 카디건 위에 보기 흉하게
접혀 있다.

시선을 약간 아래쪽으로 옮겨보자. 남자 곁에 바짝 붙어 엎드려
있는 소년은 어떤가? 사실 이 사진에서 가장 이상한 부분은 소년이다.
얼핏 기계충 자국이 보이는 스포츠형의 머리 모양은 그가 중학생
정도의 나이임을 암시한다. 반면 그의 어머니로 보이는 여자는 처녀로
보일 정도로 젊다. 소년과 여자의 표면적인 나이 차이. 눈치가 빠른
이들이라면 주저 없이 이 가족의 내력을 궁금해할 것이다. 까까머리
소년 주변을 배회하는 호기심 어린 시선들. 하지만 소년은 애써
모른 척한다. 대신 자신에게 부여된 역할을 성실하게 수행한다. 오늘

그의 임무는 오른손으로 턱을 받친 채 도쿄의 호텔 소개 브로슈어를 펼쳐보는 것이다. 부주의하게 다룬 탓에 브로슈어가 접힌 자국을 따라 약간 찢겨 나갔지만, 소년은 크게 괘념치 않고 사진에 담긴 호텔의 실내 모습을 뚫어져라 보고 있다. 입가에 희미한 미소를 흘리는 것도 잊지 않는다. 그 미소는 가족 여행에 대한 기대감을 드러낸 것일까? 아니면 지금의 어색한 상황에 반응한 것일까? 소년만이 알고 있다.

그러면 이제 약간 뒤로 물러나 이 3인 가족의 전체적인 모습을 살펴보자. 위에서 묘사한 남자와 여자 그리고 소년, 이 삼자의 관계는 쐐기 형태의 삼각형 구도를 만들어낸다. 쓰러질 듯 아슬아슬하게 기울어진 구도. 게다가 사진 곳곳에 놓인 소품들이 붉은 기운을 강렬하게 발산한다. 훅 불면 어디론가 가볍게 날아가버릴 것 같기도 하다. 그 때문일까? 이들 사이에, 세월의 때를 탄 지구본, 팔등신의 한복 인형이 끼어들어 안정적인 오각형의 구도를 만들어낸다. 하지만 불안한 분위기를 완전히 지워내지는 못한다.

아마 당신이 김한용 작가가 찍은 1964년도 OB 맥주의 달력 사진을 본다면, 대충 위와 같은 감상을 나열할 수 있을 것이다.*
당대 최고의 배우 최무룡과 김지미가 등장하는 이 사진은 외견상

---

* 김한용 작가는 1924년생 평남 성천군 출신으로 1946년에 월남했다. 2011년 한미사진미술관에서 열린 전시『광고사진과 소비자의 탄생』에 소개된 작가의 이력은 다음과 같다. "올해로 88세를 맞이하는 광고사진가 김한용은 한국 광고사진을 개척해온 선구자로 널리 알려져 있으며, 국내 최초로 컬러 현상 시스템을 도입한 그의 연구소는 한국 광고사진 및 광고의 요람으로 평가받고 있다. 1947년 국제보도연맹 소속 보도사진가로 사진에 입문한 그는 보도 기자로 활동하며 1950년대 국내의 사정을 렌즈에 담았으며, 1960년대부터는 광고사진가로서 오늘날 우리에게도 익숙한 상품들의 이미지를 사진으로 각인시켜왔다."

두 번째 아수라장

1960년대가 상상했을 법한 현대적인 가정의 풍경을 담아내고 있는
듯 보인다. 당대의 현실과는 거리를 두고 가난과 궁핍의 흔적을 애써
지워내려고 하지만, 그 결과로 연원을 헤아리기 힘든 부자연스러움이
넘쳐난다. 특히나 당신들이 발 딛고 있는 21세기 초반의 현실에
비추어보자면, 이 이미지에서 '바로 지금 여기'의 과거형을 발견하기란
쉽지 않다. 그러니까 1964년의 이미지와 2015년의 현실, 양자
사이에는 큰 단절이 있어 보인다는 것이다. 과거-현재-미래로
이어지는 선형적인 시간의 궤도 위에 제대로 안착하지 못한 채, 길을
잃고 미아가 되어 버렸다고나 할까? 그러니 당신이 역사 바깥에
존재하는 듯 보이는 이미지 앞에서 약간의 기이함을 느끼는 것도
당연해 보인다.

서두가 길어졌는데, 먼저 내 소개를 해야겠다. 나는 저 사진이 담고자
했던 실내 경관의 주인공, 이층양옥이다. 저 사진의 공간이 실제
이층양옥의 응접실인지, 아니면 적당히 흉내 낸 공간인지는 확실치
않다. 분명한 것은 저 사진이 우리의 실내 경관을 무대로 삼고자
했다는 것이다. 당신은 과거 '부촌'이라고 불리던 동네들에서 쓸쓸히
쇠락해가는 내 동료들의 모습을 어렵지 않게 볼 수 있을 것이다.
주지하다시피 이층양옥이란 콘크리트와 벽돌 등 현대적 재료로
시공된 서구식 외형의 2층짜리 단독주택을 의미하는 것이었다.
지금이야 말년의 몰골을 하고 있지만, 처음 등장할 무렵만 해도 우리는
'근대화'의 최첨단이자 '문화생활'의 기수였다.

　　당시 서울은 전근대적 도시의 모습에서 벗어나지 못하고 있었다.
50년대 전반에 걸쳐 10평 내외의 소규모 공영 주택들이 재건 주택,
부흥 주택, 희망 주택이라는 이름으로 서울 변두리에 들어서기도
했지만, 30년대 이후부터 지어진 절충식 한옥이 여전히 서울의
대표적인 주거 모델로 자리 잡고 있었다. 변화의 싹이 보이기 시작한
것은 1960년대 초반 이후였다. 사대문 바깥에서 하나둘 지어지기

'서북 모던'과 이층양옥 연속체

63

시작한 넓은 정원을 갖춘 이층양옥, 바로 우리가 새로운 경향을 선도한 결과였다.

2.

당시 한국 경제는 저개발 상태였지만, 그렇다고 우리가 등장할 만한 여력이 아예 없었던 것은 아니다. 산업자본이 취약한 상황임에도 불구하고, 오히려 우리의 뒷배를 든든하게 봐줄 만한 나름의 물적 토대가 존재했다. 그렇다면 이 시기에 우리를 거처로 삼았던 이들은 어떤 사람들이었을까? 그 구체적인 내막을 들여다보기 위해 1960년대 초반 명문대 미학과에 재학 중이던 연표네 집부터 살펴보도록 하자. 연표의 가족이 거주하는 집은 금호동의 고급 이층양옥이었다. 그의 집은 "200평은 족히 됨직한 널찍한 대지 위"에 자리 잡고 있다. 지방 출신 고학생인 친구들의 눈에는 대궐 같은 집이다. 초인종을 누르면 식모가 나와 직접 대문을 열어주고, 안으로 들어서면 도베르만이 목줄을 끊을 듯 앞발을 쳐들고 주인을 맞이한다. 잔디밭 사잇길에는 장미 아치가 세워져 있고, 넓은 정원에는 "모양새 좋게 자란 관상수들"이 심어져 있다.

그뿐이 아니다. 현관을 통해 실내로 들어서면 응접실에는 큼지막한 소파가 탁자를 두고 마주 보고 있다. 정원이 내다보이는 남향의 유리창으로 따사로운 햇살이 쏟아져 들어온다. 응접실을 지나 2층으로 올라가면 연표의 방이다. "웬만큼 산다는 집도 이불은 자개장롱에 옷은 횟대보로 가려 못에 거는 게 보통"인데, 그의 방에는 책장, 서양식 옷장, 이불장이 세 벽면을 두르고 있다. 그리고 사진작가가 장래 희망인 연표를 위해 집 안에는 개인 암실도 따로 마련되어 있다.[1] 다른 방들도 연표의 방과 다르지 않다. 각각의 방들은 부부 침실, 서재, 식모방 등 용도에 따라 명확히 구분되어 있고, 위치와 크기에 따라 가족 구성원 개개인에게 배분되어 있다. 그리고 각자는 필요에 따라 자기 방에 다양한 가구와 사물들을

두 번째 아수라장

배치해놓았다. 식탁을 갖춘 입식 부엌은 안주인의 지휘를 받는 식모의 몫이다. 하숙집에 기거하는 연표의 친구들은 이 집에 처음 놀러왔을 때 "현대적 문화생활"이 무엇인지를 절감할 수 있었다. 그것은 말 그대로 "정식(正式)의 생활"[2]이었다. 무엇보다 압권은 2층으로 올라가는 계단이었다. 친구들은 위쪽 계단에 선 채로 아래를 내려다보면 응접실이 한눈에 들어온다는 사실, 그래서 실내 공간을 입체적으로 조감하면서 가족의 동정을 살필 수 있다는 사실에 신기해했다. 마치 집 안의 전망대 같다고나 할까.

일견 연표의 집은 OB 맥주의 달력 사진이 담아내고자 했던 일상의 모습을 이미 몇 년 앞서 훨씬 더 현대적인 형태로 선취하고 있는 듯 보인다. 그렇다면 이 대궐 같은 집을 떠받치고 있던 경제력은 어디서 온 것인가? 친구들은 "육이오 때 피난 나온 삼팔따라지가 10년도 안 된 세월에 무슨 재주로 이렇게 큰 집 살 돈을 모았을까"라고 연표에게 힐난 섞인 의문을 던진 적이 있다. 실제로 연표의 아버지는 평양의 지주 출신으로, 해방 후 공산당에게 "부르주아"로 몰려 갖은 핍박을 받다가, 1·4 후퇴 당시 연표와 그의 작은형만 데리고 월남했다. 할아버지, 할머니, 연표 어머니와 여동생들은 평양에 남았고, 작은형은 피난길에 추위에 시달리다가 폐렴에 걸려 죽고 말았다. 연표 아버지가 가족을 두고 떠난 것은 유엔군이 다시 평양을 수복하리라고 믿었기 때문이었다. 그러나 그 기대는 처참히 무너졌다. 게이오 대학 영문과 출신으로 영어에 능통했던 연표 아버지는 전쟁 당시에는 미군 통신 부대 통역관으로 일했다. 그러다 휴전이 되자마자 곧바로 돈벌이에 나섰다. 그가 택한 것은 설탕 원재료 수입과 도매업이었다. "평화 시대가 오면 사람들이 가장 원 없게 먹고 싶은 게 달콤한 설탕"이라는 것이 아버지의 생각이었다. 그의 판단은 정확히 맞아떨어졌다. 그는 "미국의 한국법인 원호처와 짜고" 갈퀴로 긁어모으듯 돈을 벌어들였다.[3]

연표의 가족을 표본으로 삼으면, 초창기 우리의 소유주들이

'서북 모던'과 이층양옥 연속체

65

어떤 사람이었는지 어렵지 않게 추정해볼 수 있다. 그들 상당수는 당시 신흥 중상류층으로 급부상하던 월남 실향민들이었다. 연표의 아버지는 뒤늦게 피난길에 나선 경우였지만, 이 집단 상당수는 1946년 봄, 북한의 토지 개혁 전후로 집중적으로 삼팔선을 넘었던 서북 지역의 주류 계층이었다.• 이들은 주로 5정보4 이상의 토지를 보유한 지주, 상업에 종사하던 경제적 중상류층, 그리고 법률가, 의사, 교사, 구 식민지 관료 등 전문 지식인들로, 해방 이후 소련의 군정 체제에 불만을 품고 있었다. 이들을 하나로 묶을 수 있는 핵심적인 공통분모 중 하나는 20세기 초반부터 서북 지역에서 빠른 속도로 교세를 확산했던 개신교 신자들이었다는 점이다. 이들은 일제강점기에 미국과의 직접 교류 채널을 가지고 있던 한국 내의 거의 유일한 집단이기도 했다.

　　흥미로운 것은 이 월남 실향민 중 일부는 경제 자본의 상당 부분을 상실한 처지였음에도 정치적 혼돈을 틈타 비교적 짧은 시간 내에 월남 이전의 '사회적 지위'를 복원하는 데 성공했다는 점이었다.5 여기에서

• 이연식은 해방 이후 3년간 서울로 유입된 인구에 대해 다음과 같이 정리한다. "1948년 현재 서울 인구를 대략 140만 명으로 추산할 때, 약 23~27만 명가량이 해방 이후 유입된 인구로 추정된다. 이 중에 14~17만 명가량이 38 이북 월남인, 5~6만 명가량이 만주 귀환 동포, 일본을 포함한 기타 지역 귀환민이 5만 명 내외로서 38 이북에서 유입된 인구가 압도적으로 많았다." 한편, 강인철에 따르면 1953년 말 예수교 장로회 교인 총 25만 명 중 월남 인구는 5만 9000~6만 7000명 정도였다. 이 수치는 월남 이후 입교한 사람들까지 포함한 것이다. 이연식, 「해방 직후 서울 지역의 주택 부족 문제 연구」, 『서울학 연구』, 통권 16호, 2001년 3월, 266쪽. 그리고 강인철, 「남한 사회와 월남 기독교인—극우 반공 체제하의 교회 활동과 반공 투쟁」, 『역사비평』, 23호, 1993년 5월, 74쪽.

두 번째 아수라장

중요한 역할을 한 것은 이들이 '엘리트'로서 보유한 상징 자본, 그리고 이들의 종교 공동체였던 '교회'였다. 이들 일부는 부모 세대의 교육열 덕분에 비교적 높은 학력을 보유하고 있었고 어린 시절부터 미국 선교사들과 교류한 덕분에 영어 사용에 익숙한 이들도 적지 않았다. 또한 이들에게 교회는 남한 사회 내에서 상대적으로 우위의 경쟁력을 확보하는 데 중요한 요인이었다. 교회는 실향민들 간의 인적 접촉과 정보 교류가 집중적으로 이뤄지는 공간일 뿐만 아니라, 미국이 강력한 후견인으로서 막대한 물질적 원조를 지원하는 장소이기도 했기 때문이다.•

서북계 엘리트 일부가 월남 이후 성취한 사회적 지위는 지대 추구형 중상류층이었다. 연표 아버지가 보여주듯이, 그들은 시장 원리가 활성화되지 못한 원조 경제체제에 기생하면서 무역업이나 유통업을 통해 독점적인 이윤의 발생 지점들을 점유해나갔다. 연표 친구들의 표현을 빌리자면 "환란의 시대에 돈을 버는 부류"였던 것이다. 이러한 방식의 경제적 활동은 근본적으로 미군정, 그리고 이승만 정권과의 유착 관계 덕분에 가능했다.•• 물론 교회는 이

• 월남 실향민들이 세운 대표적인 교회였던 영락교회는 1965년에 이미 재적 교인이 1만 명을 돌파했으며 1980년에는 3만 7573명에 달했다. 산하에 중학교, 상업 고등학교, 고아원, 양로원, 모자원, 기도원을 두었고, 1979년에는 보유 부동산 시가만 135억 원에 이르렀다. 강인철, 위의 책, 117쪽.

•• 임혁백은 1950년대 자유당 정권과 기업가들이 "수입 대체 산업화의 정치적 연합"을 형성했다고 지적한다. 우리의 관점에서 보자면, 서북계 엘리트들은 바로 이 연합의 한 축을 담당하는 세력이었다. 1962년 조사 자료에 따르면 당시 22대 자본가 중 총 6명이 이북 5도 출신이었다. 임혁백, 「박정희에 대한 정치학적 평가: 리더십, 근대화,

'서북 모던'과 이층양옥 연속체

연계망의 핵심 고리였다. 그러면 당시 서북계 엘리트들의 활약상을 가늠해보기 위해 해방 이후 고위직 공무원과 국회의원의 개신교 신자 비율을 살펴보면 어떨까? 실제로 미 군정 시기 한국인 행정 고문의 55퍼센트, 초대 한국인 국·차장의 50퍼센트, 입법의원의 23퍼센트를, 그리고 이승만 정권 시기에는 초대 내각의 42퍼센트, 역대 장차관의 38퍼센트, 역대 국회의원의 21.3퍼센트를 개신교인이 차지했다. "그들은 선출직보다는 임명직에서, 억압적 국가기구보다는 이데올로기적 국가기구에서 특히 강세를 보였다." 4·19 혁명에도 이들의 영향력은 여전히 유지되었다. 장면 정권에서 장차관 및 처장의 비율은 33.3퍼센트, 국회의원은 15.7퍼센트를 차지했다.* 해방 당시 개신교 신자가 전체 인구의 1퍼센트에도 미치지 못했으며 그 대다수가 서북계였다는 사실을 상기해보면, 위의 수치들은 서북계 엘리트들이 권력의 핵심부와 어떤 관계를 맺고 있었는지를 짐작해보기에 충분하다.

한편 연표 아버지 같은 서북계 엘리트들이 우리가 서울 사대문 바깥의 변두리에 안착해 초기 거점을 마련하는 데 지대한 공헌을 했다면, 60년대 중후반부터는 그들의 뒤를 따르는 이들이 점차 증가했다. 크게 두 부류였다. 한 부류는 전쟁 이후 해방촌에 거처를

유신, 그리고 몰락」, 『평화연구』, 2012년 가을호, 68쪽. 그리고 강인철, 위의 책, 124쪽.

* 강인철에 따르면, 여기에서 "미 군정기에 한국인 관리의 선발에 결정적인 역할을 했던 윔스 소령이나 윌리암스 대령이 모두 한국에서 활동했던 선교사의 아들이라는 점, 이승만이 한때 목사가 되기 위해 신학을 공부했으며 하와이 한인 교회에서 교역자로 봉사했고 귀국 직전까지 지속적으로 교회 기관을 무대로 활동한 독실한 개신교 신자였다는 점"이 중요한 역할을 했다. 강인철, 위의 책, 105~106쪽.

두 번째 아수라장

마련하고 동대문시장이나 광장시장에서 장사를 시작해 경제적 성공을
일궈낸 월남 피난민들이었고, 다른 부류는 서울 토박이 중상류층
출신의 젊은 세대들이었다. 먼저 전자의 부류를 살펴보자. 이들은
연표 아버지와 동일하게 '실향민'의 범주로 묶이는 이들이었지만,
여러 가지 측면에서 뚜렷하게 구분되는 집단이기도 했다. 거칠게나마
양자를 구분하는 지표 중 하나는 월남 시기였다. 일단 전쟁 당시
남쪽으로 피난을 내려온 이들 대부분은 '이념'적인 이유로 월남을
감행한 것이 아니었다. 한국전쟁 당시 미군의 폭격을 피해 피난길에
나섰다가 휴전이 되자 어쩔 수 없이 서울에 정착하게 된 이들이었다.
이들은 주로 중소 규모의 자영업에 종사했고 그중 일부가 경제적으로
기반을 잡자 60년대 중후반부터 새집을 장만하기 시작했던 것이다.
물론 그들의 양옥집은 연표네 집처럼 고급스러운 모양새는 아니었다.
하지만 엄연히 우리 종족의 계통도에 속하는 것으로 나오는 사촌뻘
정도 되는 관계였다.

　　전쟁 통에 남편과 사별한 1930년대 중반 태생의 여성 P 씨의
사례를 보자. 그녀는 청계천변에서 장사를 시작해 광장시장에서
포목전으로 나름 성공을 거둔다. 그녀의 시어머니는 아들이 죽기
전까지만 해도, 개성 양반 출신이라는 사실을 자랑스러워 여기며
큰돈은 못 벌어도 체통만큼은 지켜야 한다고 말하곤 했다. 그녀는
전쟁 직후 가족의 생계 때문에 "며느리를 시장 바닥에 내보는 걸
수치스럽게 여"겼다. 하지만 며느리의 수완 덕분에 먹고살 만해지자,
자신의 입장을 180도 바꾼다. "난세에는 장사밖에 없"다는 것이었다.
중년 여성 P 씨는 이제 새집으로 이사 갈 궁리를 한다. 물론 그녀가
마음속에 담아둔 새집은 바로 우리, 이층양옥이었다. 새로 집을 지은
시장통 동업자들의 집들이를 다녀온 날이면 그녀는 전쟁 직후 마련한
날림 오리목 집이 못마땅했다. 게다가 두 아이도 어디서 봤는지 "신식
양옥"으로 이사 가자고 성화였다. 결국 그녀는 헌 집을 헐고 그 땅 위에
새집을 짓기로 결정한다.[6]

　　'서북 모던'과 이층양옥 연속체

또한 경제적으로 나름 자리를 잡은 젊은 세대의 서울 토박이들도 월남 피난민들과 함께 우리의 품 안에 안기며 유행의 확산에 동참했다. 1930년대 중반 태생의 서울 토박이인 수철도 삼십대 초반의 이른 나이에 그런 경우였다. 그는 전쟁 때 부모를 여의였다. "대대로 검약한 가풍에 이재에 밝"았던 은행원 아버지는 인공 치하의 서울에서 악질 반동으로 몰려 잡혀갔다가 행방불명되었고, 경기도 부농의 딸이었던 어머니는 1·4 후퇴 당시 피난길에 적기의 기총소사를 피하지 못하고 참혹한 죽음을 맞이했다. 다섯 살짜리 막내 여동생도 길에서 잃었다. 중학생이던 수철에게 남은 것은 여덟 살 터울의 누이동생뿐이었다. 수철은 남보다 이른 나이에 사업 기반을 닦았다. 빈틈없이 꼼꼼한 성격에 수완도 좋았던 덕분이었다. 이른 나이에 부모를 잃은 터라, 하루라도 빨리 가정을 꾸리고자 했다. 그래서 결혼도 서둘러 했다. 그가 아내로 맞이한 여성은 좋은 집안에서 고생 모르고 자라난, 수철과 마찬가지로 서울 토박이였다. 수철은 고아나 다름없는 자신에게 시집 와서 자식을 낳아주고 누이동생까지 보살피는 아내를 고맙게 생각한다.

그런 그가 경제적 여유가 생기자 제일 먼저 하는 일은 스위트 홈의 무대를 새로 짓는 것이다. 아버지가 꽤 튼튼하게 지은 기존의 구옥에서도 "여기저기 조금씩 손봐가며" 아쉽지 않게 살아왔다. 하지만 수철은 자신의 삶이 순풍에 돛을 달기 시작했다고 판단하자, 구옥을 밀어내고 그 자리에 새집을 짓는다. 그는 "가정이라는 지상의 낙원"을 물질적 형태로 가시화할 수 있는 이층양옥을 꿈꿨기 때문이다. 새집의 외관은 다른 집들과 그리 다를 바 없지만, 그 내부는 "아름답고 기능적"이다. 담장 안으로는 수목이 울창하고 창마다 레이스 커튼이 늘어져 있다. 집을 지을 당시 그가 "마치 예술가가 작품을 만들 때처럼 몰입"한 덕분이다. 돈과 열정을 아끼지 않았고, "괴팍까지 떨어서 시공하는 사람과 자주 충돌"하기도 했다. 하지만 그 덕분에 그는 행복이 진열장의 보석처럼 반짝이는 그런 집을 가지게 되었다. "도대체

두 번째 아수라장

흠잡을 데라고는 없었고 작은 불행이 숨어 있을 만한 그늘도 없"다.
그는 새집에서의 일상을 다음과 같이 이야기한다.

> 마치 캔이나 유리병 속에 들어 있던 주스를 아름다운 크리스털
> 컵에 옮겨 담았을 때만큼이나 깜짝 놀라도록 달라 보였다. 캔
> 속의 주스와 크리스털 속의 주스가 어찌 질이 같다 할 수 있을까?
> 우리의 혀는 결코 그렇게 정직하지 않다.[7]

퇴근한 그가 집으로 돌아오면, 새집은 언제나 따뜻하고 밝고 편안한
분위기로 그를 맞이한다. 개구쟁이 두 아이는 아빠에게 함께
놀아달라고 성화이고, 그의 아내는 "느슨한 홈웨어 위에 정결한
에이프런을 두르고" 저녁을 준비한다. 그는 자신이 정말로 가장
완벽한 형태의 행복을 만끽하고 있다고 생각한다.
　　물론 우리가 주도한 '현대적 문화생활'의 유행에 부작용이 없었던
것은 아니었다. 이 시기 우리의 실내를 채운 현대적 사물들은 주로
미군 피엑스로부터 흘러나온 것들이었다. 우리의 소유주들 상당수는
이미 교회를 비롯한 다양한 경로를 통해 미국적 생활양식에 친숙한
상태였기 때문에 응접실, 침실, 주방, 자녀방 등 같은 개별화된 공간의
기능에 맞춰 현대적 사물들을 배치할 줄 알았다. 그리고 이 사물들이
공간과 맺는 관계로부터 새로운 일상의 규칙을 추출해낼 줄도 알았다.
즉 그들은 현대적 사물을 하나의 오브제라기보다는 체계의 일부로
인식하고 있었고, 공간의 질서에 따라 그 체계를 작동시키는 방법도
알고 있었던 것이다. 반면 우리의 공간 문법이나 사물의 체계에 익숙지
못해 몸살을 앓은 경우도 적지 않았다. 주로 한옥에서 이층양옥으로
이주한 이들이었다. 그들 상당수는 한옥의 세간을 그대로 들고
들어와 자기 몸에 익숙한 좌식 생활을 계속 고집하거나, 기능적 고려
없이 그저 새로 구입한 사물로 빈 공간을 채우는 데 열중하곤 했다.
부자 티를 내려고 애쓰는 이들도 적지 않았는데, 이들은 실속보다는

'서북 모던'과 이층양옥 연속체

'허우대'에 집착하곤 했다.

　일례로 동대문시장에서 포목상으로 큰돈을 번 김복실 여사의 집을 들여다보자. 길가에서 축대 위의 높은 담장을 올려다보면 그 너머로 정원의 상록수들이 울창함을 뽐내고 그 사이로 2층이 살짝 모습을 드러낸다. 그녀의 집은 전형적인 고급 이층양옥이다. 그런데 내부로 들어가보면 약간 이상한 모양새다. 집이 "다만 넓기 위해 넓기 때문"일까? 아직 손때 묻지 않은 고급 가구들이 집 안 구석구석에 자리를 잡고 있지만, 난잡하게 뒤섞여 있을 뿐 "서로 관계를 맺을 맥락"을 찾아보기 힘들다. 그저 "빈집에 인부가 막 부린 가구들처럼 뿔뿔이" 존재한다. "화려한 카펫은 그 위의 응접세트와 관계가 없고, 응접세트는 그 옆의 사방탁자와 관계가 없고, 사방탁자는 그 위의 도자기와 관계가 없다. 가까이 모여 있을 뿐 서로 아무런 상관이 없었다." 가구와 사물들이 비싼 몸값에도 불구하고 잡동사니처럼 부려져 있다. 마치 누군가 실수로 잠깐 거기에 놓아둔 것처럼 보일 정도다. 이유는 간단했다. 김복실 여사가 내 종족이 요구하는 생활양식을 제대로 이해하지 못한 채, 그저 고관대작이나 상류층의 집 안 풍경을 모방하는 데 열을 올렸기 때문이다. 이를테면, 고위 공무원의 집에서 본 대로 응접실 벽에 비단을 바르고, 어느 기업 사장의 집에서 본 추상화와 엇비슷한 싸구려 그림을 구입해 집 안에 걸어놓는 식이다. 그녀는 직접 눈으로 본 것을 자기 방식으로 이해한 후 재연해내고 있었던 것이다.[8]

　김 여사의 사례가 이층양옥으로 이사는 했지만 그 집이 요구하는 일상의 질서에 대해서는 무심한 경우라고 한다면, 그 반대의 경우, 그러니까 비록 한옥에 살지만 이층양옥의 현대적 일상을 모방하려는 이들도 생겨났다. 수철의 표현을 빌리자면, 아직 크리스털 잔을 마련할 여력은 없지만 그래도 캔에 담긴 주스를 구입하려는 이들이었다. 아현동의 1963년생 다섯 살 꼬마 짱아네 집이 그런 경우였다. 할아버지가 은행 보증을 잘못 서서 집안이 몰락한 경험이 있는

두 번째 아수라장

짱아네 아빠는 남대문시장에서 큰 점포를 운영하던 처가의 지원
덕에 혼자 유학을 다녀왔다. 귀국 직후 일자리를 잡지 못하던 시절,
그는 술만 얼큰하게 들어가면, 미국 생활에 대한 그리움을 토로하곤
한다. 그 정점은 유학 기간 3년 동안 "포드 60년형" 중고차를 몰았던
경험이었는데, 결말은 언제나 동일했다. 귀국길에 이 차를 중고로
되팔면서 "내가 언제 이런 자동차를 다시 몰아볼까"라는 생각에 차마
차 키를 뽑지 못했다는 것이다.9

그런 그가 주 5일 근무하는 외국계 회사에 취업하자, 이제
서구적 가부장으로 변신하기로 작정한다. 첫 시작은 세 들어 살던 방
두 칸짜리 낡은 양철 지붕 집 생활을 청산하고 새로운 삶의 터전을
마련하는 것이었다. 그들의 선택은 아랫동네의 방 다섯 개짜리 제법
큰 한옥이다. 이곳에서 '현대적인 문화생활'의 분위기를 연출하는 것은
전적으로 짱아 엄마의 몫이다. 제일 먼저 아침밥의 식단이 바뀐다.
이른 아침이면 따뜻한 서울우유가 두 병씩 배달되고, 마가린에 구운
토스트 냄새가 온 집 안에 번진다. 쌀밥은 더 이상 아침 밥상 위에
오르지 않는다. 다음 차례는 냉장고다. 짱아 엄마는 냉장고를 집
안에 들여놓은 뒤 콜라나 사이다, 제과점 케이크나 파인애플 통조림
등 아이들의 간식거리를 가득 채워 넣는다. 이러한 변화의 정점은
쉼멜 피아노의 몫이다. 피아노야말로 현대적 사물의 위계에서 가장
윗자리를 차지하는 가구이면서, 동시에 실내를 울리는 밝고 고운
소리로 소유주의 문화적 교양 수준을 드러내 보여주던 악기가
아니던가. 이제 짱아 아빠는 아침마다 딸이 연주하는 피아노 소리를
듣고 흐뭇한 미소를 지으며 출근길에 나선다.10

새로운 일상의 질서가 이렇게 집 안에 안착하자 이제 짱아
엄마가 본격적으로 외출에 나선다. 단발에 파마머리를 한 채 "다우다
한복이나 융으로 만든 몸뻬" 대신에 "길다란 월남치마"에 "굽이 높은
슬리퍼를 신"은 차림새다. "늘 손에 쥐고 있었던 책의 제목은 몇 달이
지나도록 바뀌지 않"고 대신 각종 동창 모임과 계 모임, 요리 학원

'서북 모던'과 이층양옥 연속체

강습으로 바쁘다. 이 모든 변화의 마무리는 주말 외식이다. 월요일에서
금요일까지 기사가 운전을 맡았던 도요타 크라운은 주말이면 온전히
아빠의 차지다. 다섯 살의 짱아는 "제일 좋은 옷과 공단 리본이 달린
까만 구두를 신고" 아빠가 직접 운전하는 '도요타 크라운'에 식구들과
함께 몸을 싣고서는 시내의 유명 음식점으로 향한다.[11]

　　이제 그녀의 엄마는 "있는 집이 더 무섭다"는 말을 더 이상
꺼내지 않는다. 사실 내가 보기에 그녀가 "있는 집"에 대한 험담을
멈춘 이유는 간단했다. 그녀의 가족이 "있는 집"이 되었다기보다는,
"있는 집"을 모방할 수 있게 되었기 때문이다. 아마도 그녀는 친정이
운영하는 남대문시장의 점포를 드나들며 잘사는 소상공인들의
생활상을 귀동냥으로 전해 듣거나, 아니면 『여원』 같은 여성 잡지에
실린 사진 화보들을 들여다보며, "있는 집"의 문화생활을 자신의
아현동 한옥에서 실현할 방도를 애타게 찾고 있었을 것이다.•

• 이청준은 1969년에 쓴 자전적 소설인 『씌어지지 않은 자서전』에서
『여원』으로 추정되는 잡지의 편집 방침에 대해 다음과 같이 말한다.
"『새여성』사는 그렇게 즐겁고 풍요로운 세상에 대해서만 공헌하려고
했다. 그래서 꽃꽂이를 보급시키고(사장의 말을 빌리면 그 꽃꽂이
기사야말로 전진 전위적인 『새여성』 편집 아이디어 계발과 사회
기여의 가장 좋은 본보기였다), 자기 애장 보석을 자랑시켜(그때
필자들은 한결같이 모두가 자신의 다이아몬드를 자랑하겠다 나서는
바람에 품목을 배정하느라 얼마나 땀을 뺐던가) 보석 쇼핑을
즐기게끔 충동질하고, '자랑스런 어머니'라는 제목을 내걸고는 예외
없이 벼슬이 높은 관리나 군부 장성들의 어머니 사진들을 내보내고,
그리고 '정원이 넓은 아담한 주택' 사진들론 소위 상류층들의 은근한
부러움과 시샘질을 부추기고 (…)" 이청준, 『씌어지지 않은 자서전』,
문학과지성사, 2014년, 73~74쪽. 주지하다시피 이청준은 전업 작가로
나서기 이전에 『사상계』와 『여원』에서 직장 생활을 한 바 있다.

두 번째 아수라장

3.

앞서 살펴보았듯이 60년대 전반에 걸친 이층양옥의 유행에서
선도적인 역할을 한 이들은 서북계 엘리트들이었다. 그들은 고난의
역사를 경험하며 특이한 구도로 자신의 내면 풍경을 구축해나갔고,
또한 가족의 복원을 위해 독특한 양상의 가족 로망스를 연출해내기도
했다. 나는 어느 순간부터인가 이 사실을 인지하기 시작했고 주의 깊게
관찰했다. 내 견해에 따르면 전자의 내면 풍경이 그들이 왜 하필이면
다양한 선택지들 중 내 종족을 자기 가족의 주거 모델로 선택했는지를
설명해주는 것이었고, 후자의 가족 로망스는 그들이 주거 이외에 어떤
용도로 내 종족을 활용했는지를 알려주는 것이었다.

그러면 먼저 이들의 내면 풍경을 살펴보도록 하자. 1929년생으로
평안북도 삭주 출신인 리영희는 이북 사람들이 공유한 핵심적
특성으로 제일 먼저 "평등주의적 사회 기풍"을 꼽은 바 있었다.
서북 지역의 사람들은 "이남 사람들이 20세기 말의 지금도 제각기
핏줄을 자랑하는 벼슬이나 문벌 같은 왕권 체제의 혜택"을 거의 받지
못한데다, "기독교의 선교가 일찍 퍼졌던 탓"에 반상의 구별이나
직업적 귀천 의식을 그리 중시하지 않았다. 하지만 그런 반봉건적인
지역색으로 인해 차별의 대상이 되기도 했다. 리영희의 지적대로,
"이조 500년의 영화와 오욕을 독점했던 이남의 후예들"의 시선으로
보자면, 유교적 전통과 거리를 둔 이북 사람들 대부분은 "상놈의
후예"나 다름없었던 것이다.*

• 리영희, 『역정―나의 청년 시대』, 창작과비평사, 1988년, 16~18쪽.
한편 월남 실향민들 내부에도 지역 감정이 존재했다. 선우휘는
「노다지」에서 주인공 수인의 보통학교 동창인 조준을 등장시켜 이
지역 감정에 대해 이야기한다. 전쟁 당시 "짐자동차" 몇 대를 굴리며
운수업에 종사하고 있던 조준은 오랜만에 우연히 만난 수인에게
"빨갱이문 함경도 빨갱이디, 다른 도 빨갱이가 어디 구실 제대로

'서북 모던'과 이층양옥 연속체

확실히 이들은 상놈의 후예로서 봉건 왕조의 계급 질서에 거부감을 가지고 있었고, 또한 개신교도로서 식민지 시기의 일본 제국주의와도 거리를 두고 있었다. 해방 이전까지 계속되었던 이런 비주류적 태도는 이들이 삼팔선을 넘어 남하하면서 조금씩 변모하기 시작했다. 월남 이후 이들의 내면 풍경을 요약하면 다음과 같지 않을까? 기본적으로 반공주의의 자장 안에 놓여 있긴 했지만 그 강도의 차이에 따라 정치적으로는 보수우파와 자유주의로 나뉘었다.•

했다는 니야기 들어"본 적이 있냐고 묻는다. 수인은 "단순 소박한" 친구의 편견이라고 치부하면서도 "전적으로 잘못 된 것"은 아니라고 생각한다. "해방 직후 삼팔 이북에서 소련 점령군 당국의 사주에 의하여 공산당 세포가 도 단위, 군 단위, 면 단위로 조직될 무렵 기독교 영향이 짙은 평안남북도와 황해도는 소극적이었다. 그런데 일제 때부터 소작 쟁의가 흔하고 이미 무산계급 의식이 강해 공산당 조직이 이룩되어 있었던 함경남북도는 훨씬 적극적이었다. 앞을 다투어 공산당에 가입하여 그 운동에 나선 함경도 사람들은 평안도 사람들보다 압도적으로 많았던 것이 사실이다." 선우휘, 『노다지 2·불꽃·테러리스트』, 학원출판공사, 1993년, 764쪽.

• 1953년에 장준하가 창간한 『사상계』는 이 가운데 자유주의적 성향을 지닌 서북계 지식인들의 발언대 구실을 했다. 김건우는 다음과 같이 말한다. "서북계 지식인들은 주지하다시피 기독교와 강한 유대를 가지고 있었던 바, 이는 『사상계』의 편집에도 그대로 반영되었다. 특히 김재준의 서북계 기독교 지도자들 중 일부 인사들은 『사상계』를 통해 기독교의 예언자적 기능을 강조하고자 했다." 김건우, 『사상계와 1950년대 문학』, 소명출판, 2003년, 76쪽. 한편, 권보드래는 1950~60년대 『사상계』의 역사적 위상에 대해서 다음과 같이 정리한다. "『사상계』는 초라한 개인잡지로 출발했지만

두 번째 아수라장

그리고 친미주의적 성향의 개신교도로서 미국식의 능력주의에
대해 우호적이었고, 오랜 상업 활동의 경험 덕분에 의사 결정의
주요 원리로 경제적 합리성에 익숙했다. 당시 나는 이들의 내면
풍경을 일컬어 '서북 모던'이라는 명칭을 붙이곤 했는데, 남한의 여타
집단이나 계층과는 워낙 뚜렷하게 구분되는 특성들을 지니고 있었기
때문이었다.•

1950년대 중후반 급속하게 성장해 1960년대 초반 한때 7만 부라는
판매 부수까지 기록했던 월간지이다. 그만한 부수로도 100만 부
판매까지 선전한 대중잡지『아리랑』등에는 대적할 바 못 되고, 이념적
선명성이라면 1960년대의『청맥』등이 더 강렬했지만,『사상계』는
한국전쟁 이후 제 1·2·3 공화국을 통과하는 짧지 않은 세월 동안
한국의 사상적이고 정치·사회·문화적인 전환을 선도한 매체였다."
권보드래,「사상계와 세계 문화 자유 회의」,『아세아연구』, 제54권
2호, 2011년, 246~247쪽. 또한 1966년 창간된『창작과비평』의
편집인 백낙청도 이 계열의 2세대 지식인이었다. "저는 고향에 오래
산 일은 없습니다만 원래 제 아버님 고향은 이북의 평안도입니다.
따라서 서울서도 그곳 출신의 사람들을 꽤 아는 셈이고 개중에는
크리스천들도 많습니다. 또 저희 집안도 원래 거기서는 지주였고
대부분 저의 주위 분들도 지주로 있다가 내려온 분들입니다." 백낙청,
「민족 현실과 인권 사상」,『민족 문학과 세계문학 1: 인간 해방의
논리를 찾아서』, 창비, 2011년, 485쪽.

• '서북 모던'의 특성을 가장 잘 드러내 보여주는 대목 중 하나는
일제강점기 시기 여성 자녀의 고등교육에 대한 이 지역 중상류층의
열성적인 태도였다. 이를테면 1944년까지 이화여전 문과 졸업생의
40퍼센트 이상이 이북 5도 출신이었다. 이 학교의 문과 졸업생 194명
중 190명의 학적부를 분석한 바에 따르면, 출신 지역별 학생 수는 각각

'서북 모던'과 이층양옥 연속체

이런 맥락에서 보자면 '서북 모던'의 주축 세력이 경제적
성공을 발판으로 서울 변두리에 이층양옥을 지어 올렸던 것은 매우
자연스러운 선택처럼 보였다. 그들은 봉건적 전통 및 유교적 잔재와
거리를 두었기 때문에 한옥과의 급진적인 단절을 꾀할 수 있었으며,
미국식 생활양식에 친숙했기 때문에 '이층양옥'이라는 서구식 주거
모델을 택하는 데 별다른 걸림돌이 없었다. 그리고 돌아갈 고향을
잃어버린 뜨내기들이었기 때문에 상대적으로 자유롭게 사대문
바깥으로 이주할 수 있었다.

그렇다면 이 '서북 모던'의 주인공들이 우리를 무대로 삼아 연출한
가족 로맨스는 어떤 모양새였을까? 다시 앞에서 살펴본 연표네
집으로 돌아가보자. 그의 아버지는 어느 정도 사업이 안정적인 궤도에
올라서자, 젊은 여성과 결혼해 새 가정을 꾸린다. 그는 동년배의
"삼팔따라지"들이 그러하듯이 타관살이의 외로움을 달래기 위해
카바레에 드나들었다. 해방 후 북한에서 집체 유희로 폴카 정도의 기본
스텝을 배운 덕분에 그곳에서 사람들과 어울리는 데 별다른 어려움은
없었다. 그의 단골 카바레는 동화백화점의 꼭대기 층이었다. 연표의
새엄마는 그 카바레에서 만난 파트너였다.[12]

연표의 아버지는 아내의 빈자리를 메우며 불안정하게나마 새로운
가족 모델을 조립해내지만, 연표는 아버지의 새 가족 내부에 안착하지

경성 53명, 경기 21명, 평북 9명, 평남 28명, 함북 9명, 함남 19명, 황해
12명, 강원 10명, 충북 3명, 충남 1명, 전북 2명, 전남 5명, 경북 1명,
경남 2명이었다. 또한 일본 유학생의 경우는 남자보다 여자의 이북
5도 출신 비율이 더 많았다. 남자 유학생의 경우, 전체의 36.5퍼센트가
이북 5도 출신인 반면, 여자 유학생은 45.7퍼센트였으며, 특히
평안남북도 출신은 25퍼센트를 넘어섰다. 박지향, 「일제하 여성
고등교육의 사회적 성격」, 『사회비평』, 통권 1호, 1988년 11월,
263~265쪽.

두 번째 아수라장

못한다. 그는 "비녀 꽂은 한복 차림으로 재봉틀을 돌리던 어머니"의
모습을 잊지 못하며, 여전히 "하루의 삼분의 일"을 전쟁 당시
기억을 되새기는 데 바친다. 서두에 살펴본 OB 맥주의 달력 사진을
떠올려보면, 사실 양자 사이에 묘한 반복이 존재한다는 사실을 눈치
채기 어렵지 않다. 즉 1960년대 초반을 배경으로 1920년대 초반생
연표 아버지, 1930년대생 새엄마, 그리고 1942년생 연표가 한 가족을
이뤘다면, 그로부터 몇 년 뒤에 찍은 OB 맥주의 달력 사진에서는
1928년생 최무룡, 1940년생 김지미, 그리고 중학생 모델 또한 한
가족을 이루고 있다. 양자는 성공한 사업가 아버지–젊은 새엄마–
반항적인 아들로 구성된 삼각형의 가족 모델을 공유하고 있었던
것이다.

　　그러면 이번에는 서울 토박이 출신의 사업가 수철의 경우를 보자.
수철은 이북 출신은 아니지만, 월남한 이산가족의 가장이 고통스럽게
번민했을 법한 어떤 의사 결정을 실제로 행한다. 그는 갖은 노력
끝에 전쟁 당시 잃어버린 여동생의 행방을 알아내지만, 끝내 모른
척한다. 다만 친구를 통해 경제적으로 지원할 뿐 자신의 존재를
여동생에게 알리지 않는다. 자신이 천신만고 끝에 만들어낸 "지상의
낙원"이 여동생으로 인해 흔들릴 수도 있다고 판단했기 때문이다.
그에게는 고아로 자란 혈육을 모른 척하는 데서 오는 죄책감보다,
"난만한 꽃밭을 병충해로부터 지켜야 하는" 가장으로서의 사명감이
더 우선이다.13 새집의 담장뿐만 아니라 그의 내면에도 안팎으로 날을
세운 쇠꼬챙이들이 촘촘하게 박혀 있던 것이다. 수철은 그럼에도 주변
사람들의 시선을 의식하며 동생의 행방을 애타게 찾는 척 부산을 떤다.
그는 자신의 위선을 감추기 위해 무엇을 연기해야 하는지 잘 알고 있다.

　　이렇듯이 연표 아버지와 수철은 스스로 이상적이라고 생각한
가족의 모습을 각각 더하기와 빼기의 방식으로 조립해낸다. 그렇다면
이 과정에서 우리는 어떤 쓸모를 지니는 것이었을까? 60년대 초반,
어느 고급 이층양옥의 소유주는 전쟁이 남겨놓고 간 "가정의 파괴"를

'서북 모던'과 이층양옥 연속체

극복하기 위해 엄격한 규칙과 질서에 입각해 "각기 가정의 가풍을 만들어가야 한다"고 주장한 바 있었다.[14] 연표 아버지와 수철은 이 새로운 가풍의 거푸집으로 우리를 선택했던 것이 아닐까? 만일 집이 기능에 따라 공간의 질서를 창출하고 계획에 따라 일상의 규칙을 만들어낼 수 있다면, 그 집에 거주하는 가족 구성원들은 그 질서와 규칙을 비계(飛階)로 삼아 가족 내부의 불안정한 관계를 견고하게 고정시킬 수 있을 테니 말이다. 그리고 한 걸음 더 나아가 그 질서와 규칙에 의지해 남들이 부러워할 만한 '스위트 홈'의 분위기까지 연출해낼 수 있다면, 연표 아버지나 수철 같은 이들로서는 더 할 나위가 없을 것이다. 그들에게 화목한 가정의 이미지란 사실상 가족의 복원이라는 임무의 완수를 뜻하는 것이었을 테니 말이다. 그들이 보기에 이런 요구 사항을 만족시키는 주거 모델이 바로 우리, 이층양옥이었던 것이다.

나는 이런 개별 사례들에 대한 생각을 정리하다가 좀 더 일반론적 차원에서 내 종족이 서북계 엘리트들과 맺고 있는 관계를 다음과 같이 정식화했다. 그것은 바로 내 종족이 서북계 엘리트들이 지닌 거대한 타원 형태의 내면 풍경, 그 중심부에 자리 잡고 있다는 것이다. 주지하다시피 타원을 그리기 위해서는 두 개의 초점이 필요하다. 그 두 점에 일정한 길이의 실을 고정한 다음 필기구를 실에 걸쳐 팽팽하게 유지하며 움직이면 타원이 작도된다. 만일 당신이 그리고자 하는 도형이 원, 즉 동그라미라면 하나의 중심만으로 충분하다. 하지만 타원형이라면 그렇지 않다. 두 개의 초점이 필요하다.

그렇다면 서북계 엘리트들의 내면 풍경에 타원형의 윤곽선을 부여한 두 개의 초점은 무엇이었을까? 내가 보기에 그것은 종교와 국가였다. 본래부터 두 개의 초점이었던 것은 아니다. 해방 이전까지만 해도 그들의 내면 풍경은 그들의 종교를 중심점으로 삼는 원형의 세계였다. 하지만 해방과 분단을 경험한 후 그 세계는 변형을 겪게 되었다. 그들은 공산주의자들의 위협과 박해를 받으면서 자신들의 세계가 무방비 상태로 놓여 있다는 사실을 절실하게 깨달았다. 그래서 월남한 후 이 중심점을 보호할 수 있는 방법을 강구했다. 사실 그 방법은 간단했다. 바로 군사력과 경찰력을 동원할 수 있는 강력한 반공주의적 국가를 종교 바로 옆자리에 배치하는 것이었다.

종교와 국가가 두 개의 초점으로 기능하며 타원형의 세계를 작도해내기 시작한 것은 바로 이 시점이었을 것이다. 그렇게 타원형의 세계가 구축되자, 그들은 그 중심, 그러니까 두 초점을 잇는 직선의 정중앙에 가족의 자리를 마련했다. 그리고 분단과 전쟁으로 사망하거나 잃어버린 부모 형제의 빈자리를 새로 채우거나 아예 없애버리면서, 자신이 완벽하다고 생각하는 형태의 가족을 새롭게 복원해냈다. 이런 측면에서 보면, 그들이 구체적으로 말을 건네지 않았지만 우리에게 요구한 것만큼 분명했다. 바로 그 복원의 완벽함을 물질의 형태로 증명해달라는 것이었다.

흥미로운 것은 타원형이 그들이 구축한 내면 풍경의 윤곽선일 뿐만 아니라 그들이 서울에서 행한 지리적 이동 궤적이기도 했다는 점이다. 그들은 서대문과 동대문을 연결하는 축 어딘가에 두 개의 초점을 위치시키고선 타원형의 궤도를 작도해내며 자신들이 일시적으로 거주할 장소를 물색했다. 물론 이 궤도의 중심점은 서대문과 동대문 사이, 문안의 한가운데에 자리한 그들의 교회였다. 문밖으로 확장된 타원형의 궤도, 그들은 그 궤도를 따라 공전과 착지를 반복했는데, 이때 그들이 머문 장소는 용산의 해방촌이기도 했고, 서대문 바깥의 신촌 산자락이기도 했고, 동대문 바깥의 창신동이기도 했다. 그들은 그때까지만 해도 뜨내기 신세를 면하지 못하고 있었던 것이다. 바로 그들 중 일부가 경제적인 성공과 함께 생의 안정적 터전을 마련했고, 그 자리에서 평생을 살기 위해 새집을 세워 올렸다. 그 집이 바로 우리, 이층양옥이었다. 정리하자면, 우리는 타원의 형태를 띤 보유 거주자의 내면 풍경 속에서 종교와 국가의 호위 아래 완벽한 가족의 형상을 보호하는 요새이자, 서울 구도심의 특정 지점을

'서북 모던'과 이층양옥 연속체

초점으로 삼아 타원형의 궤도를 그리며 이동하다가 지표면에 안착한 인공위성이었다.

이런 측면에서 보면 60년대 후반에 우리 종족의 변종으로 등장했던 '불란서식 이층양옥'의 의미도 좀 더 분명해진다. 이 양옥은 머리 위에 '경사 지붕'을 얹어놓고 있었는데, 이 지붕은 'ㅅ' 자 형태의 박공을 건물 정면에 배치한 덕분에 '뾰족지붕'이라고 불리기도 했다. 한옥의 전면 처마와 분명하게 차별화된 모양새라 익숙지 않은 이들은 이 지붕에서 '이국적인 낭만성'을 감지해내곤 했다.[15] 반면 우리의 소유자들에게는 그 이상의 의미를 지니는 것이었다. 입주 초기까지만 해도 소유자 자신이 지닌 현대적 취향을 외부에 과시하려는 의도가 없었던 것은 아니다. 하지만 그것만이 아니었다. 왜냐면 그들에게 뾰족지붕은 고딕의 종교적 신성함을 간직한 기호이자, 경제적 상승의 기세를 암시하는 상징이기도 했기 때문이다.

나는 이렇듯 우리를 둘러싼 타원형의 형태를 실측해보면서, 우리 소유자들의 내면 풍경에 어떤 강박이 자리 잡고 있음을 알아챘다. 그것은 그들로 하여금 가족과 집에 집착하도록 만드는 근본적인 생의 근원적 추동력처럼 보였다. 사실 그들은 이미 해방 이후 이북에서 재산을 몰수당한 채 악질 반동으로 몰리기도 했고, 전쟁을 경험하며 가족을 잃는 아픔을 감수해야 했다. 그리고 수차례 죽음의 고비를 넘기기도 했다. 짧은 시간 동안 그들의 신체에 각인된 생생한 공포의 기억들. 전쟁이 끝난 뒤에도 그 공포는 사라지지 않고 모습을 달리한 채 여전히 그들에게 달라붙어 있었다. 그것은 불안, 추락에 대한 불안이었다. 그들은 자신의 눈앞에 뚜렷하게 가시화된 급상승의 기회를 움켜쥐면서도 동시에 언제 있을지 모를 추락으로 인해 늘 불안에 시달릴 수밖에 없었다. 돌아갈 고향이 없는 그들의 처지에서 보자면, 상승과 추락의 중간 단계, 즉 현상 유지의 상태란 애당초 존재하지 않았다. 그들에게는 상승만이 추락을 막을 수 있는 유일한 방편이었다.

두 번째 아수라장

아마도 그들이 경험한 불안의 실체를 가장 노골적인 형태로 선보인 것은 평안도 출신의 1920년생 작가 이범선이 1959년에 발표한 단편소설 「오발탄」일 것이다. 전쟁 전 가족을 이끌고 월남한 철호가 그 주인공이다. 본래 철호네 가족은 해방 전까지만 해도 평안도에서 "꽤 큰 지주로서 한 마을의 주인 격으로 제법 풍족"하게 살아왔다. 하지만 해방과 분단 이후 모든 것이 뒤바뀐다. 결국 그들 가족은 공산당의 핍박을 피해 월남하게 되는데, 그들이 서울에서 삶의 터전을 마련한 곳은 당시 월남 실향민들의 대표적인 거주 지역이었던 해방촌이었다. 남산 기슭의 이 동네는 본래 해방 직후 해외 귀환 동포를 수용하기 위해 마련된 공간이었으나, 전쟁 전후로 피난민들의 정착촌으로 자리 잡았다.

철호는 계리사 사무실 서기로 "남의 살림살이나 계산해"주는 일을 하면서, 가족 부양도 어려울 정도로 쥐꼬리만큼의 월급을 받는다. 전차 값이 없어서 종로에서 해방촌까지 걸어 다니고 점심도 건너뛴다. 그의 아내는 E 여자대학 졸업 음악회에서 청중을 매혹시킬 정도로 신여성이었으나, 이제는 아무런 희망도 가지지 않은 채 자신의 삶을 방기한다. 철호의 동생들도 상황은 크게 다르지 않다. 여동생은 미군을 상대하는 양공주로 나서고, 남동생은 직장을 구하지 못해 자포자기 상태다.[16] 현실적으로 철호네 가족이 가난의 굴레를 벗어던지고 해방촌에서 탈출하는 것은 불가능하다. 절망의 무게를 견디지 못해서일까? 그들이 할 수 있는 일이라곤 각자의 방식으로 자기 가족을 덮치게 될 파국을 묵묵히 기다리는 것뿐이다.

4.

1970년대 초반에 접어들자 우리는 본격화된 도시화에 대처하기 위해 고급화와 대중화의 이원화된 전략을 구사하면서 본래의 위상을 계속 유지하고자 노력했다. 한편으로는 최신의 고급 모델을 내놓으며 연희동, 평창동, 혜화동, 방배동 등 신흥 부촌으로 활동 반경을

넓혀갔고, 다른 한편으로는 도시형 개량 한옥의 대체재로 보급형
모델을 내놓으며 변두리의 주택가에서 세력 확장을 꾀하고 있었다.
집 장수들이 나를 모사해 만들어낸 보급형 모델들은 설계와 시공 양
측면에서 많은 문제를 안고 있었지만, 기본 골격만큼은 우리와 꽤
비슷한 모양새였다. "색색의 박공지붕, 흰색의 콘크리트 난간, 벽돌 및
석재 마감"[17] 등은 당시 인기를 끌었던 보급형 모델의 대표적인 디자인
요소였다. 이 시기에 집 장수들은 "집 세 채를 지으면 한 채는 남는다는
말이 있을 정도"로 호황을 누렸다.[18] 결과적으로 우리는 이원화된
전략을 통해 다음과 같은 성과를 얻을 수 있었다.

> 1970년대 단독주택의 특징은 1960년대 단독주택에 비해 거실,
> 주방, 침실 등 서구형으로 바뀌었다는 점이다. 또 다른 특징은
> 1976년과 1977년, 2년간 2층까지 갖춘 단독주택이 급증했다는
> 점이다. 통계에 의하면 1978년에 신축된 주택 가운데 2층형
> 단독주택이 80.4퍼센트를 차지하였다.[19]

그런데 이 지점에서 주목해야 할 것은 70년대의 도시화가 단순히
우리를 당대의 대표적 주거 모델의 반열에 올려놓는 데 그치지
않았다는 사실이다. 이제 도시화는 산업화와 짝을 이루기 시작했으며
특히 후자의 과정은 물밑에서 사회 주류 계층의 세력 교체를
유도해내고 있었다. 개신교 내부의 패권 이동은 이 교체 과정을
상징적으로 보여주는 것이었다. 앞서 언급했듯이 서북계 엘리트
개신교도들 상당수는 이승만 정권의 '원조 기반 경제'와 밀접한 관계를
맺고 있었다. 상황이 달라진 것은 5·16 쿠데타 이후 몇 년 뒤였다.*

* 박정희 정권에서 장차관급 공무원과 국회의원 중 개신교도의 비율은
급격히 감소해 각각 7.4퍼센트와 11.9퍼센트에 머물렀다. 반면 불교
신자의 비중은 증가했다. 강인철, 앞의 책, 106쪽.

'서북 모던'과 이층양옥 연속체

정권을 장악한 시골 출신의 젊은 장교들은 이 집단에 대해 그리
우호적이지 않았다. 아니, 눈엣가시 같은 존재나 다름없었다. 군부의
입장에서 보자면, 원칙적으로 원조 경제체제에 기생하던 서북계
엘리트들은 경제정책 수립과 실행 과정에서 배제의 대상이었으며,
서북계의 자유주의 계열 지식인들은 가장 잘 조직된 정치적 반대
세력으로서 억압의 대상이었다. 실제로 박정희 정권이 60년대
후반에 수출 주도형 경제정책을 본격적으로 추진하자, 개신교
내부에서 서북계가 행사하던 패권은 그 물적 토대의 약화와 더불어
허물어져갔다.* 그 자리를 대신 차지한 것은 산업화의 흐름과 함께
새롭게 부상하던 영남 출신의 개신교도들이었다. 영락교회 등 도심의
교회에서 활동하던 젊은 목사들 일부가 강남으로 이주해 이후 거대
규모로 성장하게 될 교회를 세우기 시작했던 것도 이런 맥락에서였다.
그들은 패권 이동의 전환기를 맞이하며 새로운 모색을 시도했던
것이다.

물론 우리의 소유자들 모두가 이런 상황 변화를 멍하니 바라만
보고 있었던 것은 아니다. 그들 중 일부는 젊은 목사들과 마찬가지로,
'도시화'와 '산업화'가 만들어내는 두 겹의 변화가 위기임과 동시에
기회라는 사실을 빠르게 간파했다. 무엇보다 그들은 사대문 바깥에서
집을 짓고 살아본 경험을 바탕으로 서울의 팽창이 자신들에게
무엇을 의미하는지 정확하게 이해하고 있었다. 산업화의 경제적
효과를 흡수하기 위한 새로운 지대 추구 전략의 일환으로서 부동산

---

* 강인철은 이 시기 서북계의 패권 약화 원인으로 이 이외에도 미국
장로교 및 감리교 교회들의 진보주의로의 전환과 남한 교권 세력에
대한 지지 철회, 그리고 월남인들의 노령화와 세대 교체 등을 든다.
그는 이 시기에 예수교 장로회 내에서 "영남 출신 세력이 성장"한
반면, 기독교 장로회는 "호남 사람들의 종교"로서 성격을 강화해
나갔다고 지적한다. 위의 책, 90쪽.

두 번째 아수라장

투자에 과감히 나서야 할 시점이라는 것이 바로 그것이었다. 실제로 남대문시장이나 동대문시장에서 장사판을 벌여 "월남한 사람 특유의 집요함"으로 꽤 많은 돈을 모은 이들의 성공담이 이 시점이 되면 어김없이 '부동산 투기'라는 새로운 단계에 접어드는 것도 이런 맥락 때문이었다. 분단과 전쟁으로 인해 한때 '난민'의 처지로 도시화의 흐름에 휩쓸려야 했던 이들, 이제 그들은 산업화가 추동해낸 이촌향도의 도시화를 여유롭게 조망하며 자가용을 몰고 직접 투자처를 둘러보기 시작했던 것이다.

그 무렵, 동대문시장에서 소규모 타월 공장을 운영하던 1920년생 이 씨 역시 그런 경우였다. 그는 "왜정 때 명색이 정규 상업학교를 나왔"으나, 해방 이후 "하루아침에 니 것 내 것이 없어지는 희한한 세상을 보고 도저히 여기서는 못 살겠다 싶어 알몸으로" 남쪽으로 내려왔다. 혈혈단신으로 여기저기를 떠돌다가 결국 "입이나 살자고 군대 들어가서 배워 남주나 싶어 차 모는 기술"을 배웠다. 그리고 군생활 3년 8개월 만에 중사로 제대한 후 서울로 올라와 "동대문에다 콧구멍만 한 사무실을 내고 성수에다 공장"을 차렸다. 수건을 만들어 파는 사업을 시작했던 것이다. "경제개발계획인가 뭔가를 밀어붙이니 모든 경기가 왕창 왕창 득시들"인 터라 "봄가을로 야유회 철만 닥치면 글자 박은 타올 달라고 온 사방에서 성화"였다.[20]

하지만 얼마 후 이 씨는 수건 장사만으로는 안 되겠다고 판단한다. 수건 배달 일로 친분이 있는 운수업체 사장들이 부동산으로 큰돈을 버는 걸 곁에서 지켜본 탓이었다. 본래 이 업자들은 차를 세워둘 용도로 "변두리에 놓고 있는 빈 땅"을 싸게 구입했는데, 얼마 지나지 않아 개발에 대한 풍문과 함께 천정부지로 땅값이 올랐던 것이다. 이후 이 씨는 "택시, 버스회사, 주유소"부터 자신과 거래하는 백화점까지 모두 땅장사이며, 장사 중에 으뜸은 땅장사라는 사실을 깨닫는다. 세상만사 운이 팔이고 나머지 둘이 작심 아니던가? 이 씨는 앞뒤 가리지 않고 곧바로 당시 허허벌판이었던 영동으로 향한다. 그리고

'서북 모던'과 이층양옥 연속체

동료 사장의 땅을 웃돈 주고 구입해 건물 한 채를 지어 올린다. "1층에 은행 지점을 못 넣어서 지금도 섭섭해 하는" 지하 1층 지상 5층짜리 대형 빌딩이었다. 이 씨가 보기에 "한국같이 어수룩한 나라"에서 "제 땅, 제 집 못 장만하는 놈도 병신이다 싶"을 뿐이다.[21]

한편, 평양의 대지주 집안 출신으로 월남한 1936년생 약사 출신의 여성은 외가 쪽 가족들이 부동산을 통해 자산을 불려나간 과정에 대해 다음과 같이 회고한다. 서북계 엘리트 집안의 전형적인 성공담이라고 할 만하다.

외가 쪽 사촌들도 지금 다 갑부는 아니지만 다 몇 백억씩 있는 사람들이야. 첨에 와서 발 벗고 일하는 거지. 장사하고 그리고 땅, 말죽거리에도 땅 사고 뭐 어디다가도 땅 사고. 땅은 나라가 망하기 전까지는 거짓말 할 수 없잖아. 그리고 인구가 자꾸 느니까 땅이 필요하다 해서 (…)[22]

그렇다면 부동산 투자에 성공한 이들은 이 전환기에 어떤 주거 모델을 선택했을까? 그들 중 일부는 방배동을 비롯한 강남의 신흥 부촌 지역으로 이동하면서 내 종족이 내놓은 최신 고급 모델에 거주하기 시작했다. 당시 이 최근 모델은 어떤 모양새였을까? 1975년, 결혼 후 월세 방과 전셋집을 전전하던 어느 삼십대 주부는 90만 원짜리 독채 전세를 구하기 위해 사대문 바깥으로 복덕방 순례에 나섰다가 "제3한강교 건너 영동 신시가지"에 당도한다. 그녀의 눈에 이 동네의 이층양옥들은 "모양이 어찌나 오밀조밀하고 아기자기하고 색스러운지, 집 같지가 않고 고급 양과점 진열장의 데코레이션 케이크"처럼 보인다.*

---

* 그녀는 혹시나 하는 마음에 복덕방을 찾아 나서지만, 복덕방은커녕 길을 물어볼 만한 그 흔한 구멍가게조차 눈에 띄지 않아 당황한다.

두 번째 아수라장

비록 그녀는 담 너머의 세계를 들여다보지 못했지만, 그 내부의 일상 풍경은 대강 이런 모습이었다. 일단 대문을 열고 들어가면 드넓은 정원이 펼쳐지고 그 한 귀퉁이에는 노송 한 그루가 운치 있게 자란 모양새를 뽐내고 있다. 그 나무는 이층양옥의 이마에 그림자를 드리워, 그 서양식 모양새에 "고풍스러운 기품"을 더한다. 그리고 그 집의 2층에는 이제 막 은퇴한 집주인의 서재가, 1층에는 밝고 넓은 거실이 자리 잡고 있다. 이 거실은 육십대 사모님의 몫이다. 그녀는 집에 있는 시간의 적지 않은 양을, 그곳에서 수화기를 들고 누군가와 통화를 하는 데 바친다. 그녀의 통화 자세는 거의 언제나 동일하다. 푹신한 안락의자에 파묻혀 보조 의자 위에 발을 뻗고 있는 것. 그녀는 통화가 길어지고 침이 말라올 때면, 주방에서 자신의 눈치를 살피는 가정부를 힐긋 바라보며 음료수 한 잔을 가져다 달라는 의미로 독특한 움직임의 손짓을 하기도 한다. 그러다가 통화 내용이 누군가 엿들으면 곤란한 이야기로 번져갈 때면, 곧바로 자신에게 익숙한 일본어로 말하기 시작한다. "아노꼬가 하잇다요." 길고긴 통화로부터 흘러나온 각양각색의 수많은 정보들. "증권 시세, 사채 시장 정보, 부동산 전망, 누구라면 다 알 만한 댁 자녀의 결혼 예물 예단 소식, 그리고 며느리 다루는 법" 등등. 그 정보들이 거실 바닥부터 점점 차오르기 시작할 무렵이면, "잘 닦아놓은 은촛대처럼 교만하게 생긴 전화기"는 자신의 역할에 대한 자부심으로 더욱 반짝거린다.[23]

한참을 헤맨 끝에 "큰길가 양쪽에 즐비한 빌딩의 아래층"에 자리 잡은 "한신부동산"이니 "강남부동산"이니 하는 것들이 복덕방이라는 걸 알아챘다. 그런데 그녀는 그곳에 들어가길 주저한다. "재벌 회사의 주차창보다 더 많은 고급 승용차"가 주차해 있고, 사무실에는 "젊고 민첩하고 영리해 뵈는 젊은 신사들과 교양 있는 돈도 있어 뵈는 귀부인들"이 북적거리고 있기 때문이다. 박완서, 「서글픈 순방」, 『부끄러움을 가르칩니다』, 문학동네, 2006년, 411~412쪽.

'서북 모던'과 이층양옥 연속체

이와 같이 우리의 소유자 일부가 부동산을 지렛대로 삼아 최신의 고급 이층양옥으로 이동을 감행했던 반면, 또 일부는 자연스럽게 옛집을 팔고 아파트로 이주했다. 그들이 주로 택한 것은 용산 이촌과 여의도의 한강 매립지나 반포나 압구정 지역에 등장한 대규모 고급 아파트 단지들이었다. 솔직히 말하자면 나는 정원이 딸린 주택에 거주하던 이들이 아파트로 이사하는 것을 이해할 수가 없었다. 그래서 그들을 그저 괴팍한 취향의 소유자 정도로 간주했다. 그때까지 단 한 번도 아파트를 경쟁 상대로 여겨본 적이 없었으니 당연한 일이었다. 하지만 찜찜한 구석이 없는 것은 아니었다. 상대적으로 고학력의 상징 자본을 보유한 이들이나 그 자녀들이 주로 아파트를 선택했기 때문이었다. 앞서 초창기 우리 종족의 소유주로 언급했던 이들도 예외는 아니었다. 이를테면 수철은 출가한 여동생마저도 친정집의 동 수 호 수를 헷갈릴 정도로 1년이 멀다 하고 아파트를 옮겨 다녔고,[24] 김복실 여사는 판사와 결혼하는 큰딸의 혼수용으로 젊은 세대의 취향에 맞춰 한강맨션의 아파트 한 채를 구입했다. 그리고 아현동 한옥에서 살던 짱아 엄마 역시 아파트로 이사한 뒤 남편의 사업이 번창하자 이제 더 넓은 아파트로 이사할 준비를 시작했다.[25]

한편, 변화의 흐름에 올라탈 방법도 모르고 기회도 놓친 채 계속 그 자리에 머물러 있던 이들도 꽤 많았다. 1970년대 후반, 어느 지방 명문 여고의 고3 수험생은 우연한 기회에 그런 가족의 집에 잠깐 동안 머무르며 외부자의 시선으로 내밀한 일상 풍경을 목격한다. 그녀는 서울의 유명 입시 학원에서 대입 총정리 수업을 받기 위해 상경했고, 언덕 너머에 여자대학이 있는 동네에 하숙 짐을 풀었다. 그녀의 하숙집은 퇴역 장군의 늙은 미망인이 두 딸과 함께 살고 있는 언덕 위의 양옥이었다. 그녀는 이 집의 첫인상을 다음과 같이 이야기한다.

(…) 미망인의 뒤를 따라 조심스레 돌계단을 올라갔다. 오랫동안 손보지 않은 넓은 정원이 나타났다. 누런 잔디 위에 지난가을의

두 번째 아수라장

낙엽이 뒹굴었고 헐벗은 나무들이 죄다 죽은 것처럼 보였다.
팔이 떨어져 나간 흰 석고상과 야외 테이블이 아무렇게나
넘어져 있었다. 양옥집은 칠이 벗겨지고 갈라진 틈이 드러났으며
쇠붙이마다 녹이 슬어 마치 버려진 창고 같았다.[26]

그녀가 현관을 거쳐 들어간 실내는 몹시 어두웠으며, "걸음을 옮길
때마다 마루에서 삐걱 소리가 났다." 거실에서 가장 먼저 눈에
들어온 것은 벽에 걸린 흑백 가족사진이었다. "가슴에 훈장 같은 걸
여러 개 달고 있는 늙은 군인 곁에 미망인이 앉았고 두 딸은 뒤에 서
있"는 사진, 그것은 이미 전성기가 지나버린 집주인 가족의 과거를
박제해놓은 것이었다. 고3 수험생은 며칠이 지난 후, 이 집이 "천천히
가라앉는 배" 같다고 생각한다.[27] 시내버스를 타고 하숙집과 학원을
오가면서 서울이라는 도시의 '크기'에 압도당한 그녀이지만, 눈썰미
하나만큼은 정확했다. 바로 그 시점에 여전히 서대문 바깥에 머물러
있던 내 동료를 묘사하는 데 이보다 더 정확한 표현이 있을까? 그렇다,
서북계 엘리트들을 위한 노아의 방주로 등장해 한동안 황금기를
누렸던 내 종족의 일부는 그렇게 천천히 가라앉고 있었다.

5.
우리의 소유주들이 도시화와 산업화라는 두 겹의 변화를 경험하며
제각각 상승과 하강의 궤적을 그려가던 시점, 앞서 이야기했듯이
우리 역시 고급화와 대중화라는 이원화된 전략을 구사하며 활동
반경을 확장해가고 있었다. 하지만 80년대 초반부터 상황이 달라지기
시작했다. 강남 지역에 세워진 아파트 단지들이 이전에는 상상하지
못했던 새로운 일상의 질서를 도입하며 주거 문화와 관련된 거의 모든
게임의 규칙을 바꿔놓고 있었다.
    사실 나는 그 아파트들이 60년대에 등장했던 소규모 아파트들과
유사한 종이라고 생각했다. 그 시기에 아파트 설계자들은 1964년에

'서북 모던'과 이층양옥 연속체

완공된 마포아파트의 성공에 고무되어, 서울 구도심 외곽이나 변두리에 새로운 집단적 주거 모델로서 다양한 형태의 아파트들을 실험하고 있었다. 그것들은 '아파트'라는 이름을 공유하긴 했지만 실제로는 천차만별의 모양새였다. 바야흐로 변종 아파트들의 시대였다. 그러나 70년대 중반 이후 강남에 들어선 아파트들은 이 잡다한 변종들과는 근본적으로 달랐다. 그것들은 60년대 초반의 마포아파트, 70년대 초반의 한강맨션과 여의도시범아파트를 직계 혈족으로 삼는 힘세고 사나운 개량종이었다. 그들 역시 우리와 마찬가지로 이원화된 전략을 구사했는데, 압구정동 일대에 세워진 현대건설의 대형 아파트들이 고급화 전략의 선봉이었다면, 반포와 잠실 지구에 다양한 평형대로 건설된 주택공사의 아파트들은 대중화 전략의 산물이었다. 이들은 완공되자마자 곧바로 우리와 경쟁에 돌입했다.

솔직히 말하겠다. 우리는 우리의 일부 소유주들과는 달리, 10퍼센트를 넘어선 60년대 후반과 70년대 중반의 경제성장률이 정확히 무엇을 의미하는지 온전히 이해하지 못했다. 그리고 1960년대 이후 도시화의 흐름을 타고 서울로 유입되던 인구의 정체 역시 정확히 파악하지 못했다. 그저 막연하게 '집 장수 집' 정도면 그들의 '내 집 마련' 욕구를 채워줄 수 있으리라고 판단했다. 참으로 안이한 대처였다. 반면 강남의 중소 평형대 아파트들은 우리의 빈틈을 파고들었다. 그 아파트들은 서울로 유입된 인구들 중 어떤 이들이 자신을 선택할지 제대로 파악하고 있었고, 또한 그들이 무엇을 욕망하는지 명확히 이해하고 있었다.

만약 그 시점에 내가 이들의 정체를 파악하기 위해, 1960년대 후반에 내 시선을 사로잡았던 광고사진들을 떠올렸다면 어땠을까? 서두에 언급한 OB 맥주 광고의 사진가였던 김한용이 찍은 코카콜라 달력용 사진이 그것이었다. 파도가 넘실대는 푸른 바다를 배경으로 삼은 이 사진에서, 수경을 머리에 쓴 젊은 남성은 수상 보트에

두 번째 아수라장

걸터앉은 채 호쾌하게 웃고 있었고, 형형색색의 꽃무늬 비키니를 입은
젊은 여성은 남성을 올려다보며 음료수를 마시고 있었다. 다국적기업
코카콜라의 광고 홍보 전략을 고스란히 반영한 덕분일까? 콜라를
즐기는 젊은이들의 자유분방한 모습이 선명하게 부각되었다. 나는 그
사진들이 선보인 신세대 청춘의 라이프스타일에 넋을 잃을 정도로
매혹되었다. 아직 당도하지 않았지만 이제 곧 실현될 가까운 미래의
이미지였다. 지금 돌이켜보면 이 사진들은 우리가 예측하던 것과는
전혀 다른 미래를 향해 현실 세계가 급선회하고 있다는 사실을 넌지시
암시하고 있었다. 하지만 나는 자만했고 부주의했다. 그래서 그 신호를
제대로 해석하지 않은 채 무심결에 흘려보냈다.

그렇다면 이 광고사진은 누구를 수신인으로 삼았던 것일까?
당시 그 사진 속 청춘들과 동년배였던 1940년대생 엘리트들이었다.
김원일의 표현을 빌리면 "생애의 첫 기억을 전쟁으로 시작"했고 한글
교과서로 미국식 민주주의를 학습했으며, 4·19 혁명과 한일협정 반대
시위를 주도했던 해방 후 첫 신세대, 스스로 '4·19 세대'라는 이름으로
호명했던 이들이었다. 특히 아파트와 관련해 주목해야 할 집단은 이들
중 지방 출신의 대학생들이었다. 1919년 함경북도 북청 출신으로
대학에서 교편을 잡고 있던 소설가 전광용은 "외톨배기 시골 출신"
대학생의 시선을 통해 당시 이들의 특성을 다음과 같이 이야기한다.

> 학교에서 학우들 간에 있어서도, 서울의 이름난 명문거족이나
> 세상에 널리 알려진 거부의 자녀들에 대하여도 나의 이 같은
> 열등감은 그대로 연장되어, 나는 그들과 터놓고 사귀지를
> 못하였거니와 그들도 떼거지로 밀려 들어온 아무 고등학교 출신의
> 간판을 내어걸고 텃새를 하는 판국에 나 같은 외톨배기 시골
> 출신으로는 그들과의 친숙한 교류란 엄두도 낼 수 없었다.[28]

소설가 김승옥은 대학에 입학한 1960년에 전광용의 주인공과

'서북 모던'과 이층양옥 연속체

95

동일한 자리에 서 있었다. 그는 신입생 환영회가 열리는 대강당에서 서울대생이 '서울, 부산 출신'과 '지방 출신', 두 부류로 나뉜다는 사실을 간파하고선 주눅이 들었다고 토로한다.* 지방 출신 대학생들은 그렇게 낯선 도시에서 열패감을 느꼈고, 배경 좋은 상류층 자제들과의 경쟁에서 도태될지도 모른다는 불안감에 시달렸다. '촌놈 콤플렉스'로부터 자유롭지 못한 그들의 곤궁한 내면 풍경은 확실히 그들을 4·19 혁명으로 이끈 정서적 원동력이었다. 그리고 그것은 5·16 쿠데타 이후에도 계속 영향력을 발휘했다. 1963년 대선 당시 이들 상당수의 선택은 명확했다. 그들의 관점에서 보자면 4·19 혁명 이후 '민주 세력'이라고 불리던 정치인들은 이승만 시대의 집권 세력과 근본적으로 다르지 않았다. 그들 모두는 "경기고, 서울고 등 일류고 출신 서울대생"을 자녀로 둔 "서울의 이름난 명문거족이거나 세상에 널리 알려진 거부" 혹은 "미국 원조 물자 가지고 나눠 먹고 사는 똘마니들"29이거나, 그들의 이해관계를 대변하는 정치 세력이었기 때문이다.**

* 김승옥은 당시 상황에 대해 다음과 같은 이야기도 한다. "같은 서울대 학생이라도 (…) 대개는 경기고, 서울고 등 일류고 출신으로서 그것도 공대, 상대, 의대 등 당시 지망률이 높은 대학의 학생들이 좋은 조건의 가정교사 자리를 차지하고 (…) 나처럼 (…) 문리대에 불문과 학생에 지방 고등학교 출신에 설상가상으로 '하와이(전라도)' 출신까지 되고 보면 쉬운 것도 아니었다." 김승옥, 「산문 시대 이야기」, 『뜬 세상에 살기에』, 지식산업사, 1977년, 212쪽. 김건우, 「4·19 세대 작가들의 초기 소설에 나타나는 '낙오자' 모티프의 의미」, 『한국근대문학연구』, 제16호, 2007년 10월에서 재인용.

** 4·19 세대는 해방 이후 진행된 교육개혁 운동의 수혜자들이기도 했는데, 아이러니하게도 이 운동의 주도자들은 내가 '서북 모던'이라고

두 번째 아수라장

흥미롭게도 홍성원이 1969년에 발표한 단편소설 「늪」은 1940년대 중반생의 대학생들이 당시 군사정권의 '조국 근대화' 정책과 어떤 이해관계를 맺고 있었는지를 보여준다.[30] 이 소설에 등장하는 남녀 대학생은 바로 고급 이층양옥에 사는 부부의 아홉 살 외동딸을 가르치는 과외선생이다. 이 두 대학생은 우연한 기회에 술집에 앉아 자신들의 처지를 한탄한다. 먼저 여대생이 말한다. 소학교 시절에는 잔 다르크가 되고 싶었고, 중학생 시절에는 음악가의 부인이 되고 싶었고, 고등학생 시절에는 은행장의 부인이 되고 싶었으며, 대학 입학생 시절에는 건축 기사의 부인이 되고 싶었다고. 그런데 지금은

불렀던 계열의 지식인들이었다. 1901년생 평남 강서 출신 오천석과 1914년생 개성 출신 임한영 등은 해방 이후 존 듀이의 민주주의 교육론에 의거해 "계급주의, 차별주의, 억압주의, 획일주의를 일소한 교육 방법"을 모색했다. "해방기에 '새 교육 운동'이라는 이름으로 시동된 이 정책"은 미국식 민주주의 교육의 도입에 중요한 역할을 했다. 권보드래는 이런 개혁적 흐름에 대해 다음과 같이 평가한다. "'새 교육 운동'은 교육 체제 전반에 삼투되지도 못했고 교과과정에 충실히 반영되지도 못했지만, 그럼에도 선거라든가 HR 같은 독특한 산물을 남기면서 저류의 변화를 이끌었다. 한국전쟁 직후 초등학교를 다닌 한 소설가가 소규모 토론조 중심의 교실 배치, 1주 1회씩 벌어졌던 학급 회의와 팀장 임무의 교대 수행, 선거를 통한 반장 선출, 민주주의에 대한 소책자의 배포 등을 회상하면서 '그런 교육을 받고 자란 세대였기 때문에 (…) 4·19를 일으'킬 수 있었다고 자평했다는 사실은 의미심장하다." 권보드래가 언급한 이 소설가는 바로 우리의 소유주들을 "미국 원조 물자 가지고 나눠 먹고 사는 똘마니들"이라고 불렀던 김승옥이었다. 권보드래, 「실존, 자유 부인, 프래그머티즘―1950년대의 두 가지 '자유' 개념과 문화」, 『한국문학연구』, 통권 35호, 2008년, 137쪽.

'서북 모던'과 이층양옥 연속체

아무의 부인도 되고 싶지 않다고. 남자 대학생이 답한다. "용기란 클린트 이스트우드가 영화 속에서만 보여주는 물건"이며 자신의 세대는 현실에서 용기를 보여줄 기회조차 박탈당했다고. 여자는 세계 챔피언에 오른 권투 선수 정도를 영웅으로 떠받드는 한국 남성의 처지가 불쌍하다고 응답한다.[31]

그들은 자신들의 미래를 예견할 수 있는 것이 자기 세대의 비극이라고 넋두리하듯이 말한다. 하지만 역설적으로 바로 그런 이유로 그들이 "위대한 시대"를 살고 있다는 사실에 동의한다. 불행과 축복을 동시에 선사받은 세대. 그들은 자신들이 정치적 무기력을 지불한 대가로, 곧 근대화를 성취할 조국으로부터 예측 가능한 미래를 제공받으리라는 사실을 알고 있었다. 이때 그들이 상상한 미래란 인생의 시간표에 따라 졸업, 취업, 결혼, 출산, 집 장만, 승진 등의 임무를 완수해가는 '소시민'의 삶이었다. 남자가 말한다. "삼십대가 되면 장가를 가게 될 것이고, 냉장고 월부 돈을 지불해야 할 것이고, 내 마누라를 제외한 모든 여자가 예뻐 보일 테고, 우리 집과 회사를 하루에 한 번씩 왕복하게 될 것"이라고. 확실히 그들은 고급 이층양옥을 기웃거려본 덕분에 물질적 풍요가 어떤 모양새인지, 잘산다는 것이 무엇을 의미하는지 알고 있었다. 그렇기에 그들은 미래의 자신들이 내 종족이 상징하는 '현대적 문화생활'에 조금이라도 더 가까워지기 위해 다람쥐 쳇바퀴 돌듯이 권태롭게 일상을 되풀이하게 되리라고 상상했던 것이다.

하지만 이들의 10년 후 미래는 예측과는 약간 다른 모습으로 실현되기 시작했다. 산업화의 실무자로 성장한 이들 중 일부가 생애 첫 집으로 내 종족이 아니라 강남의 아파트를 선택한 이후의 일이었다. 흥미롭게도 그곳에서 그들을 기다리고 있는 것은 독재 정권의 눈치나 살피며 매달 월급봉투나 꼬박꼬박 받아 챙기는 '소시민'의 삶이 아니었다. 그들을 반긴 것은 한남 슈퍼 체인과 8학군과 현대 포니와 대형 교회의 호위 속에서 새로운 일상의 질서를 만들어내게

두 번째 아수라장

98

될 '중산층'의 삶이었다. 고백건대 나는 직접 두 눈으로 확인하기 이전까지 단 한 번도 상상해보지 못했던 세계였다. 그것은 정말로 코카콜라와 잘 어울리는 세계였다.

내가 이 과정을 지켜보며 경악했던 대목은 아파트의 복제 역량과 세분화 능력이었다. 우리의 복제 능력은 중산층의 양적 팽창을 감당하기에는 턱없이 부족했고, 우리의 내부 구조는 그 계층의 내적 분화를 반영할 수 있을 만큼 유연하지 못했다. 반면 아파트는 대량생산을 통해 경제성장의 에너지를 흡수할 수 있는 역량을 갖추고 있었고, 평형대별로 수요자의 경제적 능력을 정교하게 분류해낼 줄도 알았다. 아파트는 내 종족보다 모든 면에서 유능했다. 80년대 중반이 되자 모든 것이 분명해졌다. 이 무렵부터 서울의 이층양옥에 거주하던 화이트칼라 맞벌이 부부들 상당수는 어떻게 자기 소유의 집을 팔고 강남의 아파트로 이사 갈 것인지, 그리고 자식을 "어떻게 8학군에 집어넣을 것인지"를 고민하기 시작했다.[32] 승패는 이미 결정 난 것이나 다름없었다.

6.

나는 내 의지와는 무관하게 이미 승패가 결정 나버린 상황 앞에서 절망감을 느끼며 어깨를 움츠려들 수밖에 없었다. 바로 그 방어적인 태도 덕분에 나는 한 가지 중요한 사실을 깨닫게 되었다. 그것은 우리 종족이 막연하게 더 나은 삶을 꿈꾸던 순진한 모더니티의 산물, 그러니까 '고도성장'의 의미에 관해 별로 아는 바가 없던 현대의 판타스마고리아였다는 사실이었다. 그렇다면 내 종족이 '서북 모던'과 연합을 맺고 보여주고자 했던 미래의 일상 문화를 하나의 범주로 묶어 '이층양옥 연속체'로 명명해보는 것은 어떨까? 이 명칭은 사이버펑크 소설가 윌리엄 깁슨의 1981년 작 「건스백 연속체(Gernsback continuum)」에서 빌려온 것이다. 이 소설에서 깁슨은 1930년대의 미국인들이 자신의 미래상이라고 상상했던 유선형의 세계 이미지에

'서북 모던'과 이층양옥 연속체

"건스백 연속체"라는 이름을 부여한다. 다분히 기계공학적 색채를 띠었던 이 미래 이미지는 대공황 이후의 사회적 상황과 맞물려 장밋빛 미래를 꿈꾸던 당시 대중들의 관심을 한 몸에 받으며 큰 인기를 누렸다. 그러나 이 이미지는 실제 역사 속에서 실현되지 못했고 제2차 세계대전을 거치며 폐기 처분되었다. 과학적인 미래 예측이 아니라 테크놀로지에 대한 낭만적인 이해와 열정에 근거한 것이었기 때문에 당연한 결과였다. 사실상 그것은 미래에 대한 집단적 판타지나 다름없었던 것이다.

　　내가 깁슨의 소설에서 흥미를 느꼈던 대목은 이 미래 이미지들이 완전히 사라지지 않고 신기루와 같은 기호학적 유령으로 세상을 떠돌며 목격자들에게 기묘하면서도 매혹적인 노스탤지어의 감정을 불러일으킨다는 점이었다. 서울 곳곳에 흔적기관처럼 남아 있기는 하겠지만 결국 주거의 판타지를 재생산하는 데 실패한 내 종족의 운명이란 '건스백 연속체'와 유사하게 기호학적 유령으로 전락하는 것이 아니었을까? 아니, 전락이라는 표현은 적절치 않다. 오히려 나는 그것이 우리가 이후에도 손쉽게 위안을 받을 수 있는 생존 전략이라고 판단했다. 우리가 처음으로 선보였던 스위트 홈의 이미지는 쉽게 지워지지 않은 채 오랜 시간 중산층의 집단적 무의식 속에서 이상적인 가정의 모델로 끈질긴 생명력을 과시할 테니 말이다. 그 이미지의 우아한 기품을 손상시키지 않기 위해서라도 우리는 순순히 쇠락의 운명을 받아들일 수밖에 없었다. 아니, 솔직히 말하자면 나는 대규모 아파트 단지 건설을 위해 택지로 개발된 강남으로 바쁘게 오가는 레미콘 차량과 건설 중장비들과 정면 승부를 벌여 이길 방법을 알지 못했다. 따라서 나는 세상의 모든 몰락 귀족이 그러하듯이, 시간의 흐름을 정지시킨 채 과거의 영광을 되새기는 데 생의 남은 부분을 소진하기로 결정했다. 새로운 시대의 광휘가 내 몫이 아니라는 것을 너무 잘 알고 있었으므로, 냉소주의와 패배주의야말로 내가 선택할 수 있는 유일한 처세의 방편이었다.

　　　　　두 번째 아수라장

집구경 散策 ④

彫刻家와 詩人의 집

執筆 金奎 晶

金宗瑛氏
許英子 詩人

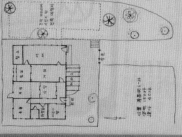

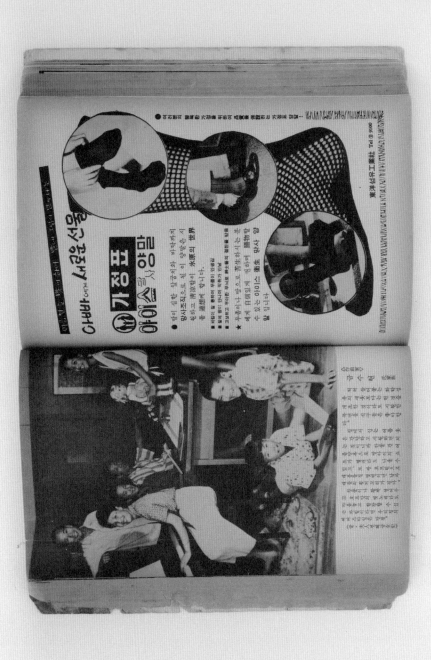

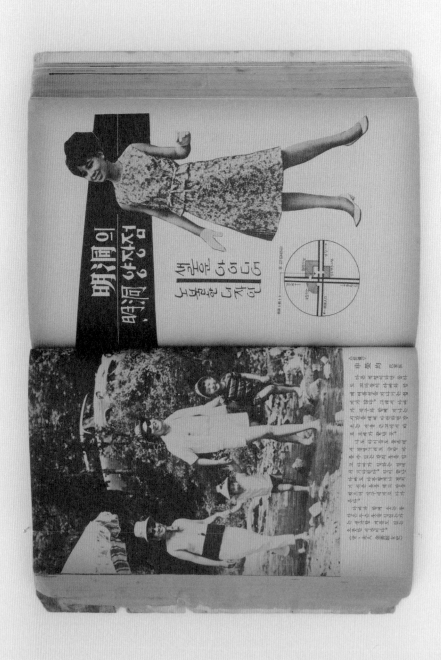

1. 김원일, 『어둠의 축제』, 강, 2009년, 134~135쪽.

2. 이 표현은 다음 소설에서 빌려왔다. 김승옥, 「역사(力士)」, 『무진기행』, 문학동네, 2004년, 92쪽.

3. 김원일, 앞의 책, 136쪽.

4. 일본의 토지 측량 단위 가운데 하나로, 1정보가 3000평, 약 9917.4제곱미터에 해당한다

5. 조은, 「부르디외를 빌려도 될까요?: '월남 가족'과 '월북 가족'의 계급 재생산에서 문화 자본 읽기」, 『문화와사회』, 제11권, 2011년, 78쪽.

6. 박완서, 『그 남자네 집』, 세계사, 2012년, 261~262쪽.

7. 박완서, 『그해 겨울은 따뜻했네』, 1권, 세계사, 2012년, 83쪽.

8. 박완서, 『도시의 흉년』, 상권, 세계사, 1993년, 40쪽.

9. 공지영, 『봉순이 언니』, 푸른숲, 2004년, 37~39쪽.

10. 위의 책, 57쪽.

11. 위의 책, 44쪽, 81~83쪽.

12. 김원일, 앞의 책, 235~237쪽.

13. 박완서, 앞의 책, 149~150쪽.

14. 김승옥, **앞의 책**, 89~91쪽.

15. 서윤영, 『꿈의 집, 현실의 집』, 서해문집, 2014년, 53~54쪽.

16. 이범선, 「오발탄」, 『오발탄』, 문학과지성사, 2007년.

17. 전남일 외, 『한국 주거의 사회사』, 돌베게, 2008년, 228쪽.

18. 위의 책, 226쪽.

19. 장명준·강창덕, 「서울시 단독주택 공간 분포 연구(1970~2009)」, 『서울도시연구』, 제12권

제2호, 2011년 6월, 35쪽.

20. 김원우, 「방황하는 내국인」, 『작가세계』, 3권 2호, 1991년 6월, 325~326쪽.

21. 위의 책, 327쪽.

22. 조은, 앞의 책, 83쪽.

23. 박완서, 「로열 박스」, 『저문 날의 삽화』, 문학과지성사, 2002년, 43쪽.

24. 박완서, 『그해 겨울은 따뜻했네』, 2권, 세계사, 2012년, 323쪽.

25. 공지영, 앞의 책, 189쪽.

26. 은희경, 「다른 모든 눈송이와 아주 비슷하게 생긴 단 하나의 눈송이」, 『다른 모든 눈송이와 아주 비슷하게 생긴 단 하나의 눈송이』, 문학동네, 2014년, 15쪽.

27. 위의 책, 21쪽.

28. 전광용, 「초혼곡」, 『현대문학』, 1960년

12월, 296쪽. 김건우,
「4·19 세대 작가들의
초기 소설에 나타나는
'낙오자' 모티프의 의미」,
『한국근대문학연구』,
제16호, 2007년 10월에서
재인용.

29.「좌담: 4월 혁명과
60년대를 다시 생각한다」,
『4월 혁명과 한국 문학』,
최원식·임규찬 엮음,
창작과비평사, 2002년,
47쪽.

30. 홍성원, 「늪」,『주말
여행』, 문학과지성사,
2006년, 15~16쪽.

31. 위의 책, 23~25쪽.

32. 윤이형,
「1980년대라는 달의
뒷면」,『실천문학』, 통권
109호, 2013년 봄, 301쪽.

우리 힘으로 만든 韓國最初의 고유모델車「포니」탄생

韓國, 世界에서 16번째 自動車生產國으로 등장

1. '80年代를 향한 工業韓國의 초석이 될 自動車의 輸出產業化를 위해 現代自動車는 政府와 國民여러분의 깊은 關心속에서 韓國最初의 고유모델인「포니」乘用車를 개발하여 이태리 토리노 國際自動車博覽會에 出品, 아름답고 견고하며 경제적인 乘用車로 이미 全世界의 전문가들로 부터 그 眞價를 인정 받은 바 있읍니다.

2. 이제 現代自動車는 國際規模의 일관生產体制를 갖춘 綜合自動車工場을 完工하고 우리 힘으로 만든 자랑스런 韓國의 自動車를 우리나라에서는 처음으로 國內市場은 물론 海外市場에도 내놓게 되었읍니다.
   이는 오로지 政府當局의 支援과 國民여러분의 聲援의 德分입니다.

3. 이제「포니」는 國民여러분 개개인의 生活向上과 企業의 번영에 공헌 할 것이며 나아가서는 國力을 튼튼하게 하는데 그 使命을 다 할 것입니다.

● 80마력의 강력한 쌔턴엔진 ● 연료소모가 적은 뛰어난 경제성 ● 견고한 車体

기　진	1,238cc 80마력	전　장	3,970mm	제 동 장 치	前輪2,後輪1
최　고　속　도	155Km.Hr	전　폭	1,558mm	변　속　기	전진4,후진1
초　저　속　도	5 이상	전　고	1,360mm	타　이　어	6.15-13 4PR
차　량　중　량	870Kg	최소회전반경	4.2m	배　터　리	12V-40A

韓國의 車 pony

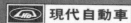

現代自動車

74-8311, 75-6511

세 번째 아수라장
쾌속 질주 본능, 포니 포에버

1.

2008년 금융 위기 이후 계속된 경제 불황의 여파 때문인지, 도로에는
사나운 표정으로 으르렁거리는 자동차들이 넘쳐납니다. 경기가 좋지
않을수록 여성들의 스커트 길이가 짧아진다는 식의 속설이 자동차
디자인에도 적용될 수 있을까요? 날카롭게 째진 눈을 희번덕거리며
주변을 두리번거리는 금속성 근육질의 야수들, 먹잇감이 눈에 띄면
가만히 두지 않을 기세입니다. 확실히 최근 몇 년간의 자동차 디자인은
'만인에 대한 만인의 투쟁'이라는 홉스적 세계를 환유하고 있는 듯
보입니다. 만약 지금 같은 시대에 당신이 거리로 나선다면 어떨까요?
무엇보다 굉장한 용기가 필요할 것 같습니다. 1970년대 중반에 태어난
당신의 순진한 눈망울은 초식동물의 그것이니까요. 약육강식의 논리가
지배하는 정글에는 어울리지 않는 것이지요.

　사람들은 잘 기억하지 못하겠지만, 당신은 국산 자동차들이 이
땅에 처음 등장하던 순간을 잘 알고 있습니다. 당신이 태어나기 이전의
일이었지만, 귓가로 전해 들은 무수한 회고담 덕분에 어렵지 않게 그
기원의 시간을 머릿속에서 그려볼 수 있었습니다. 아시다시피 그것은
휘황찬란한 발명과 혁신의 연대와는 거리가 멀었습니다. 흔하디흔한
태몽을 꾼 사람조차 없었습니다. 그저 '망치질' 소리만 요란했을
뿐이지요. 동정과 연민의 힘을 빌리지 않으면 똑바로 응시하기조차
힘겨운 그 시절의 가난한 풍경, 그 풍경이 당신의 기억 속에 추체험의
대상으로 깊이 각인되었기 때문일까요? 잊을 만하면 당신의 눈앞에
환영으로 출몰하곤 했으니까요. 당신은 그때마다 망각에 능숙하지
못한 자신의 무능력을 책망했습니다.

　당신은 부정하고 싶었겠지만, 사실 그것은 당신에게 운명 같은

것이었습니다. 그 초라한 과거의 시점으로 돌아가 그것을 신화적
서사의 시발점으로 각색해내는 것, 그것이 바로 당신이 출생과
동시에 자동적으로 부여받은 임무였으니까요. 당신은 '합리적 이성'이
만들어낸 현대의 발명품이었지만, 이곳에서만큼은 마법의 지팡이를
흔들며 기적을 연출해야만 하는 처지였던 것이지요.

당신에 대한 기억을 되새기고자 마련된 자리인 만큼, 아무래도
'망치질'에 대한 이야기부터 시작해야 할 것 같습니다. '기원의
시간'이었던 1950년대 중반의 시점으로 돌아가보도록 하지요. 전쟁
직후, 휴전선 이남에 넘쳐난 것은 고아와 과부, 가난과 굶주림만은
아니었습니다. 미군들이 버리고 간 수많은 드럼통들도 전국
방방곡곡에서 나뒹굴었지요. 패잔병처럼 꾀죄죄한 몰골이었지만, 그
고철 덩어리들은 재활의 기회를 엿보고 있었습니다. 그리고 그 기대는
얼마 지나지 않아 현실이 되었습니다.

김원일의 소설 『마당 깊은 집』에 등장하는 준호 아버지를
살펴볼까요? 그는 상이군인입니다. 이북의 고향에서 초등학교
선생으로 일하다가 전쟁이 터지자 장교 계급장을 차고 입대했습니다.
전쟁은 그에게 큰 상처를 안겨줍니다. 오른손을 빼앗아 가고 대신
그 자리에 쇠갈고리를 끼워 넣어주었던 것입니다. 그는 얼마 전까지
연필, 공책, 빗, 칫솔 따위의 일상용품을 자그마한 군용 백에 담아
시내 다방이나 사무실을 돌며 팔았습니다. 아내의 잦은 빨래와
다리미질 덕분에 계급장 없는 장교 군복을 입은 그의 차림새는 언제나
반듯했습니다. 하지만 벌이는 시원치 않았고 가게 종업원으로부터
문전박대당하기 일쑤였습니다.

어느 날 준호 아버지는 궁리 끝에 어디선가 녹슨 드럼통을 구해
손수레에 싣고 집으로 돌아옵니다. 그리고 바깥마당에서 하나 남은
왼손에 함석 조각을 쥐고 "드럼통에 붉게 딱지 진 녹"을 긁어냅니다.
"드럼통 중간쯤에 큼지막한 구멍을 뚫어놓"은 것으로 봐서 용도는
분명해 보입니다. 풀빵이나 고구마 굽는 드럼통. 실제로 얼마 후

세 번째 아수라장

그는 손수레를 끌고 군고구마 장사에 나섭니다.[1] 드럼통으로 장사 밑천을 준비하던 사람은 준호 아버지만이 아니었습니다. 수많은 이들이 드럼통으로 고구마를 구웠고 빨래를 삶았으며 대폿집 탁자를 만들었으니까요. 가난한 이들이 모여 사는 판자촌마다 망치로 드럼통을 두드리는 소리가 끊이지 않았던 이유도 여기에 있었습니다.

한편, 이들보다 훨씬 더 원대한 포부를 지닌 이들도 있었습니다. 손재주가 뛰어나고 이재에 밝은 이들 말입니다. 이들의 야심에 불을 붙인 것은 미군의 노후 차량에서 떼어낸 엔진과 차축 등 주요 부품들이었습니다. 그들은 그것으로 자동차를 만들어 보겠다고 나섰습니다. 하지만 의욕만 앞설 뿐이었습니다. 차체를 만들 철강재를 구할 방법이 없었으니까요. 결국 그들도 준호 아버지처럼 망치를 손에 쥘 수밖에 없었습니다. 망치질과 눈대중과 임기응변, 즉 '버내큘러' 디자인으로 차량을 단품 제작하기 시작했던 것이지요. 당시 서울 시내에 굴러다니던 버스나 트럭 대부분은 그들의 작품이었습니다. 사람들은 영세하기 짝이 없는 이 맹아기의 제조 산업을 두고 '망치 산업'이라고 낮춰 부르곤 했습니다. 하지만 몇몇 외국인들은 실제 제작 현장을 엿보고선 큰 감동을 받기도 했지요. 1953년 종전 직후에 한국으로 건너온 매사추세츠 주 출신의 감리교 선교사 에드워드 W. 포이트라스도 그중 한 명이었습니다. 한국에 문외한이던 그는 당시 피난민으로 가득 차 있던 부산의 어느 뒷골목에서 다음과 같은 광경을 목격합니다.

중년 남자 한 사람이 거리에서 자동차를 만들고 있었다. 1938년형인 듯한 미제 포드 승용차 한 대를 모델로 세워놓고 그는 망치를 들고 혼자서 미군용 55갤런 드럼통의 철판으로 차를 만들고 있었다.[2]

당시 이십대 초반이었던 포이트라스에게 이 한국인의 망치질은

쾌속 질주 본능, 포니 포에버

"아무것도 없는 상태에서 무엇이든 해내"고야 말겠다는 의지를 상징하는 것이었습니다. 그는 망치질을 두고 "불새의 날갯짓"이라고 표현했지요. 바로 그 날갯짓이 만들어낸 최상의 결과물 중 하나가 그 유명한 '시발 자동차'였습니다. 1955년 8월, 최무성이라는 왕십리의 자동차 정비업자가 만들어낸 4기통짜리 지프형 자동차였지요. 핵심 부품의 조달 방식은 기존 차량들과 별로 다르지 않았습니다. 미군 노후 차량의 부품들을 재활용한 것이었지요. 다만 간단한 엔진 부품 일부는 직접 공작기계로 깎아 만들기도 했습니다. 초기만 해도 수공업적인 제작 방식 탓에 한 대의 자동차를 생산해내는 데 무려 4개월이나 걸렸습니다. 그래도 이 자동차는 당시 대부분의 국산 자동차들과는 격을 달리 했습니다. 자신이 현대적 사물임을 증명하는 '설계도면'을 가지고 있었으니까요. 그것은 적어도 '디자인된' 자동차였던 것입니다.•

2.

시간은 빠르게 흘러갔습니다. 하지만 가난의 기세는 여전히 사그라질 줄 모릅니다. 미국의 원조로 근근이 버티는 삶의 모양새도 여전합니다. 그사이 한 번의 혁명과 한 번의 쿠데타가 일어났습니다. 권력을 탈취한 군부 세력은 "급격한 시대의 대조류 속에서 나날이 기울어가는 조국의 운명을 좌시할 수 없"어서 어쩔 수 없이 "번영과

• 출시 당시 시발의 인기는 매우 높아서 "제날짜에 차를 받지 못한 사람들이 회사 사무실에 몰려와 소란을 피웠고, 공급이 부족해서 차 값이 오르자 부유층 부인들은 '시발 계'까지 만들"기도 했습니다. 1957년에는 하루에 한 대꼴로 생산되었고, 당시 가격은 약 400만 환 정도였지요. 손정목, 「자동차 사회가 되기까지」, 『한국 도시 60년의 이야기』, 한울, 2005년, 312쪽. 그리고 「대한민국 1호, 국산 자동차」, 『조선일보』, 2010년 2월 5일.

세 번째 아수라장

질서와 안전의 지름길에 굳건한 교량"을 가설하기 위해 "비상조치를 단행"하게 되었다고 주장했습니다. 그들은 빈곤 탈출을 위해 '조국의 근대화'를 정권의 목표로 내세웠고, 발전주의 노선에 따라 경제개발에 착수했습니다.[3]

시발 자동차를 대체할 만한 새로운 차량이 등장한 것은 바로 그 시점, 그러니까 쿠데타가 발생하고 1년이 지난 뒤였습니다. 새 차량의 이름은 '새나라'였습니다. 닛산 블루버드의 부품을 들여와 국내에서 조립한 이 자동차의 이름은 '시발'만큼은 아니었지만 확실히 도회적 세련됨과는 거리가 먼 작명법의 결과물이었습니다. 일본의 파랑새가 한국의 새나라가 되는 기묘한 끝말잇기의 아이러니, 그것은 자존심을 구겨가며 일본 기업의 힘에 의존할 수밖에 없던 당시 산업화의 수준을 고스란히 보여주는 것이기도 했습니다. 주목할 점은 이런 안타까운 상황에서도 실제로 "시내를 질주하는 '새나라 자동차'들은 새로운 명물"로 대중들에게 환대받았다는 사실입니다. 소설가 조정래는 대하소설 『한강』에서 다음과 같이 묘사합니다.

유려한 곡선의 세단 승용차가 드물었던 서울 거리에서 그 조그마한 일제 자동차의 맵시는 단연 돋보였다. 매끈한 생김에 색깔까지 색색으로 고운 그 차들에 비해 헌 상자 모양의 시발 택시 꼴은 영 초라하고 볼품이 없었다. 기왕이면 다홍치마라고 사람들은 누구나 새 택시를 타려고 했다. 그러다 보니 시발 택시는 손님까지 줄어드는 이중의 피해를 입고 있었다.[4]

"양장미인"의 맵시를 뽐내는 소형 자동차와 투박한 지프 형태의 시발 택시 간의 대결, 누가 봐도 승부는 뻔했습니다. 새나라를 몰던 어느 택시 운전사는 양자 간의 대결에 다음과 같이 단호한 판정을 내리기도 했지요. "일본 애들 차 참 잘 만들죠. 전에 몰던 시발 택시하고는 비교가 안 돼요."[5] 비교 불가. 일본에서 직수입된 산뜻한

쾌속 질주 본능, 포니 포에버

유선형의 감각은 망치 산업의 자생적 미학을 간단히 제압했고 자동차를 바라보는 대중의 눈높이도 한 단계 끌어올렸습니다. 반면 경쟁에서 밀려난 시발 자동차는 퇴출 수순을 밟았습니다. 재고는 쌓여갔고 가격은 폭락했습니다. 서울에서 발붙일 곳을 찾지 못해 지방 택시업자들의 손에 '땡처리'로 넘겨지는 수모까지 당하기도 했지요. 시대의 흐름을 거스를 수는 없었던 것입니다. 결국 1963년에 단종되었는데, 이때까지 총 생산 대수는 2000여 대였습니다.*

새나라 자동차의 등장 이후 국내 자동차 업체들은 일본과 미국의 업체와 합종연횡을 거듭하며 수입 모델을 조립 생산하기 시작했습니다. 신진자동차 공업주식회사는 1966년에 도요타와 제휴하여 코로나를 조립 생산하기 시작해 첫해에 3600대를 시판했고, 그 뒤를 이어 현대자동차가 1969년에 포드와 손잡고 코티나를, 아세아자동차가 1970년에 피아트를 생산했지요. 이렇게 그 뜻을 알기 어려운 이름의 자동차들이 바다를 건너오는 가운데, 자동차업계는 망치 산업의 굴레에서 간신히 벗어나 신한, 현대, 아세아의 새로운 삼국시대를 맞이했습니다. 이렇게 이야기해놓고 보니 당시의 변화가 정말로 그럴듯해 보입니다만, 솔직히 말하자면, "수입 판매 대리점"6 수준의 업체들이 일부 특권층을 위해 중형 승용차를 조립 판매하고 있는 상황이었습니다. 당시 이 조립 중형차의 사회적 의미를 짚어보기 위해 동대문시장에서 포목상으로 큰돈을 번 어느 중년 여성의 말을

---

* 새나라 자동차의 성공 역시 그리 오래가지 않았습니다. "1962년에 1710대를 조립 판매했고 이듬해인 1963년에는 1063대를 조립하여 모두 2773대가 제조 판매"되며 "당시로서는 엄청난 이익이 발생"했지만 그것이 다였습니다. "1963년 말에는 우리나라 외화가 바닥이 나버려 자동차 부품을 수입할 외화가 없었고, 또한 들끓는 여론으로 새나라 자동차는 문을 닫게 되었"습니다. 손정목, 앞의 책, 317쪽.

세 번째 아수라장

인용해볼까요? 70년대 초반, 그녀는 서울대에 입학했으니 차 한 대 근사하게 뽑아달라는 외아들의 요구에 그것만은 안 된다며 다음과 같이 답합니다.

> 자가용이란 우리같이 돈만 좀 있다고 부리는 게 아냐. 권세를 갖추고 부려야 속 편해. 교통신호쯤 무시해도 되고 사람 한두 명쯤은 치고 달아나도 감히 붙들러도 못 올 만큼 세도를 갖추고 나서 그때 우리도 그까짓 자가용 부리자꾸나. 그때 넌 자가용 타고 이 에민 관(官) 차든지, 남바 없는 차든지 좀 타고 거드럭거려 보자."7

사실 이 즈음에 제 관심사는 이런 자동차 산업의 흐름과는 약간 맥락을 달리하는 것이었습니다. 당시 제가 가장 주목한 것은 1967년의 연두교서, 「승리하는 자는 중단하지 않는다」였습니다. 여기에서 군인 출신 대통령은 제2차 경제개발 5개년 계획을 통해 산업 구조의 근대화를 추진하겠다며 '70년대 성년 한국'의 청사진으로 "아시아의 빛나는 공업 국가"를 제시합니다. 그는 불과 2년 전 미국 방문 당시만 해도 재미 교포들과의 대화에서 "우리는 자가용도 TV도 냉장고도 없지만 '내일'을 바라보고 땀 흘리고 있다"고 말한 바 있습니다.8 하지만 2년이 지난 후, 그는 추상적인 구호 수준에 머물렀던 이 '내일'의 모습을 다음과 같이 구체적인 일상의 풍경으로 제시하지요.

> 그때 국민 대다수는 안정된 직장에서 크고 작은 주주가 되기도 하고, 가장은 가족과 더불어 주말을 즐기며, 주부는 편리한 부엌을 갖춘 살기 좋은 주택에서 알뜰한 생활을 꾸밀 것이며, 자녀는 씩씩하게 자라고 슬기롭게 배워 세계에서 으뜸가는 한국인의 자질을 자랑하게 될 것이다.9

쾌속 질주 본능, 포니 포에버

정부와 국민이 한 몸으로 공업 입국의 전면 작전을 전개해 도달해야
할 조국 근대화의 미래, 전 국민이 증산 · 수출 · 건설을 목표로 온
힘을 다해 당도하게 될 그 미래에 텔레비전과 냉장고와 신식 부엌과
단독주택의 자리가 마련되었던 것입니다. 군인 출신 대통령은 이
교서에서 내구소비재의 대량생산과 함께 국산 자동차 연간 3만
대 생산을 목표로 내세웠습니다. 흥미로운 대목은 언론 매체들이
대통령이 제시한 '내일'의 모습에 "마이카 시대"라는 명칭을 붙이기
시작했다는 점입니다. 이제 겨우 개인소득 100달러를 넘어선
시점이었음에도 불구하고, 70년대에는 집집마다 자가용을 한 대씩
보유하게 될 것이라는 풍문이 떠돌기 시작했던 것입니다. 다음과 같은
예측 기사가 그런 예였습니다.

> 소비혁명의 챔피언이라고 불리는 내구소비재, TV, 냉장고,
> 자동차들은 이제 남의 나라의 꿈같은 이야기가 아니라 우리가
> 지금 갖고 있고 또 머지않아 갖게 될 문명의 파이오니어이다. TV,
> 냉장고의 양산은 월부 판매로까지 확대되고 있고 자동차의 양산은
> 이제 머지않아 마이카 시대가 도래할 것을 예고해주고 있다.[10]

그렇다면 '마이카 시대'라는 매혹적인 미래의 청사진이 실제
수신인으로 삼았던 것은 누구였을까요? 순진한 표정을 지으며 국민
전체가 아니었겠냐고 반문하지는 말아주십시오. 제가 보기에 그
메시지의 수신 대상은 명확했습니다. 주로 서울에서 "안전된 직장"에
다니던 이삼십대의 대졸 봉급생활자들이었습니다. 홍성원의 1969년
중편소설 「주말여행」에 등장하는 고교 대학 동창 모임인 토요회
회원 같은 사람들이라고나 할까요.[11] 방송국 직원 김, 은행원 강, 대학
강사 이, 가발 회사 직원 오 등이 이 토요회의 회원입니다. 이제 막
서른 살의 문턱을 넘어선 이들은 비록 박봉의 샐러리맨들이지만,
"누가 보더라도 장래가 보장된 행운아"들입니다. 봉급은 계속 오르고

세 번째 아수라장

있고 승진은 이미 약속된 상태이며 "마누라는 알뜰하고 자식들도 잘
자"라고 있으니 말입니다.[12] 이들은 이제 하루가 다르게 살기 좋아지는
세상 한복판으로 들어가고자 소비 대상의 범위를 조금씩 전자제품
같은 내구소비재로 넓혀가는 중입니다.

　여기서 주목해야 할 대목은 토요회 회원 같은 이들의 성장담이
'망치 산업'의 발전사와 드럼통이라는 기원을 공유하고 있었다는
점입니다. 이들은 국민학교에 다닐 때만 해도 드럼통 철판 위에서
익어가던 "붕어빵 이상으로 맛있는 음식"이 있다는 사실을
알지 못했습니다. 그들의 소원은 고기반찬에 쌀밥 한번 배불리
먹어보는 것이었지만, 그들의 침샘은 풀빵 냄새에 즉각 반응하도록
길들여졌습니다. 하교 길에 언제나 마주치게 되는 가장 맛있는
냄새였으니까요. 늘 허기진 상태인 터라 그들의 욕망은 혀끝으로
내몰렸습니다. 이후 상급 학교로 진학할 때마다 그들의 미각은 한
단계씩 승급하곤 했습니다. 중학교와 고등학교로 진학하자 "생과자와
자장면"이 그들의 입맛을 사로잡았습니다. 특히 자장면은 너무 신통한
맛이라 한번 맛을 보면 정신없이 그릇을 비워내기 일쑤였지요. 그리고
대학으로 진학하자 이번에는 "동태찌개나 돼지갈비 등의 육부치로
승급"하게 되었지요.[13]

　물론 그들의 욕망이 성장기 내내 혀끝에만 머물러 있었던 것은
아닙니다. 곁눈질로라도 풍요의 세계를 엿볼 기회가 있을 때마다,
그들은 한껏 달아오른 물욕으로 뒤척거리곤 했으니까요. 이를테면
이들은 시내의 고급 잡화점에 들러 "개성적인 용모와 모양과
매력을 담뿍 지닌 오만 가지 상품들"을 넋 놓고 바라보곤 했습니다.
"목각의 호랑이와 까만 박쥐우산과 금빛 나는 작은 단추와 그리고
여자의 브래지어" 등등, 그 사물들 앞에서 "풀빵이 얼마나 초라하고
보잘것없는 상품"이었는지를 깨달았지요. 식욕은 거의 언제나 식후의
포만감으로 마무리되었던 반면, 물욕은 특정한 사물에 대한 구체적인
감각을 도약대로 삼아 미래에 대한 어설픈 상상으로 이어지곤

쾌속 질주 본능, 포니 포에버

했습니다. "단 한 품목도 빼놓지 않고 골고루 하나씩 가질 수"만 있다면, "아마도 세상에서 가장 넉넉하고 행복한 사람" 노릇을 할 수 있으리라 상상하거나, 그런 "엄청난 행운이 10년 혹은 20년 후에 어쩌면 이루어질지도 모른다"고 생각하는 식이었지요.

또는 시내에 나갔다가 청요릿집 정문 앞에 세워진 "제비처럼 날렵한 까만 고급 승용차"를 남몰래 훔쳐보기도 했습니다.[14] 그때 그들이 느낀 감정은 물욕과는 차원이 다른 것이었습니다. 일종의 경외감이었지요. 그 승용차들은 애당초 '잡화'와는 전혀 다른 세계에 존재하는 현대 테크놀로지의 총아이자, 감히 범접할 수 없는 존재감을 발산하는 첨단 기계 장치였으니까요. 그래서였을까요? 그 시절 그들이 자동차에 관해서 할 수 있는 것이라곤 기껏해야 미군 지프를 뒤쫓다가 그것이 뿜어내는 "푸른 가솔린 연기"를 맡으며 몽롱한 기분에 빠져드는 것 정도였습니다.[15]

이런 경험은 서울에서 대학을 다니던 이십대 초중반에도 계속되었습니다. 매번 버스를 타고 시내를 오갈 때마다, 그들은 울렁거리는 속을 다독여야만 했습니다. 노면이 좋지 않아 차체 진동으로 엉덩방아를 찧기 일쑤인데다가 버스 밑창에서는 언제나 가솔린 냄새가 올라왔기 때문입니다.[16] 사실 멀미는 농경문화에 익숙한 그들의 몸이 도시의 역동적 리듬에 적응하기 위해 필히 거쳐야 할 첫 번째 관문이나 다름없었지요. 그러다가 가뭄에 콩 나듯이 택시에 탑승할 기회를 잡기도 했습니다. 『어둠의 축제』의 주인공인 지방 출신 대학생의 사례를 볼까요? 그는 흑석동에서 한남동으로 하숙집을 옮기는 친구의 짐을 옮기기 위해, 택시에 처음으로 탑승하게 됩니다. 그는 친구들과 함께 한강 다리를 건너는 택시 안에서 "차창으로 밀려드는 강바람"을 맞으며, 반포 나루의 강 풍경을 바라봅니다. 버스와는 비교도 할 수 없는 안락한 교통수단은, "도시의 불빛과 하늘에 뜬 초저녁 달빛이 서로 희롱하며 어우러진" 강변 풍경을 감상할 수 있는 기회를 제공하고, 그들은 "쾌적한 쿠션에 몸을 묻고

세 번째 아수라장

차창으로 지나치는 사물의 속도감에 취해 말을 잊"습니다. 그들 중
한 명이 읊조리듯이 조용히 말합니다. "우리도 자기 승용차 타고 다닐
그런 세월이 올까?" 다른 한 명이 답하지요. "언젠가는 올 거야. 우리
민족은 저력이 있어."[17]

　드디어 그 민족의 저력이 발휘될 시점이 온 것일까요?
삼십대에 접어든 그들을 수신인으로 삼는 '마이카 시대'의 청사진이
갑작스럽게 도착했던 것입니다. 그들의 욕망도 그저 나이만 먹은
것은 아니었습니다. 조금씩 오감의 차원으로 활동 범위를 넓혀가고
있었지요. 아쉽게도 그들의 미각은 겨우 서른 살 나이에 "일찌감치
지치고 늙어버"렸지만 말입니다.[18]

　이제 텔레비전과 냉장고 같은 최신 가전제품들이 소년 시절
그들의 넋을 빼놨던 고급 잡화의 자리를 대신 차지하면서 일상생활의
수준을 한 단계 더 높여보라고 유혹하기 시작합니다. 그 가전제품이
인도하는 새로운 생활이란 뜨거운 여름철 얼음을 마음대로 먹으며
"소파에 비스듬히 누워 아프리카의 사자 사냥을 구경"할 수 있는
그런 것이었지요. 그들은 이 "엄청난 행운"을 그냥 지나치지
않았습니다. 적극적으로 호응했지요. 아직 집칸 장만도 하지 못한
또래들 사이에서도 "텔레비전이 없는 놈은 촌놈이 되"고 "냉장고가
없는 놈은 병신"이 되는 것이 그즈음의 분위기였으니까요. 그들은
"영원히 유행에 뒤처진 촌놈으로 살아"갈지도 모른다는 막연한
불안감에 시달리기도 합니다. "어디를 보나 범위를 알 수 없는 새로운
발명들이 범람하는 시대"의 일부가 된 탓입니다.[19] 결국 그들은 이
새로운 시대에 적응하고자 대리점의 할부 제도를 이용해 신제품들을
구입했지요.[20]

　그런데 그런 그들도 '마이카 시대'의 청사진 앞에서는 주춤할
수밖에 없는 처지입니다. 쓸쓸한 표정을 지을 수밖에 없습니다. 그들의
경제력은 '마이카'를 감당할 수 있는 수준이 아니었으니까요. 그럼에도
그들은 약간의 흥분을 맛보면서 이 욕망의 대상이 도로 위를 질주하는

쾌속 질주 본능, 포니 포에버

모습을 머릿속으로 그려보곤 합니다. 한층 더 가까이 다가온 "핑핑 돌아가는 스피드 시대"를 상상하면서 말입니다.* 그렇습니다, 당신은 이들과 만나기 위해 좀 더 기다려야만 했습니다.

3.

"개발의 60년대"를 뒤로한 채 "약진의 70년대"가 시작되었습니다. 흥미롭게도 경부고속도로를 쾌속 질주하며 70년대에 가장 먼저 당도한 것은 마이카가 아니라 유신헌법이었습니다. 1972년, 군인 출신 대통령은 새 헌법의 제정을 통해 영구 집권의 토대를 마련했습니다. 불멸에 대한 욕망 때문이었을까요? 그는 자신을 사로잡고 있는 권력에의 의지를 정당화하기 위해 아우토반과 경부고속도로의 유비적 관계에 집착했고, '라인강의 기적'에 상응하는 '한강의 기적'을 갈망했습니다. 그에게는 자신의 조국이 "아시아의 빛나는 공업국가"의 반열에 올라섰음을 증명할 신물(神物)이 필요했습니다. 그것은 다름

* 홍성원, 「주말여행」, 『주말여행』, 문학과지성사, 2006년, 217~218쪽. 한편, 마이카 시대의 청사진에 대한 반발도 만만치 않았습니다. 『매일경제신문』의 어느 기사는 "하루 벌어서 하루를 먹고사는 하루살이가 있다면 한 달 벌어서 한 달을 못 먹고 사는 한 달살이 생활의 봉급자가 '마이카' 시대, 아니 '마이 라이프' 생활만이라도 영위할 수 있는 날이 언제쯤 올 것인지?"라고 되묻기도 했지요. 이 기사에 따르면 당시 공무원의 월급은 대통령 10만 원, 중앙청 국장급 2만 2400원, 과장 1만 8400원, 계장 1만 3160원, 주사 9440원, 5급 갑 7960원이었습니다. 한편 쌀 한 가마에 4300원, 구공탄 한 개에 13~15원, 버스 요금 8원이었고, 매달 100대씩 생산되던 신진자동차의 1900시시(cc) 급 크라운의 가격은 150만 원, 800시시 급 퍼블리카는 70만 원 정도였습니다. 「기다리는 사람들(9) 봉급생활자」, 『매일경제신문』, 1967년 6월 12일.

세 번째 아수라장

아닌 한국의 폴크스바겐, 국산 고유 모델의 국민차였습니다. 어쩌면 그는 전용 헬리콥터에 탑승해 조감의 시선으로 경부고속도로를 질주하는 국산 자동차들의 행렬을 내려다보고 싶었는지도 모릅니다. 이런 측면에서 보면 정부가 국민투표를 거쳐 유신헌법을 확정하자마자 곧바로 「중화학공업정책」 선언이라는 카드를 꺼내든 것은 너무 자연스러웠습니다. 1973년 1월에 발표된 이 선언은 중화학공업의 중점 육성을 통해 수출 주도형 경제성장 모델을 더욱 발전시켜나가 1980년에 수출 100억 달러와 1인당 국민소득 1000달러를 달성하겠다는 내용을 담고 있었습니다. 또한 1980년대 자동차 산업의 기본 목표로는 "완전 자동차 생산 및 수출 기반 확립"을 설정해놓고 있었지요. 흥미롭게도 중화학공업 정책의 입안을 주도했던 오원철 당시 청와대 경제 제2수석은 1950년대 말 시발 자동차의 공장장을 역임했던 엔지니어 출신이었습니다.*

한편 이 시점에 정부의 정책에 호응하듯이 최초의 국산 고유 모델 차량을 만들어 보겠다고 나선 기업이 있었습니다. 바로 정세영 사장이 이끌던 현대자동차였습니다. 사실 사내에서는 반대의 목소리가 만만치 않았지요. "고유 모델은 불가능합니다. (…) 조립 도면조차 제대로 카피도 못 하는 실력으로 어떻게 고유 모델을 설계해서 만들겠다고 그러십니까?"[21] 당시 기술 책임자의 솔직한 의견이었습니다. 실제로 "전문적인 자동차 기술자는 고사하고 전반적으로 자동차를 이해하는 사람"을 직원들 중에서 찾아보기

---

* 오원철은 유신 체제와 중화학공업 정책의 관계에 대해 다음과 같이 이야기한 바 있습니다. "요사이 많은 사람들이 박 대통령이 경제에는 성공했지만 민주주의에서는 실패했다고들 말한다. (…) 나는 이렇게 말한다. 중화학공업화가 유신이고 유신이 중화학공업화라는 것이 쓰라린 진실이라고. 하나 없이는 다른 하나도 존재할 수 없었다." 김형아, 『박정희의 양날의 선택』, 일조각, 2005년, 285~294쪽.

쾌속 질주 본능, 포니 포에버

힘들 정도였으니까요. 따라서 제일 먼저 해결해야 할 과제는 차량 설계를 맡아줄 디자인 회사를 찾아나서는 것이었습니다. 이는 쉬운 일이 아니었습니다. 모든 자동차 업체들이 철저히 비밀에 붙인 채 사내에서 신차 개발과 관련된 모든 문제를 해결하고 있었기 때문입니다. 회사의 담당자들은 유럽 곳곳을 뛰어다니며 백방으로 수소문한 끝에 결국 설계까지 맡아줄 수 있는 이탈리아의 디자인 회사들을 찾아냈습니다. 피닌파리나(PhininFarina), 베르토네(Bertone), 이탈디자인(Italdesign), 롬바르디(Lomvardi), 미케로티(Michelotti), 모두 다섯 군데의 디자인 회사였습니다. 이 화사들은 "모두 피아트의 섀시를 가져다가 각각 달리 설계한 보디를 얹어 차를 만들어 팔"고 있었지요. 국산 고유 모델의 디자이너로 최종 낙점된 것은 이탈디자인의 조르제토 주지아로였습니다. 정세영 사장은 주지아로에 대해 다음과 같이 이야기한 바 있습니다.

> 삼십대 중반의 키가 훤칠하고 잘생긴 외모를 가진 이 친구는 벌써 각국의 유명한 차를 상당수 디자인한 경력을 갖고 있었다. 서독 폴크스바겐의 파사트, 실로코, 골프, 이탈리아의 알파 로메오, 일본의 이스즈 117 등이 다 그의 작품이었다."[22]

정 사장은 주지아로가 폴크스바겐 '비틀'의 후속 모델인 '골프'를 디자인했다는 사실에 특히 매료되었습니다. 관건은 용역비였습니다. 그가 요구한 금액은 120만 달러였지요. 만만치 않은 금액이었습니다. 정 사장은 용단을 내렸습니다. "중요한 건 가격이 아니라 성공 여부인 만큼, 회사의 장래를 길게 내다"봐야 한다고 생각했습니다. 1938년생의 이 자동차 디자이너가 "젊으니까 더 열정적일 것이고, 그만큼 무궁무진한 아이디어가 있을 것"이라고 판단했던 것이지요.
　사실 이탈디자인의 주지아로는 누구보다 뛰어난 손의 소유자였습니다. 그의 손은 끊임없이 움직이며 직선들을 그려냈고,

세 번째 아수라장

수많은 직선들이 서로 겹쳐지고 흩어지고 교차했습니다. 주지아로는
자신만의 숙련된 감각으로 그 선들의 궤적으로부터, 비례와 균형을
도덕률로 삼는 직선들을 뽑아냈습니다. 국산 고유 모델의 윤곽선은
그렇게 엄선된 직선들이 조합된 결과였고, 그 덕분에 그 모델의
모양새는 유별났습니다. 당시 이탈디자인으로 파견 나갔던 10명의
엔지니어들 중 한 명은 10개월에 걸친 디자인 과정을 다음과 같이
회고한 적이 있습니다.

> 백지를 놓고 제도 책상에서 디자인하던 시절이었다. 처음엔 선
> 그리는 것만 뚫어져라 봤다. 모눈종이에 선 하나 긋는 데 2~3일이
> 걸리더라. 1년쯤 지나니 차 모양새가 나오는데 '아, 이걸 위해
> 그렇게 했구나' 생각이 들었다.[23]

당시 서울의 거리를 활보하던 소형 승용차의 상당수는 유럽 디자인을
일본식의 소박한 유선형 어법으로 번안한 결과였습니다. 반면에
주지아로가 디자인한 차량은 기하학의 조형 논리를 전면화한
경쾌한 해치백 스타일로, 동시대의 오리지널 유럽 디자인에 근접해
있었습니다. 족보를 따지자면, 지구 반대편의 폴크스바겐 골프나
피아트 판다 같은 박스형 소형차와 친족 관계를 맺고 있었습니다. 물론
그들보다는 약간 더 보수적인 스타일이었지요. 주지아로가 보기에
한국의 내수 시장은 '골프'와 같은 당대의 자동차 스타일을 받아들일
수 있을 만큼 성숙한 상황이 아니었으니까요.[24]
　　이탈디자인의 기본 도면이 나온 뒤 불과 1년여 만에 국산 고유
모델 차량은 양산 준비를 마쳤습니다. 자체 플랫폼도 금형 기술도 없는
상태에서 어떻게 이런 일이 가능했는지 저는 그저 신기할 따름입니다.
그런데 왜 그런 사람들이 있지 않나요? 눈앞에 기계가 있으면 일단
뜯어서 부품들을 전부 바닥에 깔아본 다음 다시 조립해야 직성이
풀리는 그런 류의 사람 말이지요. 저는 그런 품성의 엔지니어들

쾌속 질주 본능, 포니 포에버

덕분에 국산 고유 모델 차량이 시판될 수 있었다고 믿습니다. 말년의
주지아로는 이들을 두고 "군대 문화에 익숙해서인지 일본 사람보다 더
빨리 일을 배웠다"고 회고하기도 했지요.* 특히 이탈디자인으로 파견
나갔던 엔지니어들은 그곳에서 "촌놈들"처럼 "처음 보는 걸" 무작정
노트에 베꼈고, 10개월 뒤에는 고국의 공장에서 그 내용을 바탕으로
차량을 제작하려고 했지요. 심지어 이들은 한국으로 돌아온 뒤
이탈디자인의 디자이너들이 도면 고정용으로 쓰는 3.5킬로그램짜리
쇳덩이까지 똑같이 만들어 사용했을 정도였습니다. 이 무렵
현대자동차의 공장을 방문했던 일본 미쓰비시 자동차의 사장이 그런
말을 했었지요. "현대자동차는 자동차가 뭔지를 모르고 조립하고
판매하고 있다"고 말입니다. 그는 현대자동차가 취한 모방 전략의
한계를 정확히 짚어냈던 것이지요.[25]

　　하지만 그것 말고 다른 방법이 있었던 것도 아니었습니다.
따라서 무수한 시행착오는 미리 점지된 운명이나 다름없었습니다.
기억하시나요? 이탈디자인의 도면대로 부품을 제작했으나 제대로
조립이 되지 않아서 엔지니어들이 애를 먹었던 사건 말이지요.
조사를 해보니, 국산 계측기의 눈금이 제대로 맞지 않아서 일어난

• 한편, 주지아로는 1960년대 일본 기업, 1970년대 한국 기업이
　차례대로 보여준 '베끼기 문화'에 대해 자기 나름의 견해를 제시하기도
　했습니다. "도쿄 모터쇼에 처음 갔을 때, 어떤 회사가 내 아이디어를
　그대로 베껴서 카탈로그에 넣은 것을 발견했다. 창피하지 않냐고
　물어보자 당신의 아이디어를 넣었으니 좋지 않냐고 반문하였다.
　이탈리아에서는 어떤 학생이 다른 학생의 것을 카피하면 야단을
　친다. 카피하는 것을 매우 수치스럽게 생각한다. 그러나 동양에서
　카피한다는 것은 스승을 넘어가기 위한 발판이라 생각하는 것 같다.
　문화의 차이다." 「20세기 최고의 자동차 디자이너 방한 조르제토
　주지아로」, 『월간 디자인』, 2006년 12월, 196~197쪽.

세 번째 아수라장

HYU

BALDI

가 1975

해프닝이었지요. 문제를 해결하기 위해 해외에서 계측기들을 전량
수입해 다시 부품을 만들어야 했습니다. 지금 시점에서 보면 상당히
어이없는 해프닝이었지만, 당시 국내의 산업화 수준을 놓고 보면 그리
이상한 일이 아니었습니다. 70년대 초반, 국내 기업의 기계 가공 능력은
십분의 일 밀리미터의 정밀도 수준에 머물러 있었으니까요. 실제
기계류의 양산 체제가 요구하는 백분의 일 밀리미터 이내의 정밀도에는
턱없이 못 미치는 수준이었습니다.[26] 따라서 긍정적으로 보자면, 이렇게
말할 수 있을 것입니다. 엔지니어들은 이런 시행착오를 거치면서 오히려
기계에 대한 감각을 더욱 정교하게 가다듬을 수 있었다고 말입니다.

　　그리고 1976년 1월, 드디어 최초의 국산 고유 모델 자동차가
온 국민의 이목을 집중시키면서 출시되었습니다. 그렇습니다. 바로
당신이 태어났던 것입니다. 당신의 이름은 '포니'였습니다.* 저는

* 당신은 1974년 이탈리아의 토리노 모터쇼에 출품되어 좋은 평가를
받은 바 있습니다. 당시 당신은 말 그대로 전시용 모델로 제작되었지요.
"토리노 모터쇼에 출품했던 모델은 그들[이탈디자인]이 당시 시중에서
구입 가능한 다른 자동차에 쓰이고 있는 부품들을 구입해서, 모터쇼에
출품할 포니의 외형에 맞도록 제작한 것이었다. 헤드램프를 포함한
램프 류, 에어컨 및 히터 시스템, 와이퍼 시스템 등을 포함한 대다수의
부품들이 이렇게 현장 맞춤식으로 제작되었다. 따라서, 부품에
대해서는 외형의 형상 도면만 있었고, 구체적인 실제 제작용 도면은
전혀 없었다." 이충구, 「한국의 자동차 기술 첫걸음에서 비상까지 (6).
한국 최초 고유 모델 포니 양산」, 『오토저널』, 2010년 1월. 한 가지
덧붙이자면, 당시 토리노 모터쇼에서 함께 전시된 포니 쿠페는 당신의
이란성 쌍둥이로 알려져 있지만, 사실 이탈디자인이 독자적으로
진행한 디자인 리서치의 결과물이었습니다. 모터쇼가 열리기 며칠
전, 현대자동차의 경영진이 포니 쿠페라는 이름으로 포니와 함께
전시할 수 있게 해달라고 요청했고, 이탈디자인은 어쩔 수 없이 이에

쾌속 질주 본능, 포니 포에버

아직도 당신의 첫 등장을 알리던 일간 신문의 전면 광고를 기억합니다.
뭉게구름이 얇게 퍼진 청명한 하늘을 배경으로 삼아 백미러를
부착하지 않은 빨간색의 당신이 도발적인 자태를 드러내고 있었지요.
"우리 힘으로 만든 한국 최초의 고유 모델차 '포니' 탄생." 광고
하단에는 다음과 같은 장황한 설명이 이어졌습니다.

> 1) 80년대를 향한 공업 한국의 초석이 될 자동차의 수출 산업화를
>   위해 현대자동차는 정부와 국민 여러분의 깊은 관심 속에서
>   한국 최초의 고유 모델인 '포니' 승용차를 개발하여 이태리
>   토리노 국제자동차박람회에 출품, 아름답고 견고하며 경제적인
>   승용차로 이미 전 세계의 전문가들로부터 그 진가를 인정받은
>   바 있습니다.
> 2) 이제 현대자동차는 국제 규모의 일관 생산 체제를 갖춘
>   종합 자동차 공장을 완공하고 우리 힘으로 만든 자랑스러운
>   한국의 자동차를 우리나라에서는 처음으로 국내시장은 물론
>   해외시장에도 내놓게 되었습니다. 이는 오로지 정부 당국의
>   지원과 국민 여러분의 성원의 덕분입니다.
> 3) 이제 '포니'는 국민 여러분 개개인의 생활 향상과 기업의
>   번영에 공헌할 것이며 나아가서는 국력을 튼튼하게 하는 데 그
>   사명을 다할 것입니다.[27]

이제 막 세상의 빛을 본 당신에게 결의 대회 보고문 같은 위의 광고
문구는 무척 낯설고 민망한 것이었습니다. 간명한 문구로 당신을
멋지게 표현했다면 어땠을까 하는 아쉬움이 남는 것도 사실입니다.

응한 것이었지요. 이 차의 실험적인 스타일은 이후 「백 투 더 퓨처」에
타임머신으로 등장했던 드로이안 DMC 12로 이어지기도 했습니다.
www.italdesign.it/en/projects/hyundai-pony-coupe-eng

세 번째 아수라장

하지만 다시 소리 내어 읽어보면, 이 광고가 앞서 언급한 1973년 대통령의「중화학공업정책」선언에 대한 답신이라는 사실을 눈치 채기란 그리 어렵지 않습니다. 산업 자본이 조직과 인력을 총동원해 정치권력의 청사진에 화답하는 데 정확히 3년이라는 시간이 필요했던 셈입니다. 물론 이는 당신의 제조사가 명령과 복종이라는 군대의 조직 운영 원리를 경영 원리로 수용한 기업이었기 때문에 가능한 일이었습니다. 창업주가 자주 쓰던 표현대로 "불가능은 없다, 하면 된다"가 사훈이나 다름없던 회사였지요.

주지하다시피, 어느 시대건 나름의 상징으로 이정표를 세우려 들기 마련입니다. 그런데 그 시대가 '근대화'의 시대라면, 이정표는 기념비로 격상되기도 합니다. 지난 시대의 다종다양한 지류들이 하나의 거대한 흐름으로 웅비하는 역사의 분수령 위에 세워진 기념비, 당신은 바로 그런 기념비였습니다. 아마도 중화학공업 육성 정책을 밀어붙인 그 독재자라면 당신을 '금자탑'이라고 추켜 부르기를 주저하지 않았을 것입니다. 실제로 당신은 판매 첫해에 1만 726대가 팔려나가 국내 승용차 시장 점유율 43.6퍼센트를 차지하면서 단번에 최고 인기 차로 떠올랐습니다. 당신이 그렇게 우뚝 솟아났던 덕분인지, 한국 경제는 당신이 양산된 다음 해부터 3년 동안 10퍼센트를 넘나드는 경이적인 성장률을 기록했지요.

4.

사실대로 말하자면, 당시 부유층이라면 당신에게 눈길조차 주지 않았을 확률이 높습니다. 이를테면「서울의 달빛 0장」에서 아내와 이혼한 주인공은 결혼 당시 어머니가 마련해준 아파트를 처분하고 그 돈으로 당시 최고급 승용차였던 새한자동차의 '레코드'를 구입합니다. 본래 대학의 교양학부 국어 강사인 그가 운전을 배운 것은 유명 탤런트인 아내를 태우고 방송국을 오가고 싶었기 때문이었습니다. 따라서 이혼남인 그에게 이제 자동차는 "가장 불필요한 물건들 중

쾌속 질주 본능, 포니 포에버

하나"나 다름없지요. 그의 형은 "레코드 한 대 굴리는 데 얼마 드는지" 아느냐며, "네가 무슨 재벌이냐"고 핀잔을 주지만, 어머니가 물려준 영등포의 중국집 덕분에 경제적으로는 아무런 문제가 없습니다. 게다가 그는 레코드의 하얀 차체에 매료된 상태입니다. 그는 이 차종을 처음을 보는 순간 현기증을 느끼며 이렇게 말합니다. "고등학생일 때 공중목욕탕에서 칸막이 사이로 우연히 눈에 뜨인 여자의 알몸을 보았을 때"처럼 머릿속의 모든 것이 순식간에 증발되어버린 듯한 기분이었다고 말입니다.[28]

　　반면 봉급생활자들의 사정은 달랐습니다. 그들이 그토록 당도하기를 원하던 '마이카 시대'가 드디어 가시권 내로 들어왔던 것이지요. 그들 중 일부는 근로자 재산 형성 저축으로 목돈을 모아 집 장만에 성공한 사람들이었습니다. 만약 인생을 살아가는 데 넘어야 할 열 개의 계단이 있다면, '내 집 마련'이라는 네 번째 정도의 계단을 이제 막 밟고 오르던 이들이었다고나 할까요?[29] 그들은 자신이 구입한 집값이 빠른 속도로 상승하는 것을 목격하면서 다음 목표로 삼을 다섯 번째 계단을 찾아 나섰지요. 앞서 언급한 토요회 회원과 유사한 또래들이 하나둘씩 승용차 구입을 서두르기 시작한 것도 바로 이즈음입니다. "버스를 타면서 택시 합승을, 합승을 하면서는 자가용을 굴릴 날을 기약했"던 그들.[30] 그들의 다섯 번째 계단은 바로 당신이었습니다. 이를테면 "샐러리맨 생활 18년이 넘는" 월급 40만 원 정도의 중견 간부 42세 신 모 씨는 "택시 잡기에 진력이 난 나머지" 270만 원에 당신을 구입합니다. 세금, 휘발유값, 보험료 모두 합쳐 유지만 5만 원 넘게 들어가지만, "본인 교통비나 어린애들의 통학 차비보다 적게 드는데다 직접 운전대를 잡기 때문에 과음을 하지 않게 돼 건강 유지에도 보탬이 된다"며 흐뭇하게 웃습니다.[31]

　　솔직히 말씀드리겠습니다. 당신이 제 앞에 처음 등장하던 순간을 아직도 선명하게 기억합니다. 저는 무척 놀랐습니다. 크리스마스 당일, 아침 일찍 깨어나 산타클로스 할아버지가 머리맡에 두고 간 선물이

세 번째 아수라장

자신이 원하던 바로 그것임을 확인하는 순간의 전율을 아시는지요?
저는 독일제 미니카 장난감을 손에 쥐고 노는 동네 꼬마들을 볼 때마다
늘 부러워했습니다. 당시 '영동'이라고 불리던 한강 이남의 택지에
터전을 마련했던 저는 바로 그런 자동차들을 제 주차장에 세워두고
싶었으니까요. 직각이 강조된 제 육중한 몸매에는 해치백 스타일의
소형차가 가장 잘 어울릴 것이라고 여겼습니다. 그런데 어느 날 아침,
당신이 주차장에 나타났던 것입니다. 그러니 제가 어떻게 흥분을
감출 수 있었겠습니까? 1974년에 출시된 기아의 브리사나 1977년에
나온 새한의 제미니 같은 수입 모델은 60년대의 낡은 분위기에서
아직 빠져나오지 못하고 있었습니다. 반면 당신은 70년대의 첨단을
질주하는 듯한 인상이었지요. 특히 당신의 타이트한 비례와 현대적인
차체 윤곽선은 저의 거대한 직선과 정말 잘 어울리는 것이었습니다.
제게 부족했던 2프로가 마침내 채워진 것 같았습니다. 화룡점정이라고
할까요? 저 혼자 아무리 노력을 기울여도 미완성의 상태로 남겨져
있던 회색빛 콘크리트 복합체의 경관이 당신의 출현으로 단숨에
완성되었던 것입니다. 아참, 생각해보니 지금까지 제 소개를 빼먹은 채
혼자서 떠들었군요. 이미 눈치 채신 분들도 있겠지만, 네, 그렇습니다.
저는 아파트입니다.

그럼 이제 1980년대로 넘어가볼까요? '선진 조국 창조'와 '정의
사회 구현'의 바로 그 80년대 말이지요. 물론 거기에 당도하는 데
당신의 앞길이 늘 평탄했던 것은 아닙니다. 예측하지 못한 난관도
있었습니다. 바로 1979년의 제2차 오일쇼크, 그리고 당신을
자랑스러워하던 독재자의 죽음이 그것이었지요. 하지만 그 시련조차도
당신을 주인공으로 삼은 고도성장의 드라마에 극적인 분위기를
불어넣기 위해 의도적으로 연출된 것처럼 보였습니다.* 당신은 경기

---

* 당신은 제2차 오일쇼크에도 불구하고 승승장구를 거듭했습니다.
출시 이듬해인 1977년에는 1만 9847대, 1978년에는 3만 8411대,

불황의 고비를 넘어선 이후 주지아로의 진두지휘 아래 포니 투와 포니 엑셀이라는 이름으로 변신을 거듭했습니다.* 1982년과 1985년, 두 차례에 걸친 디자인 체인지는 당신의 인기를 반영하는 것이었지요. 처음에는 좀 더 느긋하고 여유로운 모습으로, 그리고 그다음에는 좀 더 세련되고 날렵한 모습으로 변신했습니다. 회를 거듭할수록 해치백 차체의 비례와 균형은 점점 더 완벽에 가까워졌지요. 모양과 성능은 약간씩 달랐지만, 원래 예정보다 늦어진 '마이카 시대'에 한시라도 빨리 당도하겠다는 목표만큼은 공유하고 있었습니다.

그렇게 당신의 후속 모델들이 목적지에 가까워질 무렵, 소설가 정이현의 표현처럼 "화목한 부부와 귀여운 자녀로 구성된 4인 가족이 '포니 투' 자가용의 앞뒤에 다정히 나눠 타고 외식하러 나가는 그림엽서 같은 풍경"[32]이 중산층으로 불리길 소망하는 모든 엄마들의 로망으로 자리 잡기 시작했습니다. 아등바등하는 삶으로부터 탈피한 남부럽지 않은 80년대식 중산층의 세계가 이제 본격적으로 펼쳐질 채비를 마쳤던 것이지요. 제가 중산층 가족을 연결 고리로 삼아 당신과 함께 구축한 세계, 바로 그 세계에서 우리는 컬러텔레비전과 에어컨과 시스템키친과 나이키 운동화와 가든식 갈빗집과 호텔 뷔페와

1979년에는 4만 6971대로, 4년간 총 10만 대가 판매되었지요. 손정목, 앞의 책, 326쪽.

* 포니 투와 포니 엑셀 역시 이탈디자인의 주지아로가 디자인했습니다. 포니 이후 10년간 현대자동차의 고유 모델, 즉 포니 투, 포니 엑셀, 스텔라의 디자인은 전적으로 그의 몫이었지요. 구상은 다음과 같이 그 이유를 설명합니다. "이 시기에는 국내에 차량 디자인에 대한 전문적인 지식을 갖춘 인력이 전무하였으며, 시설 또한 전혀 갖추어지지 못한 상태였기 때문이다." 구상, 「한국의 고유 모델 승용차 차체 조형 개념의 분석」, 『디자인학연구』, 통권 39호, 13권 4호, 62쪽.

세 번째 아수라장

대형 교회와 롯데월드와 88올림픽 등의 입체적인 지원을 받으면서, 물질적 풍요를 즐길 줄 아는 새로운 일상의 질서를 창조해내려고 노력했습니다. 도화지와 붓이 마련되었으니 이제 그것으로 그림을 그려야 할 차례였다고나 할까요. 막연한 상상이 아니라 구체적인 경험을 밑그림으로 삼아서 말이지요. 우리는 그 그림 안에서 중산층 가족이 "세상에서 가장 넉넉하고 행복한 사람"의 표정을 지을 수 있기를 진심으로 원했습니다.

물론 제가 당신과 모든 부분에서 의견이 일치했던 것은 아닙니다. 가시 돋친 설전이 오가는 경우도 있었으니까요. 대표적인 경우가 당시 유행하던 호텔 뷔페에 대한 의견 차이였습니다. 저는 호텔 뷔페를 무절제한 식탐의 온상으로 간주한 반면, 당신은 중산층 음식 문화의 정수라고 주장했습니다. 솔직히 저는 이해하기 힘들었습니다. 갖가지 음식들을 산만하게 진열해놓은 호텔 뷔페의 분위기는 단순미를 선호하던 당신의 스타일과 전혀 어울리지 않는 것이었으니까요. 그런데 돌이켜보면, 당신은 자신과 마찬가지로 호텔 뷔페가 '드럼통'에서 유래한 어떤 문화적 유전자를 가지고 있다고 생각했던 것 같습니다. 사실 호텔 뷔페가 풀빵에 길들여진 가난한 입맛이 상상해낼 수 있는 최상의 식사인 것만큼은 분명했습니다. 그러니 이렇게 이야기할 수 있지 않을까요? '드럼통'을 공통의 기원으로 삼는 입맛의 발전사와 당신의 연대기가 각각 상이한 궤적을 그리다가 바로 1980년대 후반에 이산가족이 상봉하듯이 조우했다고 말이지요.

한편, 저와는 달리 당신의 야심은 국내 시장에만 머물러 있지 않았습니다. 당신에게는 "불새의 날갯짓"으로 도전해야 할 또 다른 목표가 있었지요. 수출 주도형 경제성장 모델의 정점을 찍기 위한 '미국 시장 진출'이 바로 그것이었습니다. 사실 나름 자신감을 갖기 시작한 것은 당신의 첫 번째 후속 모델이 등장했을 때부터였습니다. 반응이 이전과는 달라졌기 때문입니다. "세계 수준에 도달한 한국의 자동차 산업" 같은 언론 매체의 표현이 비근한 예였습니다.

쾌속 질주 본능, 포니 포에버

주로 외국인의 말을 빌린 일반적인 평가는 이전까지 대충 이런 식이었습니다. "60년대에 한국에 와보니 한국에서 조립해냈다는 차는 말이 자동차이지 말이 끄는 수레나 다름없"었는데, "70년대에 와서 타보니 어느새 한국의 국산차는 자동차로서의 어연번듯한 얼개를 갖추고 있어서 놀랐다"는 것이었습니다. 하지만 80년대에 접어들면서 그들의 반응은 급변했습니다. "한국이 외국의 차들과 견주어 손색이 없는 차를 만들어내고 있다"고 감탄했던 것이지요.[33]

실제로 당신의 제조사였던 현대자동차는 1981년부터 연간 30만 대 생산 공장 설립과 미국 시장 진출을 통해 "규모의 경제"를 실현하겠다는 야심찬 목표를 세우고 'X카' 개발에 전력을 기울였습니다. 그 결과물이 바로 당신의 두 번째 후속 모델, 포니 엑셀이었지요. 이 모델은 당신이 그렇게 염원하던 미국 시장 진출에 성공했습니다. 그저 수출에만 성공했던 것이 아닙니다. 1986년 수출 첫해에 18만 6000대라는 경이적인 판매 실적을 올렸지요. 정세영 전 사장이 회고록에서 밝힌 대로, "미국의 저소득층이 타던 차"이긴 했습니다만, 그것이 당신의 후속 모델이 거둔 성공을 부정할 만한 오점은 아니었습니다. 『포춘』지가 선정한 "올해의 10대 상품"에 이름을 올릴 정도의 성공이자 쾌거였으니까요.

당신이 태어난 지 10년이 지난 시점, 기적과 같은 일이었습니다. 당신의 제조사 사장이 고유 모델을 준비하겠다고 나섰다가 사내의 전문 인력 부족을 한탄하며 "자동차가 입으로만 굴러가게 생겼구만! 이런 친구들을 데리고 역사적인 고유 모델 어쩌구 했으니"라고 말했던 것이 불과 12년 전의 일이었으니까요. 당신뿐만 아니라 당신의 후속 모델 개발까지 주도했던 한 엔지니어는 이 시점이 되어서야 비로소 "고객들이 원하는 자동차가 무엇인지"를 이해할 수 있게 되었다고 말하기도 했지요.[34] 그리고 보면, 기적보다는 천지개벽에 더 가까운 일이었다고 말하는 게 더 정확할 것 같군요. 확실히 1986년은 당신의 역사에서 최고의 정점이었습니다.

세 번째 아수라장

5.

당신은 확실히 '마이카 시대'의 선두 주자이자, '아시아의 빛나는 공업
국가'의 수출 역군이었습니다. 그런데 당신이 두 차례에 걸쳐 후속
모델로 변신하면서 소형 승용차 모델의 선형적인 진화를 성취해나가던
1980년대는, 또한 당신의 유전자를 물려받은 국산 중형차 모델들이
자동차 시장의 위계적 분화를 단행한 시대이기도 했습니다. 이는
중산층의 양적 증가와 내적 분화라는 사회 변화와 긴밀하게
연관되었던 것입니다. 당신을 구입할 경제적 여력을 갖춘 이들이 빠른
속도로 늘어났을 뿐만 아니라, 당신을 생애 첫 차로 선택했던 이들이
소득이 늘면서 좀 더 큰 차량으로 교체하기 시작했던 것이지요.

　　그러면 중형차 시장의 판도 변화를 한번 살펴볼까요? 70년대까지
중형차 시장은 새한과 현대를 대리인으로 내세운 GM과 포드의
격전장 같은 모양새였습니다. 새한자동차는 GM의 유럽 자회사인
오펠과 협력을 통해 레코드를 양산했고, 현대자동차는 포드의 영국
법인과 기술 제휴로 코티나 마크 V를 제작했습니다. 두 차량 모두
60년대 중반 이후 유행하던 머슬카의 바디 라인을 유지하며 차분한
사각형 헤드램프를 전면부에 내세웠지요. 근육 위로 살집이 붙은
몸매와 커다랗고 온화한 눈망울의 조합, 그 디자인은 한때는 피 끓은
청춘이었으나 이제는 주변을 의식하며 중산층으로서 자신의 정체성을
다져나가려는 백인 고객의 욕구를 반영한 것이었습니다. 따라서
1970년대 국내 중형차의 디자인에 대해서는 다음과 같이 이야기할
수 있을 것입니다. 백인 중산층의 취향을 반영한 보수적인 스타일이
국내에서는 중상류층의 '중후한 멋'으로 번역되어, 나름의 특권적인
입지를 확보하고 있었다고 말이지요.

　　규모가 그리 크지 않았던 중형차 시장에 변화의 조짐이 보이기
시작한 것은 1978년 새한이 레코드 살롱을 출시한 이후였습니다.
이 차량은 날카로우면서도 큼직한 헤드램프에다 근육을 찾아보기
힘든 날렵한 몸매로 70년대에 유행하던 세단들과는 다른 매력을

쾌속 질주 본능, 포니 포에버

선보였지요. 불필요하게 거드름을 피우지도 않고 그렇다고 고루하지도
않은 스타일이었습니다. 매너 좋고 말끔한 신사 같은 모습이었다고
할까요. 새한은 2년 뒤 레코드 살롱을 새롭게 리디자인해 로얄
살롱을 내놓았습니다. "정상의 자리에서 빛나는 고귀한 품격"이라는
광고 문구가 암시하듯이 이 차량은 80년대 내내 고급화의 노선을
유지하면서 고위 공무원이나 기업 임원의 업무용 차량으로 입지를
굳혔습니다.

　이를테면 이지민의 단편 소설 「타파웨어에 대한 명상」에 등장하는
사십대 대기업 이사의 경우를 보지요. 그는 "똥 퍼가며 돈 벌어
대학"을 가고 "회장 눈에 띄어 오른팔로 발탁"되어 대기업 이사로
초고속 승진했습니다. 그에게 로얄 살롱의 오른쪽 뒷좌석은 '사회적
성공의 상징'과도 같았습니다. 그런 아버지를 두었던 청년은 어린
시절 아파트 주차장에 세워져 있던 검은색 로얄 살롱에 대한 기억을
떠올리며, 다음과 같이 말합니다.

　　이제 로얄 살롱은 드라마 소품으로나 볼 수 있게 되었지만
　　문득문득 보고 싶을 때가 있다. 포르쉐가 남자의 영원한
　　로망이기는 하나 나의 첫사랑은 아무래도 중후하고도 촌스러운
　　아버지의 뒷모습을 닮은 검은색 로얄 살롱이니까.[35]

이후 중형차 시장의 지각 변동이 본격화된 것은 1983년 5월에 현대가
두 번째 고유 모델인 '스텔라'를 내놓은 이후였습니다. 1978년부터
270억 원을 투자해 'Y카 프로젝트'라는 이름으로 진행된 중형차 개발
과정의 산물이었습니다. 당신을 디자인했던 조르제토 주지아로가
다시 불려와 디자인했습니다. 코티나의 섀시를 그대로 사용하면서도,
"공기 역학적 개념을 도입한 미래 지향적인 스타일"을 강조했지요. 이
승용차는 대우자동차로 이름을 바꾼 새한의 로얄 왕국과 대적하려는
의도가 분명했지만, 가격과 디자인 면에서 약간 다른 소비자들을

　　　　　세 번째 아수라장

상정하고 있었습니다. 로얄 살롱의 경쟁자라기보다는 오히려 당신의 다음 단계에 놓인 패밀리 카에 가까웠다고 할까요? 1970년대 후반과 1980년대 초반, 당신을 구입했던 중산층 가장이 교체 차량으로 고려할 법한 중형 승용차의 자리에 스텔라가 놓여 있었던 것입니다. 즉 스텔라가 중산층의 스위트 홈 이미지를 업그레이드한 것이었다면, 로얄 살롱은 화이트칼라 계층의 입지전적 출세 가도를 상징하고 있었던 셈입니다. 새롭게 재편된 중형차의 위계는 1984년에 발표된 노동자 시인 박노해의 시에서 명확하게 표현되기도 했지요. "사장님 그라나다 승용차, 공장장님 로얄 살롱, 부장님 스텔라"라고 말이죠. 이 시에서 언급된 그라나다는 현대자동차가 1970년대 후반에 포드의 모델을 들여와 조립 생산한 고급 대형 승용차였습니다.

　　그러면 이제 로얄 살롱의 위세가 한풀 꺾이기 시작하던 시점으로 시선을 옮겨볼까요? 1986년에 현대자동차는 스텔라의 후속 모델로 쏘나타를, 그리고 미쓰비시와 공동 개발로 중대형급의 그랜저를 내놓습니다. 두 모델이 협공을 취하자, "정상의 자리는 하나뿐"이라는 로얄 살롱의 광고 문구는 점차 무색해졌습니다. 실제로 86아시안게임과 88올림픽의 개최를 앞둔 시점, 주류의 한복판으로 진입하기 시작한 젊은 중산층 일부는 자신의 사회적 위치를 가늠해본 뒤, 별로 주저하지 않고 로얄 살롱이 아니라 그랜저의 품에 안겼습니다. 1978년생 소설가 이홍의 단편 소설 「나의 메인 스타디움」에 등장하는 초등학교 2학년 주인공의 아빠가 그런 경우입니다. 그는 "이제 우리나라에서 아시안게임도 하고 올림픽도 한다는데, 좀팽이처럼 구닥다리 차를 타고 다닐 순 없어"서 가족을 위한다는 명목으로 근사한 새 차를 뽑습니다. "원래 타고 다니던 쏘나타가 그랜저로 바뀌"었던 것이지요. 열성 OB 팬이며 선거 때만 되면 1번을 찍는 아빠, 그는 매번 3번에만 투표하는 선동열 팬인 엄마와 사소한 일로 매번 다퉈 주인공의 신뢰를 많이 잃었지만, 이번만큼은 점수 만회를 위해 노력한 흔적이 역력했습니다. 아빠는

쾌속 질주 본능, 포니 포에버

그랜저의 가족 시승식을 위해 엘비스 프레슬리의 노래가 담긴
테이프를 준비했으니까요.[36]

　　말해놓고 보니 이 대목에서 당신이 부러움 가득한 표정을 짓고
있을 것 같다는 생각이 드네요. 당신은 유럽 스타일의 유전자를
물려받았지만, 음악만큼은 미국의 로큰롤을 좋아했지요. 전성기
시절, 당신은 엘비스 프레슬리의 「하운드 독(Hound dog)」이나
「제일하우스 락(Jailhouse Rock)」 같은 플래티넘 히트송이 빵빵한
카 스피커를 통해 울려 퍼지기를 원했었습니다. 하지만 당신이 주로
들어야만 했던 노래들은 혜은이의 「제3한강교」나 윤수일의 「아파트」
같은 가요들이었지요. 당신은 동의하고 싶지 않겠지만, 당신을 몰던
젊은 운전자들은 그 노래들이 당신의 주제가라고 생각했습니다.

6.

이번에는 당신이 선사한 '자유'에 대해 이야기할 차례입니다. 당신이
선도한 '마이카 시대'의 흐름이 한편으로는 구별짓기의 논리에 따라
'포니 엑셀-쏘나타-그랜저'라는 식으로 승용차 모델의 위계적 분화를
지속시켜 나갔다면, 다른 한편으로는 새로운 도시 시공간의 경험
형식을 사회 전반으로 확산시키고 있었습니다.

　　잠깐, 여기에서 중산층의 대열에 끼어든 이들이 당신을 막
구입하던 시점으로 돌아가보지요. 그들은 기계와의 새로운 관계
속으로 진입했습니다. 운전석 주변에 집중적으로 배치된 기계적
인터페이스는 운전자에게 차량을 완벽하게 통제할 수 있다는
확신뿐만 아니라 조작의 인터랙션을 통해 차체와 일체화된 감각을
제공했습니다.[37] 초보 딱지를 떼고 차량을 자기 신체의 확장으로
느끼기 시작한 운전자들은 이런 말을 하곤 했지요. "차를 탄 지
일주일밖에 안 됐는데 참 다른 세상이 보이기 시작"하고, "차를 타지
않았을 때는 생각지 못했던 전혀 다른 경험들이 새록새록 생"긴다고
말입니다.[38] 그들은 운전 감각의 습득을 통해 도시를 경험하는 새로운

채널을 개통하게 된 것이었지요. 이렇게 표현해보면 어떨까요? 그들은 이제 '운전하는 시선'이라는 현대적 윈도우를 통해 대중교통 이용자나 거리 보행자와는 전혀 다른 감각으로 도시의 경관을 바라보기 시작한 것이라고요. 조금 더 시간이 지나면, 그 윈도우 내부에서 공간은 끊임없이 확장할 것이며 장소와 장소는 계속 연결될 것이고 머릿속에 저장되었던 도시의 지도는 이전과는 전혀 다른 형태로 갱신될 것이며 시간관념 역시 크게 달라질 것이었습니다. 그리고 이 모든 변화가 어느 정도 마무리되고 나면 어떤 사람들은 자동차로 인해 새롭게 확장된 시공간을 무엇으로 채울 것인지 고민하기 시작하겠지요.

사실 '운전하는 시선'이라는 현대적 윈도우는 완전히 새로운 것은 아니었습니다. 다만 이전까지는 운전을 즐기는 일부 상류 계층이나 전문 기사의 전유물이나 다름없었지요. 그런데 1980년대 중반 이후 자동차 보급률이 가파른 상승 곡선을 그리면서 상황이 달라집니다. 실제로 1985년 55만 대에 불과했던 자동차 등록 대수는 88올림픽과 3저 호황을 거치면서 1990년 338만 대로 불어났습니다. 이에 따라 한때 특권적인 지위를 지녔던 '운전하는 시선'은 이제 다양한 세대의 중산층을 중심으로 사회 전반으로 확산되기 시작했습니다. 초로의 중산층들마저 세상사와 거리를 유지할 기회를 빼앗긴 채 정신없이 휩몰아치는 '마이카 시대'라는 대세 속으로 휩쓸리게 되지요.

박완서의 연작 소설 「저문 날의 삽화 4」는 이런 변화를 정확히 포착합니다. 1980년대 후반, 어느 오십대 후반의 여성은 조카들이 못마땅합니다. 자신과 남편만을 싹 빼놓고 자가용을 몰고 성묫길에 나섰기 때문입니다. 추석 당일 어렵게 잡은 택시를 타고 선산에 도착해보니, "건조하기 전의 만물 고추처럼 순전한 빨간 빛깔의 르망과 짙은 회색의 스텔라, 군청색의 프레스토, 그리고 흰색 맵시"가 선산 옆길에서 "송림 사이에 머리를 처박고 정차해 있었"습니다. "자가용 몰고 야외 놀이 다니는 족속"이 연출한 광경인 줄 알았는데, 확인해보니 조카들이 몰고 온 승용차들이었습니다.

쾌속 질주 본능, 포니 포에버

조카들의 마이카족 행세에 심사가 뒤틀린 것도 잠깐. 이 여성은 미국 유학을 다녀온 조카의 "차가 곧 자유"라는 말에 강렬한 인상을 받습니다. 그녀는 "빈속에 마신 맥주의 첫 잔처럼 속에 짜릿하고 상쾌하게 꽂"히는 느낌이었다고 표현했지요. 그녀가 "자유"하면 떠올리던 것은 "맨 존엄하고 비통하고 난해한 것들"뿐이었습니다. 이를테면 "진리가 그대를 자유롭게 하리니, 자유 그것 아니면 죽음을 달라, 자유에서는 왜 피의 냄새가 나는가 등등"의 문장에 등장하는 부류의 '자유'였던 것이지요. 그런데 차가 자유라니? 주인공은 "자유가 그런 손쉬운 지름길을 거느리고 있다"는 사실을 그제야 깨닫고 그 발상에 감탄했던 것이지요.[39]

그런데 그 자유는 승용차 구입만으로 쉬이 얻을 수 있는 것이 아닙니다. 주지하다시피 운전면허를 취득해야만 합니다. 운전석의 기계적 인터페이스가 요구하는 신체적 감각을 체득해야만 하는 것이지요. 그녀의 남편도 조카의 말에 귀가 번뜩 뜨였는지, 뒤늦게 면허 시험에 도전합니다. 그리고 몇 번의 낙방 끝에 합격의 기쁨을 맛보고선 아내의 허락도 없이 중고차 중개인에게서 새 차처럼 깨끗한 포니 투, 그러니까 바로 당신의 첫 번째 후속 모델을 구입합니다.

며칠이 지난 후, 남편은 운전에 자신감이 붙자 주인공을 태우고 시내 나들이에 나섭니다. 남편의 요구로 앞좌석에 앉은 주인공은 "운전석 앞의 너무 많은 각종 계기와 조정 장치"로 인해 불안합니다. 무수히 택시나 승용차를 타왔건만, 그때까지 그녀의 관념 속에서 자동차란 그저 바퀴와 핸들만 있으면 움직이는 기계 장치에 불과했습니다. 그런데 남편의 운전석 옆자리에서 바라보는 자동차는 더는 그런 단순한 기계가 아닙니다. 그녀는 "그렇게 많은 계기를 두 손밖에 안 가진 운전자가 조작해야" 한다는 사실이 믿기지 않습니다.[40]

물론 이런 상념은 남편의 운전 실력을 의심하는 데서 비롯된 것이기도 했습니다. 그녀의 남편이 어떤 사람인가요? 남편이 몰래 면허 시험 준비를 하고 있다는 사실을 눈치 챘을 때, "배우는 건

세 번째 아수라장

아무나 배우지만 면허를 아무나 딸 수 있는 건 아니기 때문에"늙은이 주책 정도로 치부했습니다. 남편은 타고난 기계치였기 때문입니다. 이를테면 레코드를 사 와도 오디오를 조작할 줄 몰라서 노래를 듣지 못했고, "오토매틱이니 리모트 컨트롤이니 하는 건 또 질색이어서 세탁기나 텔레비전도 굳이 수동을 고집"했습니다. 조작 능력의 결핍은 곧잘 기계에 대한 불신으로 이어져, "더욱 편리해진 기계일수록 더욱 고장이 잘 난다"고 말하곤 했습니다. 바로 그런 남편이 지금 운전을 하고 있으니, 주인공이 불안할 수밖에요.⁴¹ 그녀는 "냉장고를 처음 사고 텔레비전을 처음 샀을 때"만 해도 "처음 며칠은 일이 손에 안 잡히게 기쁘고 대견"했었습니다. 반면 차를 구입한 이후로는 "꼭 애물단지를 하나 들인 것처럼 께름칙하고 근심스럽기만" 합니다.⁴²

그런데 걱정과는 달리 남편의 포니 투는 왕복 팔차선의 수많은 차량들 사이를 능수능란하게 헤쳐 나갑니다. 주인공이 보기에 남편은 확실히 이전의 남편이 아닙니다. "손발로는 운전을 하면서 한편 온몸의 감각과 신경을 외부로 발사해 그 무시무시하게 거대한 흐름과 유연한 조화를 도모"하고 있습니다.⁴³ 자동차의 인터페이스가 요구하는 대로 신체적 감각의 재배치를 성취한 현대인의 모습이라고나 할까요? 물론 그렇다고 주변의 상황 변화에 능숙하게 대처할 정도의 수준은 아닙니다. 도로 주행 내내 온몸이 긴장한 상태이고, 눈앞에서 돌발 상황이 벌어지면 거침없이 욕이 튀어나옵니다. 그럼에도 분명한 것은 그가 '운전하는 시선'이라는 현대적 윈도우를 체화한 상태라는 사실이었지요. 이 정도면, 이제 '자유'를 만끽하기 위한 필요조건이 구비되었다고 이야기할 수 있겠지요. 혹시라도 오해가 있을까봐 덧붙이자면, 이때의 자유란 국민의 자유나 시민의 자유와는 거리가 먼 것이었습니다. 오히려 중산층이 누릴 수 있는 '소비의 자유'에 가까웠다고 할 수 있지요. 승용차는 그 자체로 소비를 욕망케 하는 사물이면서 동시에 운전자와 탑승객을 소비문화의 첨경으로 빠르게 인도하는 운송 수단이기도 했으니까요.

쾌속 질주 본능, 포니 포에버

그렇게 '운전하는 시선'이 중산층의 필수 감각으로 자리 잡아가던 1987년, 바로 그 시점에 당신은 저와 환상적인 복식조로 자리 잡았습니다. 솔직히 말하겠습니다. 앞서 말했듯이 저는 당신을 제 장식용 액세서리 정도로 치부했습니다. 하지만 이 시점에 당신이 저와 동등한 존재라는 사실을 인정해야만 했습니다. 우리가 함께 성취한 바를 이야기하기 위해 이런 질문을 던져보는 것은 어떨까요? 이 나라의 현대사에서 사람들의 경험 형식에 근본적인 변형을 가한 인공물로는 어떤 것이 있을까요? 인간과 기계의 관계를 중심으로 본다면, 산업 노동자들이 자동화 기계와 함께 작업하던 대규모 공업 단지의 생산라인이나, 군 장병들이 기계화 무기를 다루던 전방 부대의 훈련장을 떠올려볼 수 있을 것입니다. 그 장소를 중심으로 '감각의 산업화'가 진행되고 있었으니까요.

그렇다면 일상 문화의 차원으로 시선을 옮겨보는 것은 어떨까요? 바로 당신이 저와 함께 변화를 주도하고 있었습니다. 일단 저는 중산층 가족에게 현대적 주거 모델로서 남부럽지 않은 일상을 영위할 수 있는 방법을 가르쳤던 반면, 당신은 이동의 미디어로서 남에게 뒤처지지 않고 도시의 공간을 질주할 수 있는 방법을 지도했습니다. 그리고 한걸음 더 나아가 저는 집 안에서 욕망의 허기를 어떻게 채워야 하는지 교육시켰던 반면, 당신은 집 바깥에서 욕망의 방향과 속도를 어떻게 조종해야 하는지 알려주었습니다. 한번 생각해보십시오. 저와 당신의 소유주들 상당수는 자신의 전 생애에 걸쳐 소비문화의 역사적 계통 발생 과정을 압축적으로 경험한 이들이었습니다. 달리 말하자면 드럼통의 풀빵에서 출발해 마침내 아파트와 마이카에 당도한 이들이었다는 것이죠. 따라서 그들이 중산층이라는 이름에 부합하는 일상의 질서와 욕망의 구조를 갖추기 위해서는 감각의 논리를 현대화하는 것이 필수적이었습니다. 새로운 일상의 질서란 새로운 욕망의 구조를 요구하고 새로운 욕망의 구조는 새로운 감각의 논리를 필요로 하기 마련이니까요. 그렇습니다. 우리는 그들과 함께 새로운

세 번째 아수라장

일상의 질서를 만들어 나갔으며, 소비의 중심축으로서 욕망의 구조를
재편했고, 마지막으로 일종의 과외 선생으로서 감각의 현대화를
도왔습니다. 바로 '운전하는 시선'이 당신의 대표적인 성과물이었지요.
우리 덕분에 그들은 세상을 이전과는 다른 방식으로 경험할 수 있었던
것입니다. 저는 그들이 우리를 그토록 간절히 원했던 것도 바로 이런
이유 때문이라고 생각합니다. 서툰 비판자들이 이야기하는 것처럼
단순한 소유욕 때문만은 아니었던 것입니다. 결국 그들은 우리의
힘을 빌려 자신의 몸을 바꾸고 싶었던 것이지요. 따라서 다음과
같이 정리해보면 어떨까요? 우리는 중산층에게 새로운 경험 형식을
제공했던 감각의 생산양식이었다고 말입니다.•

　　이 무렵 저는 앞서 언급한 바 있는 1967년의 대통령
연두교서를 떠올리곤 했습니다. 그것은 "일종의 사회계약"이나
다름없었지요. 거기에는 조국 근대화가 약속했던 내일의 번영이
매우 구체적인 일상의 모습으로 제시되었으니까요. 많은 사람들이
'잘살아보세'라는 구호 아래 너도나도 중산층이 될 수 있다는 꿈을
품고선 적극적으로 경제 발전에 동참할 수 있었던 것도 그 암묵적인
계약 덕분이었습니다.⁴⁴ 저는 우리가 중산층의 감각을 현대화하던
시점에서야 연두교서에 담겼던 미래의 청사진이 마침내 실현되었다고
판단했습니다. '남부럽지 않은 삶'의 모양새가 제시된 이후 거기에

• 제가 1980년대 성취한 바에 대해서는 다음을 참조하십시오. "나는
감각의 생산양식을 구축해 거주자들이 특정한 시각성의 논리를
체화하도록 독려했고 일상성의 프로그램을 제공해 독특한 구별짓기의
인지적 알고리즘을 내면화하도록 만들었다. 나는 그들 내면의 윤곽을
주조하는 거푸집이었던 것이다. 돌이켜보면 내가 이 시기에 성취한
바를 설명하는 데 조르조 아감벤이라는 유럽 철학자가 정의하는
'장치'라는 개념이 더없이 적절해 보인다." 박해천, 『콘크리트
유토피아』, 자음과모음, 2011년, 67쪽.

쾌속 질주 본능, 포니 포에버

걸맞은 일상의 질서, 욕망의 구조, 감각의 논리를 전부 갖추기까지는
대략 20년의 세월이 소요되었던 것이지요.

7.

드디어 90년대가 성큼 다가왔습니다. 80년대식 중산층의 멋진
신세계는 이미 업그레이드 준비를 마쳤고, 당신의 '차세대'들은 욕망의
마이카로 대활약을 펼치기 위해 엔진에 시동을 건 상태였습니다.
제일 먼저 스타트를 끊은 것은 '스쿠프'였습니다. 1990년에 출시된
스쿠프는 압구정동 오렌지족의 애마로 80년대와 단절을 선언하며
강남 대로변을 질주해 나갔습니다. 1993년에 바통을 이어받은 것은
쏘나타 투였습니다. 전신 성형을 단행해 잘 다져진 날렵한 몸매를
선보였지요. 그다음 차례는 엑셀과 쏘나타 사이에 위치한 준중형급
승용차 모델, 아반떼였습니다. 1995년, 이제 막 중산층에 진입한
베이비 붐 세대의 눈높이에 맞춰 디자인되었던 모델이었습니다. 한편
경제적 여유가 생긴 기성세대의 중산층들은 유홍준의 『나의 문화유산
답사기』 같은 서적들의 안내에 따라 자가용을 몰고 전국 각지로
식도락 여행을 떠나기 시작했지요.● 딱 호텔 뷔페가 질릴 시점이기도

● 강준만은 90년대 초반 유홍준의 『나의 문화유산 답사기』가
상업적으로 성공한 이유를 마이카 시대와의 관계 속에서 분석하기도
합니다. "대부분의 중산층은 마이카를 갖긴 했지만 그걸 어떻게 놀이
문화에 써야 할는지 곤혹스럽기 그지없었다. 주말에 유명하다고 하는
관광지에 차를 몰고 갔다가 '교통지옥'을 경험해보지 않은 사람이 없을
정도였다. 그렇다고 이름도 없는 산과 들을 향해 차를 몰고 간다는
것도 어째 좀 이상했다. (…) 유홍준의 『나의 문화유산 답사기』는 바로
그런 고민을 해결해주었다. 과거엔 이상하게 생각되던 곳을 찾아갈
수 있는 명분을 제공해준 것이다. 게다가 이름이야 있건 없건 어디에
무엇이 있다는 식의 관광 정보를 접할 기회가 중산층에게 많지 않았다.

세 번째 아수라장

했습니다. 그리고 이 무렵 자가용 운전자를 거주민으로 삼는 신도시가
수도권 여기저기서 장관을 연출하며 솟아오르기도 했습니다.

그 사이에 우여곡절이 없진 않았습니다. 성수대교 붕괴와
삼풍백화점 붕괴라는 대형 참사에다가, 그랜저 탑승객만 골라 납치
살해한 지존파 연쇄살인 사건까지. 하지만 이에 아랑곳할 당신이
아니지요. 당신은 1990년대를 서태지의 '난 알아요'와 박동진 명창의
'우리의 것이 좋은 것이여'가 아름답게 조화를 이룬 '세계화'의 시대로
기억합니다. 당신이 1997년을 IMF 외환 위기의 해가 아니라, 자동차
등록 대수 1000만 대 돌파의 해로 기억하는 것도 아마도 같은 이유
때문일 것입니다.

하지만 당신은 이 시점에 한 시대의 기념비로서 자신의 역할이
끝났음을 알고 있었습니다. 당신의 후속 모델이었던 포니 엑셀이
'포니'라는 퍼스트네임을 떼어내고 해치백 스타일을 포기했을 때도,
엑셀의 후속 모델이 아예 엑센트로 개명해 당신과의 단절을 꾀했을
때도, 당신은 아무런 반응을 보이지 않았습니다. 아쉬움이 없는 것은
아니었지만, 당신은 누구도 원망하지 않고 변화를 받아들이기로
마음먹었던 것이지요.

1990년대 후반, 당신은 사람들의 시야에서 사라지기
시작했습니다. 포니 엑셀이 1980년대의 마지막 해에 단종되었고
당신을 생애 첫 마이카로 선택했던 이들도 은퇴를 앞두고 있었으니,
당연한 일이었습니다. 노구를 이끌고 폐차장으로 향해야 하는 시점이
당신에게도 찾아왔던 것입니다. 하지만 당신에게 어울리는 종착역은
폐차장이 아니라 박물관이었습니다. 역사의 한 장을 장식한 덕분에
불멸의 권리를 획득한 사물들의 요양원, 사실 당신만큼 그곳에

요컨대, 『나의 문화유산 답사기』는 중산층의 주말 자동차 놀이 문화에
일대 변화를 가져오게 한 것이다." 강준만, 「자동차의 미디어 기능에
관한 연구」, 『언론과학연구』, 제9권 2호, 2009년, 25~26쪽.

쾌속 질주 본능, 포니 포에버

어울리는 사물도 없었지요. "한강의 기적"이라는 제목을 단 주제관의
제일 앞자리가 당신의 차지가 된다고 해서 거기에 이의를 제기하는
사람은 아무도 없을 것입니다.

그거 아시나요? 제가 재건축 소문으로 신경쇠약에 시달릴
그 무렵, 마음의 안정을 찾고자 소일거리 삼아 당신을 위한 전시
공간을 상상하곤 했다는 것 말입니다. 일단 당신 옆자리에 조르제토
주지아로의 양손을 조각한 작품을 세워두고 그 맞은편 옆자리에는
당신의 탄생을 거들었던 엔지니어들의 노트들을 진열해두면
그럴듯하지 않을까 생각했지요. 물론 제 자리도 빼놓을 수는
없었지요. 저는 그곳에서 이미지로 존재하고 싶었습니다. 저는 저와
당신이 중산층 가족과 함께했던 순간을 담은 사진들을 떠올렸고,
그 이미지들이 당신의 뒤쪽 벽면에 느린 속도로 명멸하면 멋질
것이라고 생각했습니다. 산만하게 느낄 수도 있겠지만, 이 정도의
전시 구성이면 제가 당신과 나눴던 애틋한 감정들이 관객들에게도
전해질 수 있으리라고 판단했던 것입니다. 네, 알고 있습니다, 이것은
제 희망사항일 뿐이라는 걸 말입니다. 물론 그 시절을 우리와 함께했던
관객들이라면 제 의도대로 감회에 젖을 수 있을 것입니다. 하지만
그렇지 않은 관객들에게는 뒷방 늙은이들의 추억 놀이로 비춰질
공산이 높겠지요.*

* 이에 대해서는 다음과 같이 참고할 만한 이야기가 있습니다.
2000년대 초반, 어느 운전자는 10년 넘게 탄 1988년형 포니 투
픽업을 몰고 나가면 사람들이 다양한 반응을 보인다며 다음과
같이 말했습니다. "아직도 그 차를 못 버리냐는 사람"도 있지만,
"교차로에서 신호에 걸려서 잠시 멈춰 서 있으면 좌우 앞뒤의 모든
차들이 손가락으로 이 차를 가리키면서" 다들 한마디씩 했습니다.
흥미로운 것은 당신을 처음 본 아이들의 반응입니다. 그들은
'외제차'라며 뒤를 졸졸 따라다니곤 했으니까요. 물론 명함을 건네면서

세 번째 아수라장

그때만 해도 저는 21세기에 태어난 당신의 후손들이 날카로운
눈매의 근육질 야수들로 진화하리라곤 꿈에도 상상하지 못했습니다.
당신도 마찬가지였을 것입니다. 저의 세계가 사선을 용납하지 않는
수직선과 수평선의 세계였던 만큼 당신의 세계 역시 네모와 세모,
동그라미의 세계였으니까요. 돌이켜보면, 우리는 정말 못 말리는
낙관주의자였습니다. 예전의 당신은 눈이 마음의 창이라고 말하곤
했습니다. 하지만 세상은 바뀌었습니다. 지금은 눈으로 사람을
유혹하고 겁주고 속이는 시대입니다. 과연 21세기의 젊은이들이
우리가 만들어냈던 쾌속 질주와 수직 상승의 세계를 온전히 이해할 수
있을까요? 당신에게만큼은 냉정하게 답하겠습니다.

글쎄요.

자기에게 차를 팔라고 하는 사람도 있었습니다. 한광식, 「나의 애마
포니 2」, 『월간 샘터』, 2001년 3월, 50쪽.

쾌속 질주 본능, 포니 포에버

1. 김원일, 『마당 깊은 집』, 문학과지성사, 1998년, 100~102쪽.

2. 박대인(에드워드 W. 포이트라스의 한국 이름), 「30년 나그네의 낙서」, 『마당』, 1983년 9월, 74쪽.

3. 박정희, 「빈곤과 혼란에서 떨쳐 일어나자」, 『한국 국민에게 고함』, 동서문화사, 2005년, 20쪽.

4. 조정래, 『한강』, 3권, 해냄, 2007년, 262쪽.

5. 공지영, 『봉순이 언니』, 푸른숲, 2004년, 38~39쪽.

6. 정세영, 『미래는 만드는 것이다』, 행림출판, 2000년, 180쪽.

7. 박완서, 『도시의 흉년』 상권, 세계사, 1993년, 95쪽.

8. 박정희, 「오, 사랑하는 나의 조국이여」, 『한국 국민에게 고함』, 107쪽.

9. 같은 곳.

10. 「마이카 시대도 불원, 멀지 않은 생활의 평준화」, 『경향신문』, 1868년 3월 27일.

11. 홍성원, 「주말여행」, 『주말여행』, 문학과지성사, 2006년, 217쪽. 이 중편소설은 본래 1969년에 발표되었다.

12. 위의 책, 225쪽.

13. 위의 책, 217쪽.

14. 김원일, 앞의 책, 15쪽.

15. 위의 책, 234쪽.

16. 김원일, 『어둠의 축제』, 강, 2009년, 134쪽.

17. 위의 책, 144~145쪽.

18. 홍성원, 앞의 책, 217쪽

19. 위의 책, 203쪽

20. 김종희 · 김영찬, 「1960~1970년대 여성지에 나타난 근대적 주거 공간 및 주거 문화 담론에 관한 연구」, 『미디어, 젠더&문화』, 통권 10호, 2008년, 134~135쪽.

21. 정세영, 앞의 책, 180쪽.

22. 위의 책, 188~189쪽.

23. 「'포니' 신화의 산증인 이충구 현대차 전 사장」, 『중앙일보』, 2011년 4월 3일.

24. www.italdesign.it/en/projects/hyundai-pony-eng

25. 「'포니' 신화의 산증인 이충구 현대차 전 사장」. 그리고 이충구, 「한국의 자동차 첫걸음에서 비상까지 (5)」, 『오토저널』, 2009년 12월호, 55쪽.

26. 김형아, 『박정희의 양날의 선택』, 일조각, 2005년, 281쪽.

27. 전면 광고, 『경향신문』, 1976년, 1월 27일.

28. 김승옥, 「서울의 달빛 0장」, 『무진기행』, 문학동네, 2004년, 374~411쪽.

29. 「한국인의 마지막 10년 (3) 지금 50대 노부모 백수

자식 업고 가다 본인 말년엔
미끄러질 판」, 『조선일보』,
2013년 11월 3일.

30. 윤흥길, 「아홉 켤레의
구두로 남은 사내」, 『아홉
켤레의 구두로 남은 사내』,
문학과지성사, 2007년,
168쪽.

31. 「건국 30년 세태
30년 (8) 목탄차서 마이카
시대로」, 『동아일보』,
1978년 8월 25일.

32. 정이현, 「비밀과외」,
『오늘의 거짓말』,
문학과지성사, 2007년,
167쪽.

33. 국흥주, 「자동차의
사회학」, 『마당』, 1984년
12월, 143쪽.

34. 정세영, 앞의 책,
191쪽. 그리고 이충구,
「한국의 자동차 첫걸음에서
비상까지 (5)」, 『오토저널』,
2009년 12월호, 55쪽.

35. 이지민, 「타파웨어에
대한 명상」, 『그 남자는
나에게 바래다 달라고
한다』, 문학동네, 2008년,
210쪽.

36. 이홍, 「나의 메인
스타디움」, 『창작과비평』,
147호, 2010년 여름,
237쪽.

37. 박해천, 『인터페이스
연대기』, 디자인플럭스,
2009년, 66쪽.

38. 구효서, 「자동차는
날지 못한다」, 『확성기가
있었고 저격병이 있었다』,
세계사, 1993년, 293쪽.

39. 박완서, 「저문 날의
삽화 4」, 『저문 날의 삽화』,
문학과지성사, 2002년,
138~139쪽.

40. 위의 책, 149쪽.

41. 위의 책. 143쪽.

42. 위의 책, 147쪽.

43. 위의 책, 149쪽.

44. 구해근, 「한국의
중산층을 다시 생각한다」,
『창작과비평』, 통권 155호,
2012년 봄, 406쪽.

네 번째 아수라장
집 안의 괴물들

1.

발터 베냐민은 19세기의 파리를 역사적으로 조감하기 위해 산보객의
시선으로 번화가를 거닐다가 아케이드, 박람회장, 파노라마 극장을
방문한 후 마침내 부르주아 계급의 주거 공간에 당도한다. 그가 주목한
것은 모더니티의 소용돌이에 휩쓸린 개인들이 사적 공간으로 도피하여
그 내부를 아르누보의 장식으로 치장하는 과정이다. 그곳에서
사물들은 영매술사의 주문에 응답이라도 하듯이 기능성의 족쇄에서
풀려나 식물의 형상을 한 곡선의 언어로 실내를 휘감는다. 인공의
자연이 부르주아 계급의 안식처에 신기루처럼 펼쳐진 것이다.[1]

물론 베냐민의 관심은 이런 문화적 퇴행에만 머무르지 않는다.
그는 에드거 앨런 포를 경유하여, 아르누보와 동시대에 등장한
탐정소설 장르에 주목한다. 그 장르에서 묘사된 사적인 공간은
부르주아 계급의 기대처럼 안전한 곳이 아니다. 그곳에서도 어김없이
범죄가 발생하고, 사건의 해결사로 탐정이 등장한다. 흥미로운 것은
베냐민의 지적대로 최초의 탐정소설 속 범인은 "상류사회의 신사도
그렇다고 무뢰한도 아니며, 부르주아 계급의 한 개인"이었다는 점이다.

사실 이런 특성은 탐정이 문제 해결사로 등장하는 한 충분히
예측 가능한 것이기도 하다. 그는 실내에 남겨진 흔적들을 근거로
삼아 범죄행위의 전말을 재구성하는 합리적인 개인이다. 따라서 그가
외부인의 접근이 제한된 부르주아의 안식처에서 단서를 발견하려고
시도하는 한, 그의 추리력은 매우 높은 확률로 그 계급의 일원이나
내부 구성원을 범인으로 지목할 수밖에 없다.

자, 그러면 20세기 중후반의 한국으로 시선을 옮겨보면 어떨까?
압축적 근대화의 시기, 중산층의 주거 공간은 어떻게 변모했으며

집 안의 괴물들

그 내부에서는 어떤 사건들이 벌어졌을까? 베냐민의 접근법을 따라 국내 소설과의 연관 속에서 살펴본다면, 그곳에서 '범인'이 아니라 '괴물'을 발견하게 되지 않을까? 합리성이 개인의 삶의 원리로 충분히 성숙되지 못한 사회, 그런 사회의 사적 공간에서 사건이 발생한다면, 그것을 서사화하는 형식은 인과율에 따른 사건의 정교한 재구성보다는 목격자의 사사로운 증언담에 의존할 가능성이 높을 것이다. 그러니 범인의 정체가 흐릿해지고 그 자리에서 정체를 알 수 없는 괴물이 미쳐 날뛴다고 해도 그리 이상하지 않다. 누군가는 이런 교착 상황에 돌파구를 마련하고자 탐정의 시선 대신 구조와 맥락을 투시할 수 있는 사회과학자의 시선을 원할 수도 있을 것이다.

2.

그러면 먼저 1980년대 후반, ㅎ중공업에서 과장으로 일하던 김영수 씨의 집을 살펴보자.[2] 그는 "가정이 없이는 사람이란 행복할 수 없다고 믿는 사람"이다. 불우했던 어린 시절이 그에게 가르쳐준 것이다. "병든 아버지, 시장 바닥에 나가 앉아 과일과 채소를 팔아 가족의 생계를 책임져야 했던 어머니, 공장에 다니다가 손가락을 잘려 매일 술만 마셔대며 아버지, 어머니에게 상소리까지 지껄이며 싸움질을 해대던 형". 김 과장은 산동네의 판잣집이 철거되던 날을 아직도 선명하게 기억한다. "집 대신에 급히 설치한 천막 위로 떨어져 내리던 빗소리는 어린 마음에도 얼마나 위협적이고 서글펐던가."

그날 이후, 그는 지옥과도 같은 가정에서 무조건 탈출해야만 한다고 생각했다. 혼자만의 의지로 지옥을 낙원으로 바꿀 수는 없는 노릇이었다. 그는 행복해지고 싶었고 그래서 공부에 매진했다. 일찍 철든 덕분에 공부가 자신에게 허용된 유일한 탈출구라는 사실을 잘 알고 있었다. 청년이 되어서도 이 생각은 바뀌지 않았다. 결국 그는 군에 입대하면서 부모의 집을 떠났고 다시 돌아가지 않았다. 그 대신 그는 배울 만큼 배운 사람이 되어 자기만의 "가정다운 가정"을 꾸렸다.

네 번째 아수라장

그에게 귀엽고 넉넉한 몸매에 늘 소녀처럼 천진한 표정을 짓는 아내
박명윤, 그리고 탕수육과 피자를 좋아하는 중학교 1학년 종욱과
초등학교 4학년 종숙은 가장 소중한 자산이자, "행복과 휴식, 진정한
삶의 원천"이다.

　　지금 그의 가족이 삶의 터전으로 삼은 곳은 거대 공업 도시,
울산의 "낙원아파트"다. 울산만 위에 야트막하게 자리 잡은 염포산, 그
"산으로부터 시작된 산비탈이 완만한 구릉으로 펼쳐진 끝자락"에 그의
스위트 홈이 자리하고 있다. "학교와 병원, 호텔과 아파트, 교회와 상가
등이 바로 옆에 위치하고 있어서" 아파트 주민들은 시내로 외출하지
않아도 큰 불편 없이 살아갈 수 있다. 이 아파트에 거주하는 가장들
태반이 ㅎ자동차나 ㅎ그룹 계열사에 다니는 터라, 아파트 주차장에
세워진 차량 대부분은 ㅎ자동차가 생산한 차종이다. 전형적인 중산층
거주 지역의 모습을 갖춘 이 일상의 공간에서 김 과장의 가족은
"아무런 걱정도, 아무런 갈등도, 아무런 다툼도" 없는 듯이 살아간다.

　　그런데 얼마 전부터 갑자기 김 과장을 둘러싼 세계가
뒤숭숭해지기 시작했다. 파업을 선언한 노동자들이 매일 시내에서
경찰과 치열한 공방전을 되풀이하고, 아파트 단지에는 아랫집
여자아이의 성폭행 사건 때문에 흉흉한 소문이 떠돈다. 게다가 김
과장은 최고 연장자 과장이라는 감투 아닌 감투를 써야 하는 처지다.
그는 이번에도 승진의 문턱에서 탈락했다.

　　그는 쇠 파이프, 부탄가스, 화염병으로 무장하고 거리로 나선
노동자들 때문에 골머리를 썩는다. 그들은 폭력이 더 큰 폭력을
불러들인다는 사실을 모르는 것일까? 하물며 "노동자 해방"이며
"정권 타도", "독점 재벌 해체"라니…. 김 과장은 북한의 주장이나
다를 바 없는 노조의 주장에 현기증을 느끼며 혹시라도 군부가
다시 들고일어나지 않을까 염려한다. 그러면서 조심스럽게 어쩌면
"내 가정을, 내 직장을 지키는 데 그 편이 더 나"을지도 모르겠다고
생각한다.

집 안의 괴물들

물론 그도 자신이 성취한 중산층의 삶에 찜찜한 구석이 없지 않다는 사실을 잘 알고 있었다. 따지고 보면 자신과 같이 배울 만큼 배운 대졸 사무직 종사자들이 지난 시절 독재 권력에게 정치적 발언권을 양도하고 그 대가로 경제적 이득을 취했다고 볼 수도 있으니까. 하지만 그렇다고 "사십 평생을 통하여 이룩하고 지켜온 보석 같은 가정"을 포기할 수는 없는 노릇이 아닌가. 엎친 데 덮친 격으로 아파트 단지에 떠도는 흉흉한 소문 때문에 집값이 떨어질까 걱정이다. 집값이 도저히 봉급만으로 쫓아갈 수 없을 정도로 빠르게 오르는 상황에서, 내가 소유한 아파트 값만 떨어지면 회복이 불가능한 손해를 보게 되는 것이 아닌가.

불과 얼마 전까지 김 과장은 자신의 가정이 외부의 사소한 일에 흔들리지 않을 것이라고 확신했다. 하지만 지금은 솔직히 불안하다. 사방에서 포위당한 듯한 상황에서 일단 벗어나고 싶다는 생각뿐이다. 물론 간단한 방법이 있긴 하다. 서울 본사로 발령받아서 가족을 데리고 이 노동자의 도시를 뜨는 것이다. 하지만 최고 연장자 과장에게 그런 기회는 쉬이 오지 않는다.

그런데 바로 이 시점에 김 과장이 애지중지하던 행복한 가정의 이미지가 그 외피를 한 꺼풀 벗고 내부의 속살을 드러낸다. 김 과장 가족이 연휴를 맞이해 설악산 콘도로 여행을 떠난 사이, 그들에게 비밀이 있다는 사실이 밝혀진 것이다. 여기서 아파트 경비원 이 씨가 목격자의 역할을 떠맡는다. 중국집 배달부가 빈집으로 배달 가는 것을 수상하게 여긴 이 씨는 확인차 마스터키로 김 과장네 아파트 현관문을 열고 들어간다.

그를 기다리고 있는 것은 실내에 펼쳐진 기괴한 난장판이다. 소파는 뒤집혀 있고 책은 바닥을 뒹굴고 레코드판은 깨진 채 어지럽게 널려 있다. 소파에는 똥이 묻어 있고 바닥에는 오줌이 질척거린다. '스위트 홈'의 이미지를 연출하던 거실의 경관은 집주인의 부재를 틈타 처참한 몰골로 풍비박산이 난 상태다. 이 씨는 목구멍으로 넘어오는

네 번째 아수라장

구역질을 참으며, 안방과 건넌방을 확인한다. 모두 잠겨 있다. 그리고
마지막으로 남은 방, 부엌 귀퉁이의 조그마한 방에서 그는 방금 자신이
목격한 상황의 연출자를 발견한다.

> 온 방 안에 옷과 이부자리, 똥과 오줌과 식빵 조각이 뒤엉켜
> 있었고, 요강이 뒤집혀 아직도 오줌이 흘러내리고 있었다. 그
> 방 한구석에 온몸을 똥으로 칠갑을 한 말라깽이 노파 한 사람이
> 쪼그리고 앉아 짐승의 그것처럼 반짝이는 눈을 치떠 이 씨를
> 쳐다보며 푸릇푸릇 곰팡이가 슨 식빵 조각을 호물딱 호물딱 씹고
> 있었다.

치매에 걸린 말라깽이 노파는, 다름 아닌 김영수 과장의 노모였다.
김 과장은 군 입대 이후 부모와 형제로부터 탈출하고자 했고, 실제로
가능한 한 멀리 도망갔다. 하지만 비루한 가족사의 마지막 생존자는
어김없이 그의 앞에 돌아왔다.
    주목해야 할 것은 김 과장이 그 생존자를 처리하는 방식이다.
일반적으로 아파트는 거실을 중심으로 단일한 기호계를 완성한다.
모든 사물들이 실내의 납작한 평면 위에서 제 모습을 드러낸다. 다만
시간을 거슬러 올라가보면, 아파트에서도 주택의 다락방이나 지하실과
유사하게 감춰진 공간을 발견할 수 있다. 부엌에 딸린 식모 방이
그것이다. 주지하다시피 이 공간은 이름 그대로 식모가 묵는 방이었다.
중산층 주거 모델의 우세종이 단독주택에서 아파트로 변모하던 시기,
이 방은 식모를 거느리던 과거 중상류층의 생활양식이 아파트의 실내
공간에 남긴 흔적기관과 같은 것이었다. 물론 그 방은 이제 곧 사라질
운명에 처한 잉여의 공간이었다. 남편과 아내, 두 자녀로 구성된 도시
핵가족의 표준 모델은 아파트에 함께 거주하는 외부인을 용인하지
않았기 때문이다. 그 가족들이 원한 것은 숙식을 제공해야 하는
식모가 아니라 출퇴근이 가능한 파출부였다. 김 과장은 자신이 태어난

집 안의 괴물들

'개천'의 역사를 지우기 위해 바로 이 잉여의 공간을 활용한다. 즉, 감추고 싶은 가족사의 마지막 생존자를 그 공간에 밀어 넣고 감금시켜 버리는 것이다. 그리고 그렇게 함으로써, 그는 그토록 소망했던 '행복한 가정'의 이미지를 표면적으로 유지한다.

흥미로운 것은 비밀을 알게 된 경비원 이 씨에 대한 김 과장 가족의 반응이다. "환한 얼굴"로 여행에서 돌아온 그들은 이 씨가 "어머님"에 대한 이야기를 꺼내자 그저 고맙다고 답할 뿐, 아무렇지도 않다는 반응을 보인다. 특히 이 씨가 뜨악하게 느끼는 것은 김 과장의 두 자녀이다. 그들은 "부끄럽다거나 미안해하는 듯한 표정"을 짓지 않으며, 할머니가 감금된 상태로 방치되고 있다는 사실을 당연하다는 듯이 받아들인다. 이 씨는 죄의식의 흔적을 찾아볼 수 없는 이 중산층 가족의 모습에서 괴물을 본다. 그런데 이 씨가 할 수 있는 것은 딱 여기까지다. 그는 입주민들에게 고용된 경비원일 뿐이기 때문이다. 우연한 기회에 목격자의 역할을 떠맡을 수 있을지언정, 입주 가족의 사적인 문제에 개입할 권한은 그에게 없다.

3.

이번에는 1970년대 중반의 어느 양옥집으로 시선을 돌려보자.³ 김영수 과장보다 열 살가량 어린 지수연의 부모 집이 그곳이다. 지수연의 어머니인 김복실 여사는 이 집안의 대들보나 다름없다. 그녀는 한국전쟁 당시 훔친 물건을 밑천으로 삼아 "양색시 장사"로 돈을 벌었고 이후에는 집 장사를 거쳐 동대문시장의 이름난 포목상으로 큰돈을 벌었다. 시어머니의 극성이 만만치 않고 남편은 무능하기 짝이 없지만, 그녀는 굴하지 않는다. 신분 상승에 대한 욕망만이 그녀 삶의 유일한 동력이다. 예비 판검사를 사위로 맞이하고 아들을 경기고·서울대 출신의 판검사로 만들겠다는 계획을 차근차근 준비하는 중이다. 그동안 그녀의 욕망이 잠시 숨을 돌리고 머무는 공간은 당시 중상류층이 거주하던 고급 이층양옥이다.

네 번째 아수라장

축대 위에 우뚝 솟은 우리 집은 2층은 거의 불이 켜진 적이 없고, 아래층도 높은 담장과 정원수에 가려 결코 외부에 안의 동정을 엿뵈는 법이 없다. 다만 바가지를 엎어놓은 모양의 수은등의 창백한 빛을 받은 정원의 상록수들이 낮에 보는 것보다 훨씬 울창해 흡사 숲처럼 보이고 집도 성처럼 보인다.

넓은 정원을 갖춘 이 양옥은 외관상 그럴듯한 모양새다. 하지만 내부를 들여다보면 "벼락부자 티가 더럭더럭 나는 속악"을 감추지 못한다. 실내 공간을 채운 값비싼 사치품들은 상류층을 향한 주인의 욕망을 반영할 뿐, 주인의 일상과는 온전히 조우하지 못한 채 잡동사니처럼 겉돈다. 사실 김 여사에게 남편인 지대풍 씨도 바로 그런 잡동사니 중 하나이다. "신수가 훤하고 관대하고 착해 보이는" 그는 "일본 병정 나갔다가 살아 돌아온 걸 마치 애국 운동하러 중국으로 망명했다가 금의환향한 양" 재주를 부리면서 정치 운동에 가담한 바 있다. 그러나 한국전쟁을 거치며 아내가 경제적 수완을 발휘해 재산을 늘려가자, 그녀에게 가장의 실권을 내놓게 된다.

지금 지 씨가 이 집안에서 할 수 있는 일이라곤 아내의 꼭두각시 역할뿐이다. 아내가 황금색 양단으로 된 긴 가운을 입으라면 입고, 파이프를 물라고 하면 물어야 하는 처지인 것이다. 아내의 욕망을 실현하기 위해 소도구로 전락한 남편, 지 씨는 열등감으로 인해 부부 관계에서 성적 능력도 상실한다. 그는 이런 연유로 아내가 소박맞아 마땅한 여자라고 생각하지만, 실행에 옮기진 못한다. 아내의 경제력이 아쉬운 처지이기 때문이다. 그 대신 집 바깥에서 자신의 '여자'를 찾는다. 그의 가부장적 관념에 따르면, 여자란 모름지기 "나 아니면 못 사는 여자, 나만을 의지하는 여자, 나를 편하게 해주고 남자답게 해주는 여자"여야만 한다. 그리하여 그가 선택한 여자는 절름발이다.

김 여사와 지 씨가 집을 비운 사이, 김 여사의 시어머니가 이 집안의 대소사를 관장하고 나선다. 그녀는 쌍둥이 손자 손녀, 지수빈과

집 안의 괴물들

지수연을 양 극단의 태도로 대한다. 쌍둥이 오빠에게는 조부 시절에 몰락한 가문을 일으켜 세울 장손의 책무를 부여하는 반면, 쌍둥이 동생에게는 오빠의 앞길을 가로막을 '재수 없는 년'의 지위를 배정한다. 실제로 그녀가 갓 태어난 쌍둥이 손녀를 보고 처음 뱉은 말은 "남녀 쌍둥이는 상피 붙는다"는 저주였다. 이런 이유로 수연은 "진자리"에서 내쳐져 6년간 이모 집에서 키워졌고, 집으로 돌아온 뒤에는 자신을 저주하는 할머니의 시선 아래서 성장했다. 흥미로운 것은 이 할머니가 "상피 붙는다"는 저주가 실현되기를 바라기라도 하는 듯 기회만 되면 험한 말을 퍼붓고, 남매간의 근친상간 장면을 직접 목격하고야 말겠다는 듯이 강박적으로 행동한다는 것이다. 그녀는 남아 선호 사상으로 뒤범벅된 주술적 미신에 집착한다.

문제는 김복실 여사의 신분 상승 욕망, 지대풍 씨의 가부장제, 할머니의 샤머니즘은 이층양옥이 요구하는 현대적 생활양식 따위는 거들떠보지도 않은 채, 그저 그 공간의 안과 밖을 무대로 삼아 악다구니를 부리며 길길이 날뛴다는 것이다. 여기에는 아무런 윤리적 제어장치도 존재하지 않는다. 세 인물은 개인사의 질곡을 통해 체득한 '눈치'의 생존 감각을 본능처럼 작동시키면서, 제 나름의 방식으로 욕망의 분출 경로와 타이밍을 조절할 따름이다.

따라서 이 가정이 내파되는 것은 시간문제일 뿐이다. 실제로 이들 각자의 욕망이 임계점을 넘어서자, 가정은 걷잡을 수 없이 무너져 내린다. 그 시작은 김 여사와 지 씨가 오랜만에 한통속이 된 사건이었다. 그들은 마음에 차지 않는 수빈의 여자 친구를 내치기 위해 그녀의 부모 집에 들러 "딸년 단속" 잘 하라며 온갖 행패를 부렸던 것이다. 이 둘은 서로 속이고 무시하고 경멸하면서도, "부모로부터 자유로워지려는 자식의 몸부림을 헛되게 하기 위해서라면" "서슴지 않고 공모하고 공감하고 죽이 잘 맞"았다.

다음 날 밤, 실의에 빠진 수빈은 차고의 차 안에서 술이 잔뜩 취한 채 인사불성 상태로 울고 있고, 이를 발견한 수연은 수빈을 방으로

네 번째 아수라장

옮기려다가 실랑이가 붙는다. 그 사이 가족들은 이상한 인기척을
느끼고 차고로 모여 든다. 문제는 하필 그때 수연이 팬티와 브래지어만
걸친 거의 나체 상태였다는 것이다. 가족들은 꿈쩍도 하지 않은 채 숨
막히는 정적 속에서 차 안을 바라보며, 할머니의 저주가 실현된 현장을
목격하고 있다고 생각한다. 지금 눈앞의 광경을 이해할 수 있는 다른
방법은 전혀 존재하지 않는다는 듯이 말이다. 수연은 자신을 바라보는
식구들의 모습이 "괴기하고 음산하고 악의와 저주로 충만해 있어서
영락없이 한 폭의 지옥도"나 다름없다고 생각한다.

정적을 깬 것은 할머니였다. "그러게 내가 뭐라든? 남매 쌍둥이는
세상없어도 상피 붙는다지 않던. 이제 우리 집은 망했다!" 바로 그
망했다를 신호로 지옥도는 와해된다. "엄마는 주저앉았고, 수희
언니는 얼굴을 가리고 계단을 올라가버렸"으며, "아버지는 무서운
얼굴로" 수연을 매질하기 시작했다. 수연은 애써 누명에서 벗어나려고
시도하지 않은 채 자포자기의 심정으로 혼자 생각한다. "악은
우리와는 상관없이 미리미리 마련돼 있었고 악을 기다린 이들끼리
지금 마음껏 악의 향연을 벌이고 있을 뿐"이라고 말이다.

그리고 얼마 후, 김복실 여사는 아들까지 낳아 기르고 있는 지대풍
씨의 첩살림을 직접 목격한 뒤 반신불수에 빠진다. 첩의 머리채를
휘어잡고 일방적인 싸움질을 시작했다가 오히려 지 씨에게 모진
매질을 당해 충격을 받고 쓰러졌던 것이다. 오랜 혼수상태 끝에 깨어난
김 여사는 실어증에 걸린 채로 오로지 먹는 것만을 탐한다. 수연은
"긴긴 수면 동안 엄마의 지글대던 온갖 욕망이 모조리 식욕으로
변질한" 것이라고 생각한다.

결국 그녀는 부모와는 다른 삶을 살기 위해 이층양옥을 떠나
독립하기로 마음먹는다. 그녀에게 그곳은 가족의 재편과 개인의
탄생을 견인해내는 현대적 주거 공간이 아니라, 악의와 저주에 제
욕망을 내맡긴 괴물들이 머물고 있는 '림보(limbo)'이기 때문이다.
그곳에 머무는 한 악몽은 끝나지 않는다.

집 안의 괴물들

4.

1980년대 아파트와 1970년대 이층양옥을 살펴보았으니, 이번에는
1960년대로 향하는 것이 당연한 수순일 듯하다. 이번 무대는
적산가옥[4]을 개조한 듯 보이는 이층 주택이다.[5] 이 집에 거주하는
가족은 경제적으로 무능한 음악 선생 남편, 재봉질로 가족의 생계를
책임지는 아내, 그리고 소아마비에 걸린 딸과 장난꾸러기 아들이다.
이들 가족은 다소 일찍 도시 핵가족의 표준 모델에 당도한 편이지만,
남녀 간의 전통적인 가족 내 성 역할은 뒤집힌 상태이며, 백신 접종의
혜택을 받지 못한 딸은 장애인의 삶을 받아들여야 한다. 네 가족은
오랜 고생 끝에 마침내 이 집으로 이사했고, 나름대로 '화목한 가정'의
이미지를 연출하려 애쓴다.

이를테면 어느 저녁, 가족이 다 함께 모인 2층 거실을 들여다보자.
늦게 퇴근한 남자는 신문을 읽으며 혼자서 늦은 저녁 식사를 하고
있다. 탁자 위에는 탁자보가 씌워져 있고 간단한 음식들이 놓여 있다.
의자 등받이는 서양인 체형에 맞춘 것인지 담벼락처럼 드높다. 아내는
남편과 마주 보지 않고 그의 뒤편 피아노 의자에 어정쩡하게 앉아 수를
놓는 일에 열중하고 있다. 그녀의 뒤로는 남편이 이사 직전에 마련한
피아노가 자리하고 있으며, 그 위에 미니어처 인형들이 나란히 도열해
있다. 양쪽으로 천하대장군과 지하여장군 모양의 공예품이 인형들을
호위하고, 바로 위의 벽면에는 탈바가지 두 개가 거실을 내려다본다.
한편 짙은 회색빛 노출 벽면에는 원형의 금속공예 장식물이 각각
두 개의 노리개를 매단 채 걸려 있고, 커튼으로 감싼 듯 보이는 흰색
벽면에는 액자 네 개가 나란히 걸렸다. 아이들의 공간은 발코니 창
앞이다. 두 남매는 그곳에 앉은뱅이 탁자를 놓고 실뜨기 놀이에 빠져
있다. 피아노와 탁자를 함께 놓은 비좁은 공간에 벽면마저 산만하기
그지없지만, 그래도 그들은 행복한 표정이다.

밤이 깊어지면, 이제 아이들은 잠자리에 들고 남자는 2층에 남아
내일의 수업을 준비한다. 아내는 1층으로 내려가 거실에서 재봉틀을

네 번째 아수라장

돌린다. 1층 계단은 발을 내딛을 때마다 삐거덕대며 비명을 토해낼 것만 같은 나무 계단이다. 계단 옆의 회색 벽면에는 줄무늬들이 핏줄처럼 돋아났고, 천장의 샹들리에는 달랑 세 개의 백열전구로 복도를 밝히면서 아슬아슬하게 매달려 있다. 흥미롭게도 현관문을 제외한 1층의 모든 문은 여닫이문이 아니라 미닫이문이다. 문이 닫히면 밀실이 되지만 문이 열리면 열린 공간이 되는 입식 방들의 기묘한 구조. 재봉틀이 놓인 1층 거실, 그리고 그 거실과 이어진 부부 침실도 마찬가지다.

여기까지가 한 가족이 이층 주택에 입성하는 과정, 그리고 그들이 그곳을 무대로 삼아 '행복한 가정'의 분위기를 기묘한 방식으로 연출하는 과정을 보여준다면, 다음 차례는 이 가족에 내재한 불안이 폭죽처럼 터져 나오는 과정을 노골적으로 전시하는 것이다. 방법은 간단하다. 누군가의 누이가 되기에는 나이가 많고 누군가의 어머니가 되기에는 너무 젊은 여성을 집 안으로 밀어 넣어보는 것이다. 명분은 확실하다. 그리 건강하지 못한 안주인의 가사 노동을 돕는다는 것. 젊은 여성은 기능적으로는 '식모'의 배역을 맡아 이 가족의 공간 안으로 들어가는 것이다. 하지만 그녀의 역할은 거기에서 끝나지 않는다. 그녀는 안주인이 아이들과 함께 집을 비운 사이 성적 유혹의 주체로 돌변하고, 남자는 넘지 말아야 할 선을 넘고 만다. 그리고 젊은 여성이 어느 순간부터 제어할 수 없는 원초적 에너지를 발산하며 폭주하기 시작하자 이 가족은 파국을 향해 빠른 속도로 돌진한다.

사실 이 가족이 처한 상황은 한국전쟁 이후 등장한 새로운 가족 만들기 프로젝트와 묘한 상관관계를 맺고 있다. 혈혈단신으로 월남했거나 전쟁으로 아내를 잃은 중년의 남성이 경제적 성공을 거둔 뒤 젊은 여성과 결혼하는 것, 이것은 분단과 전쟁으로 파괴된 가족을 나름대로 복원하려는 시도였다. 물론 이 가족의 상황은 이와는 정반대다. 젊은 여성이 멀쩡한 가족 내부에 틈입하여 자신의 자리를 요구하며 안주인을 집 바깥으로 밀어내기 때문이다. 전자는

집 안의 괴물들

비정상적인 가족을 정상 상태로 재조립하지만, 후자는 정상적인
가족을 비정상 상태로 몰아넣는다. 비정상에서 정상으로, 다시
정상에서 비정상으로 이어지는 기묘한 순환의 과정. 여기에서 젊은
여성은 각각 '새엄마'와 '악녀'라는 역할을 떠맡고선 이 순환의 과정을
지속시킨다.

5.

이제 1950년대를 살펴볼 차례다. 이번에는 집이 아니라 사람이다.
박완서의 장편소설 「그 많던 싱아는 누가 다 먹었을까」(이하 「그 많던
싱아」), 이동하의 연작소설 「장난감 도시」, 윤흥길의 단편소설 「집」에
등장하는 주인공들이 소환의 대상이다. 먼저 「그 많던 싱아」에 화자로
등장하는 여주인공을 보자. 1950년 5월, 그녀는 서울대학교 문리대
국문학과에 합격한다. 종로서관 집 딸인 친구한테 예상 문제집을
빌려 공부한 것이 수험 공부의 전부였다. 시험에 합격하자 그녀는
"머리가 붕 뜨는 것처럼 교만"한 기분이다. 무엇보다 그녀는 "자유에의
예감"을 들떠 있다. 이제 대학생이 되었으니 엄마로부터 자유로워질
수 있으리라 기대하고 있는 것이다. 반면 그녀의 엄마는 돈암동에서만
세 번째 이사를 준비 중이다. 이번에는 좌익 조직에 몸담았다가
전향한 오빠 때문이다. 혹시라도 변절자에게 가해질지도 모를 후환이
두려워서다.[6]

그리고 6월 25일 "북한군이 삼팔선 전역에 걸쳐 남침을
시도했다는 뉴스"를 듣는다. 하지만 이전에도 워낙 군사적 충돌이
잦았던 터라, 그저 그런가 보다 지나쳤다. 기껏해야 삼팔선 인근에서
밀고 당기는 장기전이 되려니 했던 것이다. 다음 날, 그녀는 학교로
등교했다. 그 길에 "가로수를 꺾어서 철모와 군용차를 시퍼렇게
위장하고 미아리고개 쪽으로 이동하는 국군"을 목격하고선 전쟁을
잠시 실감하기도 했지만, 평상시와 다를 바 없는 강의실 분위기에
빠져들었다.[7]

네 번째 아수라장

그로부터 6여 개월이 지난 후, 피난을 떠나지 못했던 그녀 가족은
이루 말할 수 없는 고초를 겪는다. 중학교 국어 교사였던 오빠는
북한의 의용군으로 끌려갔다가 제정신이 아닌 상태로 돌아왔고,
숙부는 부역 혐의로 사형을 당했으며, 그녀는 "빨갱이 년"으로 몰린다.
짧은 시간 동안 세상이 두 번이나 바뀐 탓이다. 그녀는 온갖 수모와
고문을 겪은 뒤 자신이 벌레나 다름없는 처지라고 생각한다. 그리고
다시 1·4 후퇴라는 고난의 시간이 다가온다. 생존을 위해 피난길에
나서야 하는 처지지만 사정이 여의치 않다. 멀쩡한 사람은 주인공과
올케, 엄마, 이렇게 여자 셋뿐이고, 갓난아이까지 아이 둘에다가
엎친 데 덮친 격으로 오빠는 다리에 총상까지 입었다. 그녀의 가족은
손수레에 오빠를 싣고선 마지막 후퇴 대열에 뛰어들지만, 결국
무악재를 넘을 무렵 완전히 낙오하고 만다. 이때 엄마는 묘책을
내놓는다.

> 피난도 팔자에 있어야 가지 아무나 가는 게 아닌가 보다. 그러니
> 피난 가는 척이라도 해보자꾸나. 저 동네에 아는 집이 있으니 거기
> 머물렀다가 세상이 또 한 번 바뀌어 사람들이 돌아올 무렵 우리도
> 피난 갔다 오는 것처럼 우리 동네로 돌아가자꾸나. 그 수밖에
> 없다.[8]

엄마가 "가짜 피난처로 정한 동네"는 현저동이었다. 그녀의 일행은
피난을 포기하고 그곳으로 향한다. 이렇게 「그 많던 싱아」의 주인공이
엄마를 통해 생존을 위한 계략을 습득한다면, 「장난감 도시」와 「집」의
주인공인 두 소년은 1950년대 중반 판자촌을 무대로 시골과 도시의
낙차를 경험하며 세상사의 물정을 깨달아간다. 초등학교 4학년인
「장난감 도시」의 주인공은 시골 학교에 다닐 때만 해도 "장래의
면장감"으로 칭찬이 자자했다. 하지만 지방 중소 도시로 이사한 뒤
바닥을 알 수 없는 나락으로 떨어진다. 어쩌면 이 모든 것은 이사

집 안의 괴물들

169

첫날에 이미 예견된 일인지도 모른다. "시골집 안방 윗목을 언제나
차지하고 있던 옛날식 옷장, 사랑채 시렁 위에 올려두던 낡은 고리짝,
나무로 만든 쌀뒤주, 크고 작은 질그릇 등" 세간들이 궤짝 같은
판잣집에 들어가지 못하고 골목길에 아무렇게나 부려져 있었다.
소년은 그 모습에 이물감을 느끼고선 판자촌 주변을 두리번거리다가
어지럼증을 느끼고 토사물을 쏟아낸다.

　소년이 느끼던 불안한 예감은 이내 현실이 된다. 농사일에
유능했던 아버지는 냉수 한 사발조차 공짜가 없는 도시의 삶에
적응하지 못한 채 장물 운반을 호구지책으로 삼다가 경찰에 잡혀
투옥되고, 뒤늦게 셋째 아이를 밴 어머니는 먹기를 거부한 채 전신
쇠약으로 죽어간다. 그리고 누이는 전쟁터에서 한쪽 다리를 잃은
두붓집 아들의 아내감으로 들어간다. 소년은 남의 집에 민며느리로
들어간 누이에게서 "녹슨 총기의 냄새"가 난다며 혐오의 감정을
노골적으로 드러낸다.[9]

　거의 비슷한 시기, 「집」의 주인공 가족의 거처 역시 판자촌이다.
다만 차이라면 지방 중소 도시가 아니라 서울이라는 점이다. 소년의
아버지는 사업에 실패하고 고향 친구에게 사기까지 당해 집마저
빼앗겼고, 셋방살이를 전전하다가 우여곡절 끝에 서울 변두리
빈민촌에 허술한 외양의 판잣집을 장만했다. 시골 생활에 익숙한
소년의 눈에 이 동네 사람들은 드세고 험악하다. 그들은 어른 아이
가릴 것 없이 "어느 놈 하나 잘못 걸리기만 해봐라"는 식의 위협적인
표정을 짓고 살아간다. 얼마간의 시간이 지나고 소년이 동네 분위기에
적응할 만해질 무렵, "한 가지 검은 소문이 어느 입을 통해서인지
온 마을에 마치 악성 돌림병처럼 번지기 시작한다". 가까운 시일
내에 동네 전체가 철거될 것이라는 소문이다. 소년의 가족은 이제
곧 쫓겨날 처지다. 아버지는 책임감도 수치심도 없는 "만사태평의
무골호인"이라는 아내의 핀잔에 못 이겨 관공서 여기저기로 탄원서를
넣어보지만, 바뀌는 것은 아무것도 없다.

네 번째 아수라장

자포자기의 상황, 소년은 멀쩡한 대낮에 "엄연히 사람이 살고 있는
집이 남의 손에 의하여 헐"릴 수 있다는 사실을 받아들이지 못한다.
"믿을 수 없기 때문에 전혀 실감이 오지 않"았고, 그래서 "본능이
요구하는 만큼의 흥분"을 맛보기 위해 엉뚱한 상상에 빠져든다. 전쟁
통에 "불길에 휩싸여 훨훨 타는 광경"은 여러 번 목격했어도 멀쩡한
집채가 눈앞에서 "폭삭 주저앉은 꼴은 여태껏 구경하지 못했"던 터다.
소년은 집이 무너지는 장관을 상상하며 흥분에 빠져든다. "삽시간에
기둥이 나자빠지고 벽이 사방으로 떨어져 나가고 그 위에 지붕이 털썩
올라타는 장면"은 상상만으로도 쾌감을 안겨주기에 충분하다. 그는
흥분에 중독된 괴물처럼, "손아귀에 쥐듯 그걸 더 좀 생생히 느끼기
위해서" 형과 함께 "오밤중에 살그머니 이부자리를 빠져나와 집
둘레를 샅샅이 돌아보기도" 한다. 그러나 이런 상태는 그리 오래가지
못한다. 소년은 이내 현실로 되돌아온다. 시청 직원들이 집집마다
방문하고 돌아간 뒤 얼마 후 소년의 집은 철거된다.[10]

6.

흥미롭게도 앞에서 살펴본 세 주인공은 산동네에서 직접 도시를
바라보며 자신이 처한 위치를 가늠하는 법을 터득한다. 「그 많던
싱아」의 주인공은 현저동 꼭대기에서 모두가 피난을 떠난 텅 빈
도시를 내려다보며, "이 거대한 공허"를 보는 것이 자기 혼자뿐이라는
사실을 자각한다. 반면 4년 후 「장난감 도시」의 소년은 자신이
머물고 있는 도시에는 세 부류의 인간이 함께 뒤엉킨 채 살아가고
있음을 알아챈다. "이 바닥 태생의 본토박이들과 전쟁 통에 쫓겨
온 피난민들과 그리고, 우리 가족처럼 그다지 떳떳치 못한 이유로
고향을 등진 사람들"이 그 세 부류다. 그리고 「집」의 소년은 가족이
집을 마련하고 거의 1년 동안 누렸던 "어설픈 행복"과 "짧디짧은
평화"가 끝장나는 과정을 지켜보면서, 그보다 "더 고약한 사건들이
어둠 저편으로부터 줄지어 포복해오고 있는 것" 같다며 세상살이의

집 안의 괴물들

두려움을 토로한다. 세 주인공은 격동하는 세상사 앞에서 완전히 노출된 상태다. 집은 고사하고 가족조차도 그들을 보호해주지 못한다. 결국 그들은 산동네에 올라서 자신과 세상 간의 거리를 측정하면서 어렵사리 자기만의 내면 풍경을 만들어낸다. 즉 보호막 구실을 해줄 마음의 집을 짓는 것이다. 그들은 그 풍경 안에서라면 고통스러운 외상적 장면마저도 구경거리로 흔들림 없이 응시할 수 있을 것이라고 믿는다.

　그렇다면 이 세 주인공은 생애 주기에 따라 어떻게 성장해갔을까? 대충 이런 모습이 아닐까? 「장난감 도시」와 「집」의 1940년대생 소년들은 어렵사리 대학에 입학한 뒤 과외 선생으로 적산가옥이나 이층양옥의 주변을 맴돌며 중상류층의 생활상에 눈을 뜰 것이고, 취업을 하고 가정을 꾸린 뒤에는 전월세 집을 전전하다가 마침내 서울 변두리의 집 장수 집이나 아파트를 구입해 처음으로 현실 속에서 자신의 집을 마련할 것이다. 「그 많던 싱아」의 1930년대생 주인공은 나이 차로 인해 약간은 다른 궤적을 그리겠지만 고도성장의 흐름을 타고 중산층의 대열에 끼어든다는 점에서 인생의 중간 기착지만큼은 유사할 것이다.

　이렇게 상상된 생애 주기의 궤적에 따라 그들 각각의 내면 풍경이 외부 세계의 사건들과 교류하는 과정을 추론해보면 어떨까? 지나친 비약처럼 보일 수도 있겠지만, 혹시 이들은 그 과정에서 특정 시점에 음악 선생의 단독주택, 김복실 여사의 이층양옥, 그리고 김영수 과장의 울산 아파트를 들락거릴 수도 있지 않았을까? 좀 더 정리하면, 다음과 같은 질문을 던져볼 수도 있다. 혹시 「그 많던 싱아」의 주인공은 20여 년 뒤 동대문시장에서 포목상을 하는 미망인 올케를 통해 어느 졸부 가족에 대한 이야기를 전해 들을 수도 있지 않았을까? 「장난감 도시」의 주인공은 자신의 누나가 만일 아버지가 감옥에만 갇히지 않았다면, 그래서 굳이 두붓집의 민며느리로 들어갈 필요가 없었다면 1960년대 초반에 서울로 올라가 음악 선생의 집에서 식모로 일하게

네 번째 아수라장

되는 과정을 곁에서 목도할 수도 있지 않았을까? 「집」의 주인공은 자신보다 대여섯 살 어린 어느 소년이 자신과 유사한 경로를 거쳐 울산의 김영수 과장으로 성장하는 과정을 지켜볼 수도 있지 않았을까?

이 세 주인공이 자신들이 자리 잡은 중산층의 위치에서 회고담의 프레임을 통해 이런 관계의 그물망을 서사화하려고 한다면, 그 프레임을 경유하는 시선은 어떤 모양새일까? 만일 이들이 현대사의 거친 소용돌이를 헤치고 힘겹게 중산층의 대열에 끼어든 소시민으로 자신을 자리매김하려 든다면, 그 시선은 탐정의 시선보다는 목격자의 시선에 좀 더 가까울 것이다. 그들은 합리적 이성으로 무장한 개인의 자리를 차지할 엄두를 내지 못하는 것이다. 따라서 '사건이 그곳에서 일어났으며 나는 그 내막을 알고자 한다'는 태도보다, '나는 그곳에 있었으며 그 사건을 지켜보았다'는 태도가 더 우세할 것이다.

하지만 그렇다고 그들이 직접 현장의 목격자로 나서는 것은 아니다. 그들은 분명 자신의 내면 풍경 안에서라면 눈앞의 무엇이든 구경거리로 만들어버릴 수 있는 시선의 기술자이지만, 무턱대고 내면 풍경을 외부의 위험에 노출시킬 만큼 순진하지 않다. 이미 산전수전을 다 경험한 그들은 김영수 과장처럼 아무런 갈등도, 아무런 다툼도 없다는 듯이 현 상태를 유지하기를 원한다. 따라서 그들 모두가 가상의 목격자를 대리인으로 내세워 사건의 발생 장소로 향하더라도 그리 이상하지 않다. 안전거리의 확보가 최우선이기 때문이다.

이제 1980년대 후반의 김영수 과장, 1970년대 중반의 김복실 여사 부부와 시어머니, 1960년대 초반의 어느 식모, 이 인물들이 사건의 행위자인 동시에 증언의 대상, 그리고 궁극적으로는 '집 안의 괴물들'로 소환될 차례다. 외견상 이 괴물들은 사건의 전모를 환유하기 위한 장치인 듯 보인다. 하지만 꼭 그런 것은 아니다. 그것들은 오히려 사건의 역학에 대한 합리적 설명을 방해하는 기제로 작용하기 때문이다. 괴물에 대해서만큼은 말할 수 없는 것은 진술하지 않아도 되는 것 아닌가? 굳이 범죄행위에 대한 전문적 지식의 차원을 경유할

집 안의 괴물들

필요도 없다. 이런 측면에서 보면 괴물이 집 안에 출몰했던 이유는 의외로 간단하지 않을까? 목격자는 증언의 대상을 괴물의 자리에 가져다 놓음으로써 사건에 대해 말할 수 없는 것을 말하지 않으려고 했던 것일 수 있으니 말이다. 자청해서 증언대에 오른 목격자의 배후에는 매우 높은 확률로 죄의식에 시달리는 방관자가 숨어 있기 마련이다.

네 번째 아수라장

1. 발터 베냐민, 「파리 —
19세기의 수도」, 『파리의
원풍경』, 조형준 옮김,
새물결, 2008년,
100~101쪽.

2. 이 부분에서 인용하고
있는 소설은 다음과 같다.
최인석, 「집 내 집뿐이리」,
『인형 만들기』, 한길사,
1991년, 153~188쪽.

3. 이 부분에서 인용하고
있는 소설은 다음과 같다.
박완서, 『도시의 흉년』
상 · 하권, 세계사, 2002년.
1975년부터 『문학사상』에
연재되었고, 초판은
1979년에 출간되었다.

4. 1945년 8월 15일 일본이
제2차 세계대전에서 패해
한반도에서 철수하면서
정부에 귀속되었다가
일반에 불하된 일본인
소유의 주택.

5. 이 부분의 내용은
1960년 11월에 개봉했던
김기영 감독의 영화
「하녀」를 토대로 했다.

6. 박완서, 『그 많던
싱아는 누가 다 먹었을까』,
웅진지식하우스, 2005년,
260~265쪽.

7. 위의 책, 266~267쪽.

8. 위의 책, 309쪽.

9. 이동하, 『장난감 도시』,
문학과지성사, 2009년.

10. 윤흥길, 「집」, 『황혼의
집』, 문학과지성사,
2007년, 36~61쪽.

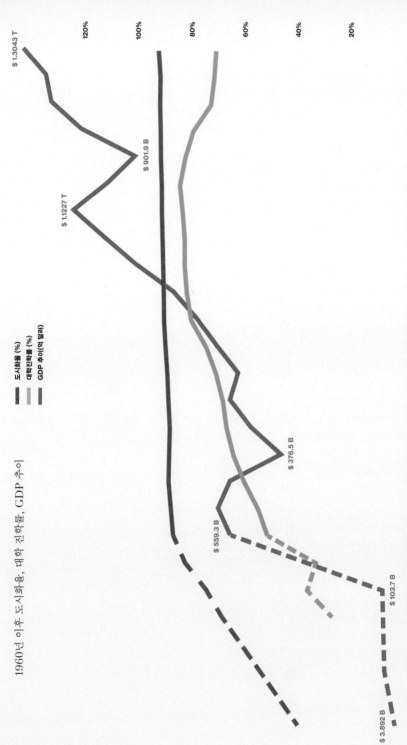

1960년 이후 도시화율, 대학 진학률, GDP 추이

- 도시화율 (%)
- 대학진학률 (%)
- GDP 추이(억 달러)

$ 1.3043 T

120%

100%

$ 901.9 B

80%

$ 1.1227 T

60%

40%

20%

$ 376.5 B

$ 559.3 B

$ 103.7 B

$ 3.892 B

1960 1965 1970 1975 1980 1985 1990 1995 1996 1997 1998 1999 2000 2001 2002 2003 2004 2005 2006 2007 2008 2009 2010 2011 2012 2013

다섯 번째 아수라장

마지막 코리안 스탠더드: 신도시-이마트-중산층

1.

쏘나타 투가 칠흑 같은 어둠을 뚫고 도로 위를 질주하고 있다. 도심의
직장에서 야근을 마친 P 씨는 지금 집으로 향하는 중이다. 오늘이
어제로 자리를 바꾸는 시점, 그의 승용차도 한 도시에서 다른 도시로
넘어가고 있다. 고단했던 하루 일과를 1초라도 빨리 마무리하고 싶기
때문일까, 아니면 그저 질주의 속도감을 즐기기 위해서일까, 그는
능숙한 발놀림으로 힘껏 가속 페달을 밟는다. 순식간에 그의 승용차에
가속이 붙는다. 지면 위로 날아오를 기세다. 옆에서 거센 바람이라도
불어오면 차체가 크게 휘청하지 않을까? 하지만 P 씨는 신경 쓰지
않는다. 그의 감각은 이미 차체와 한 몸이 된 상태다. 핸들을 잡은 그의
두 손은 팽팽한 긴장감을 즐기고 있다. 차체의 진동이 전해질 때마다
짜릿한 전율이 온몸을 꿰뚫고 지나간다.

자가용 승용차를 마련하기 전, P 씨는 오늘처럼 밤늦게 퇴근할
때면 지하철로 사당역까지 이동해 그곳에서 총알택시를 타곤 했다.[1]
총알택시는 앞뒤 좌석을 꽉 채워야 출발했다. 탑승객 대부분은 서울
외곽의 남쪽 도시들로 향하는 직장인들이었다. 술에 취한 상태가
태반이었고, 개중에는 행선지가 수원 이남인 경우도 적지 않았다. 두세
차례 총알택시를 경험한 후, P 씨는 될 수 있으면 운전석 옆 좌석을
차지하려고 했다. 당연한 선택이었다. 뒷좌석의 승객들이 취기와 함께
뿜어내는 술과 안주 냄새를 견디기 어려웠다. 기사의 난폭 운전까지
가세해 그를 멀미 직전 상태로 몰고 갔다. 그때마다 식도를 타고
역류하려는 음식물의 시큼한 맛이 입안에 번졌다. 술을 거의 입에 대지
않는 P 씨로서는 정말 괴로웠다. 결국 선택을 해야만 했다. 그런데
처음으로 앞좌석에 탑승한 날, 그는 곧바로 총알택시의 묘한 매력에

빠져들었다. 의도치 않은 결과였다. 차창으로 스쳐 지나가는 풍경의 놀라운 속도감이 그의 시선을 사로잡았던 것이다.

주지하다시피 자동차의 속도가 빨라질수록 차창 앞 시야는 좁아진다. 도로 위의 차선은 앞으로 계속 뻗어나가며 눈앞의 경관에 가상의 소실점을 부여하고, 도로 옆의 가로등은 차창의 양옆으로 스쳐 지나가며 경관에 일정한 리듬감을 불어넣는다. 여기에 자동차가 속도를 더 높이면 차선은 더 빨리 앞으로 뻗어가며, 가로등도 더 빨리 양옆으로 흩어진다. 시야의 중심부는 쪼그라들면서 또렷해지는 반면, 주변부는 점점 퍼져나가며 뿌옇게 흐려진다. 총알택시가 야밤의 도로 환경과 상호작용하면서 만들어내는 환각적인 시각 효과, P 씨는 거기에 매혹되었던 것이다.

P 씨는 어느 정도 이런 경험에 익숙해지자 이제 속도계의 움직임을 눈여겨보기 시작했다. 확실히 바람을 가르는 엔진의 소음이 차내의 모든 소리를 집어삼켜 버리는 순간의 속도를 확인할 필요가 있었다. 그 속도야말로 P 씨가 차와 혼연일체가 된 듯한 기분을 맛보기 시작하는 분기점이었기 때문이다. 그 지점을 넘어서고 나면 귀는 먹먹해졌고 머릿속은 텅 비었다. 방금 전까지 날카롭게 곤두서 있던 그의 신경도 외부의 자극에 무감각해졌다. 오로지 그의 시선만이 차창 바깥 가상의 소실점에 매달린 채 감각의 소멸에 맞서고 있었다. P 씨는 이 단계에 도달하자 택시의 앞좌석에 앉을 때마다 조용히 혼자 속삭이곤 했다. "비행기가 곧 이륙할 테니, 반드시 안전벨트를 착용해주시기 바랍니다." 그는 단기 속성 속도광 완성반에서 한 단계 승급한 것 같은 기분이었다.

그 시절, P 씨는 대중교통을 이용할 때 빈 좌석이 눈에 띄면 곧바로 자리를 차지하고 눈을 감곤 했다. "서울이라는 지옥 같은 도시"에서 직장 생활을 시작하면서 자연스럽게 생긴 버릇이었다. 대학생 시절만 해도 그러지 않았다. 그는 늘 노약자나 임산부에게 자리를 양보하는 예의 바른 학생이었다. 하지만 피곤한 몸을 짊어지고

다섯 번째 아수라장

출퇴근을 거듭하면서, 한 번 "차지한 것은 끝까지 악착같이 깔고 앉아 있어야 한다"는 것을 깨달았다. 그리고 자리에 앉은 채로 눈을 뜨고 있으면 언제나 불편한 일이 벌어진다는 사실도 알아챘다.

뒤늦은 깨달음이었지만, P 씨 혼자만 그런 생각을 한 것은 아니었다. 버스나 지하철의 좌석에 앉은 승객 태반은 눈을 감고 있었으니까. 분명 "양보하고, 여유 있게 행동하고, 상대에게 믿음을 주고, 동정하거나 공감하는 것"은 소중한 미덕이었다. 하지만 P 씨는 자신같이 장거리 통근을 해야 하는 직장인의 몫은 아니라고 생각했다. 물론 그는 그런 식의 자기 정당화에 일말의 수치심을 느끼곤 했다. 그때마다 다음과 같이 혼잣말로 자신을 다독였다. "눈을 뜨고 바라보아야 할 아름다운 광경이란" 적어도 서울에는 "눈을 씻고 보아도 없다"고 말이다. 하지만 야밤의 총알택시에서만큼은 사정이 달랐다. 그는 눈을 감지 않았다.[2]

P 씨가 승용차를 구입한 것은 신도시로 이주해 총알택시의 매력에 빠져든 지 1년 정도 지난 후였다. 그의 첫 '마이카'였다. 돌이켜보면, 그가 '마이카'라는 단어를 처음 본 것은 국민학교를 다닐 무렵 신문을 통해서였다. 1970년대 초반 당시 '마이카'는 시대의 총아이자 근대화의 상징, 달리 말하자면 산업구조의 고도화를 통해 당도하게 될 근 미래의 신천지를 의미했다. 그로부터 약 사반세기가 지난 시점, 그는 마침내 '마이카'의 주인이 되었다.

그는 쏘나타 투를 구입했다. 이전 같았으면 대우자동차의 프린스 시리즈 중 하나를 선택했을 것이다. 하지만 아내와 함께 방문한 매장에서 차량을 직접 보고선 곧바로 계약서에 사인했다. 다소 부릅뜬 듯 보이는 공격적인 인상의 헤드램프, 깊이 숨을 들이마시며 질주를 준비하는 듯 보이는 라디에이터 그릴, 유려한 곡선으로 마무리된 테일 램프가 그의 마음에 딱 들었다. 실내 공간이 동급 차종에 비해 넓은 것 역시 큰 매력이었다. P 씨의 아내는 외출 전까지 소형 차종을 구입하자고 주장했었다. 언제나 그렇듯이 경제적인 이유였다. 하지만

마지막 코리안 스탠더드: 신도시-이마트-중산층

뒷좌석에 앉아보고는 생각을 바꿨다. 그녀는 못 이기는 척 쏘나타 투의 손을 들어주었다.*

지금 그는 쏘나타 투를 운전하면서 집이 있는 신도시의 아파트로 향하고 있다. 늦은 밤, 차창 앞에 펼쳐진 기묘한 원근의 경관에 시선을 고정한 채, 자기 내면 깊숙한 곳에 자리한 욕망의 소실점을 향해 질주하고 있는 중이다.

2.

1960년대 초반에 출생한 P 씨는 어렵지 않게 서울의 대학교에 입학했다. 그때만 해도 그는 중산층이 되는 것이 꿈이었던 순진한 청년이었다. '소수의 선택받은 엘리트'라는 명문대생 특유의 자의식이 없지 않았지만, 열아홉 살의 그에게 급선무의 과제는 서울에서 살아남는 것이었다. 하지만 불행인지 다행인지, P 씨가 대학생 생활을 시작한 80년대는 또한 '5월 광주'의 80년대이기도 했다. 어느 소설가의 표현처럼 이 시기의 많은 대학생들에게 "80년대란 1980년 1월 1일에서부터 1989년 12월 31일의 시간대"가 아니라, "1979년 10월 26일과 1980년 5월 27일 사이에 시작되어 1987년 6월 10일과 그해 12월 16일 사이에 끝난 연대"를 의미하는 것이었다. "80년 5월 광주는 80년대의 빅뱅"이었으며 "87년 12월 대통령 선거는 80년대의 블랙홀"이었다. 이런 시대 구분법에 따르면, P 씨 또래의 대학생들은 "5·16의 공포와 함께 태어나 유신의 기만 속에서 교육받았으며 광주에서의 비극을 보았"고, '80년대'를 "재앙의 나날"이자 "비극의 연대"로 받아들인 세대이기도 했다.³

P 씨 역시 '80년대'의 영향력으로부터 완전히 자유로울 수 없었다. '중산층'이라는 소박한 꿈은 하숙방의 책상 서랍에 넣어두어야만

* 쏘나타 투는 출시 이후 2년 연속 베스트셀러 목록에 이름을 올리며 총 59만 8000여 대가 판매되었다.

다섯 번째 아수라장

하는 처지였다. 여기에는 '운동권'이라고 불리던 선배나 동료들의
영향이 적지 않았다. 그렇다고 완전히 관심을 끊은 것은 아니었다. 입
밖으로 내지는 않았지만, 그는 여전히 자신의 미래로 중산층을 꿈꾸고
있었으니까 말이다. 물론 P 씨도 민족, 민중, 계급과 같은 이념적
표상에 비하면 '중산층'이 지나치게 초라한 기호라는 사실을 인정했다.
게다가 그 기호는 대의나 변혁과는 무관해 보이며 '현실 안주'의
뉘앙스를 풍기고 있지 않은가? 하지만 당시 P 씨 같은 지방 출신의
명문대생이 목표로 삼을 수 있는 개인적 삶의 형태로 중산층만큼
현실적이면서도 매력적인 것은 없었다.

그 시절 P 씨가 부러운 눈초리로 주시하곤 했던 중산층들은
대개 1940년 전후로 태어난 고학력의 화이트칼라층이었다. 80년대
초반부터 중산층의 주력으로 새롭게 부상하던 그들 대부분은
1960년대에 대학 진학과 함께 대도시로 이동했다. 그리고 대학 졸업
후에는 고도성장의 흐름을 타고 취업, 결혼, 출산, 집 장만이라는
인생의 주요 과업을 차례대로 완수하면서 곧바로 중산층에 진입했다.
아니, 진입했다는 표현은 적절하지 않다. 왜냐면 그들은 이전에
존재하지 않았던 새로운 형태의 '중산층'을 만들어냈기 때문이다.•

• P 씨가 유년기를 보내던 1960년대만 해도, 중산층은 "자기 자본을
가지고 독립 경영을 하는 독립 자영업자층과 임금노동자를 고용하지
않거나 고용하더라도 소수만을 고용하는 자영업자들"을 지칭하는
것으로, "중소 광공업자, 중소 상인, 수공업자, 독립 자영농" 등이
여기에 속했다. 하지만 P 씨가 대학을 다니던 1980년대에 산업화를
통한 화이트칼라 계층의 급증으로 중산층의 의미가 변모한다. 즉
"소득 소준, 주택 보유, 취업 안정성, 교육 수준 등의 다양한 변수에
기반해 중간적 생활양식과 의식 수준, 사회적 지위를 공유하는
집단"이 그것이다. 이 시점이 되면, 1960년대적 의미의 중산층은
보통 '구중산층'으로 불리게 된다. 장세훈, 「주택 소유의 관점에

마지막 코리안 스탠더드: 신도시-이마트-중산층

이 중산층은 도농 간의 소득 격차로 인해 고향을 등질 수밖에
없었던 대부분의 사람들이 쉬이 접근할 수 있는 부류의 계층이
아니었다. 실제로 일반적으로 도시로 이주한 인구 대부분은 농민에서
노동자로, 그리고 다시 노동자에서 자영업자로 변모하는 과정을
겪었으며, 이들이 특정한 계기를 통해 중산층에 유입되는 경우는 극히
드물었다. 그러니까 80년대의 중산층이란, 그 외부의 하위 계층이
대학 교육이라는 사다리의 도움을 받지 않는 한 감히 넘볼 수 없는
그들만의 리그였던 셈이다.*

P씨에게 흥미로웠던 점은 이 중산층의 상당수가 청년기에 4·19
혁명을 주도하거나 소극적으로 지지했던 이들이기도 했다는 점이다.
물론 이들은 이후에는 한눈팔지 않고 박정희 정권이 주도한 산업화에
참여해 전문 실무자로 변신하는 데 성공했고, 이 과정에서 봉건적
질서의 직계 상속자들과 경쟁하면서 이전까지 잔존하던 반상의 계급
문화를 약화시키는 데 혁혁한 성과를 거뒀다. 하지만 그들의 역할은

입각한 중산층의 재해석」,『경제와 사회』, 통권 제74호, 2007년 여름,
201~204쪽.

* 남춘호,「이농민의 직업 이동사를 통해서 본 한국 사회의 계급 구조
변화」,『사회와역사』, 14권, 1988년, 84~119쪽. 이 연구는 1983년
경제기획원의 인구 이동 특별 조사 자료를 근거로 진행되었다.
이 연구가 분석의 대상으로 삼은 1333명의 표본 중 신중간층
진입에 성공한 이들은 총 121명으로, 이들의 이동 이전 계급은
미취업자(643명 중) 82명, 자본가(5명 중) 1명, 신중간층(54명) 5명,
자영업자(105명 중) 8명, 노동자(274명 중) 14명, 농민(252명 중)
11명이었고, 신중간층, 즉 인텔리층과 임금 취득 중간층의 계급 이동
횟수는 각각 평균 1.3회, 1.5회였다. 반면 자영업자는 2.3회, 노동자는
1.7회, 농민은 2.5회였다.

다섯 번째 아수라장

거기까지였다. 그들은 80년대 내내 서울 신시가지의 아파트 단지나 변두리 주택가에 자리 잡고선 '민주'와 '독재'라는 "선명한 흑백의 콘트라스트 어느 쪽에도 속하지 않는 사람"[4]으로 살아가고 있었다. 그들이 정치적 발언권을 포기해 가면서까지 그토록 애지중지 지키려고 애쓴 일상이란 대충 다음과 같은 목록으로 요약될 수 있는 것이었다.

> 1) 부흥회-기도회 2) 탈향-귀향 3) 아파트 4) 주간지-여성 잡지-과시적(소비적) 아름다움 5) 텔레비전-오디오-비디오 6) 점심 먹기-맛있는 곳 찾기-몰려들기 7) 웃기는 이야기-지옥, 식인종, 쌍놈, 동물 시리즈 8) 인스턴트식품-라면 문화 9) 싼 맥주 마시기 10) 차 마시기 11) 대중가요 12) 결혼식 13) 골동품 사재기 14) 자동차 바꾸기*

물론 가끔씩 신문이나 9시 뉴스를 보며 정권에 대한 분노를 표출하기도 했다. 하지만 그 분노는 집 안을 벗어나지 않았다. 따라서 P씨 또래의 운동권이 이 계층을 이해관계에 따라 얼마든지 표변할 수 있는 기회주의적 집단으로 간주했던 것은 당연한 일이었다. 그들에게 중산층은 한때 혁명의 기억을 공유했으나 이제는 변화를 두려워하는 기성세대의 주류 계층이나 다름없었다.

　이런 맥락에서 보자면, 중산층에 대한 또래 운동권들의 부정적인 태도는 발전주의적 체제가 제공한 미래 전망을 걷어차려는 '존재 이전'의 몸부림이기도 했다. 그들 역시 P씨와 마찬가지로 체제가 양산해낸 '엘리트'였기에 마음먹기에 따라 앞 세대와 유사한 전철을 밟으며 어렵지 않게 중산층의 대열에 끼어들 수 있었다. 따라서 당시

* 위의 목록은 1986년 1월 30일 김현이 당시 중산층의 의식구조에 관한 에세이를 준비하며 작성한 메모이다. 김현, 『행복한 책 읽기』, 문학과지성사, 1992년, 16쪽.

마지막 코리안 스탠더드: 신도시-이마트-중산층

운동권 엘리트들이 중산층을 "소시민"이나 "쁘띠 부르주아" 같은
단어로 낮춰 불렀던 것은 그리 이상한 일이 아니었다. 그들은 '민중'에
대한 낙관적인 전망을 방어하기 위해서라도 중산층이라는 기호가
지시하는 안정적 삶의 유혹을 애써 거부해야만 했던 것이다.

하지만 그렇다고 중산층이라는 사회적 실체를 완전히 무시할
수도 없는 노릇이었다. 왜냐면 민주와 독재의 정치적인 대립 전선에서
승리하기 위해 반드시 동원해야만 하는 집단이기도 했기 때문이다.
1980년대 후반, 운동권의 담론은 동원의 양상을 두고 이념 해석과
변혁 전망의 차이에 따라 크게 두 가지 입장으로 나뉘어졌다. 한국
사회의 성격을 '식민지 반자본주의'로 규정하던 이들은 민족 자주성의
확보와 실현을 위해 특정 계급보다는 광범위한 계급 계층의 공통적인
이해관계를 중요시했고, 이에 따라 노동자, 농민뿐 아니라 민족
자본가, 도시 소자산 계급, 진보적 지식인 그리고 중산층을 사회변혁의
주도 세력으로 정의했다. 반면 '신식민지 국가 독점자본주의론'의
입장에 선 이들은 한국 사회의 기본 모순을 계급 모순으로
설정함으로써 노동자 계층을 변혁의 주체로 내세우며, 중산층을
그 동맹 세력으로 간주했다. 즉 전자에게 중산층은 변혁의 동력인
반면, 후자에게는 보조 역량에 지나지 않았다. 이런 관점의 차이에도
불구하고 양자 모두는 자신들이 보유한 급진적 이념의 좌표 내부에
나름의 방식으로 '중산층'의 자리를 배정하려고 시도하고 있었던
것이다.

그런데 현실의 중산층은 이런 변혁 담론의 주체 논쟁과는
무관하게 '경제 호황'이라는 새로운 국면과 조우하며 욕망의 구조와
일상의 질서를 재편할 준비를 마친 상태였다. 변화가 본격화된 것은
1987년 6월 항쟁 이후의 일이었다. P 씨 또래의 운동권에게 6월
항쟁은 민중과 민족의 해방을 궁극적인 목표로 삼는 혁명적 정세의
시발점이었던 반면, 기성세대의 중산층에게는 '형식적 민주주의'로의
이행을 위한 정치 체제의 변곡점에 불과했다. 전자는 전국적 규모의

다섯 번째 아수라장

반독재 투쟁을 승리로 이끈 자신감에 후자가 자신의 대의에 동조하고 있다고 판단했지만, 후자는 자신들이 투쟁의 대열에 참여했던 것은 전자와 일시적으로 전술적 제휴를 맺은 결과일 뿐이라고 생각했던 것이다. 동상이몽이 분명했지만, 정치적 격변의 시기에 '민주주의'라는 대의가 만들어내는 다층적인 의미망은 각자의 본의를 숨기기에 최적의 장소였다. 적어도 6월 항쟁까지 양자는 바로 그 대의 덕분에 함께 "호헌 철폐, 독재 타도"를 외치며 군부 정권에 대한 저항의 공동전선을 구축할 수 있었다. 하지만 양자의 동거 상태는 그리 오래가지 못했다. 정부가 더 이상 '체육관 선거'를 치르지 않겠다고 항복을 선언하자, 양자 간의 입장 차이는 극명해졌다.

돌이켜보면, 이런 사태의 추이를 꿰뚫어 보고 있던 이들은 집권 군부 세력이었다. 그들은 6월 항쟁으로 인해 작전상 후퇴를 감수해야 했지만, 이내 이 보 전진을 위해 전열을 가다듬었다. 그리고 직선제 대통령 선거에 나서면서, 집권 경험을 바탕으로 정치적 안정과 경제적 성장을 도모해 "보통 사람들의 위대한 시대"를 열어 나가겠다고 선언했다. 이들이 선거 구호로 앞세운 '보통 사람'에서 '보통'이 평균값, 최빈값, 중앙값 중 무엇을 의미하는지 확실치는 않았다. 하지만 이것만큼은 분명했다. 그들의 '보통 사람'이란 1인당 소득 5000달러 시대에 걸맞게 그리고 고교 평준화-베이비 붐 세대* 의 눈높이에 맞춰 80년대의 중산층 개념을 업그레이드한 결과였으며, 따라서 중산층의 삶을 욕망하는 이들에게 기존의 학력 중심의 획일적인 진입 경로와는 다른 새로운 계층 이동의 경로를 새롭게 제공하겠다는 메시지를

---

* 베이비 붐 세대는 전후 출산 붐으로 1955년부터 1963년까지 출생한 이들로, 인구수는 약 695만 명, 전체 인구의 13.9퍼센트를 차지한다. 한편 고교 평준화 세대는 1974년 정부의 고교 평준화 정책 시행 이후에 입학시험을 치르지 않고 고등학교에 진학한 이들로, 1958년 이후의 출생자들이 여기에 해당한다.

마지막 코리안 스탠더드: 신도시-이마트-중산층

전달하려는 용도였다는 것이다. 그들의 선거 전략은 야권 분열의 틈을 파고들어 어중간한 위치의 유권자들에게 호소력을 발휘했고, 마침내 36.6퍼센트의 득표율로 승리를 거머쥐었다.

그리고 선거 결과로 한 가지 사실이 명확해졌다. 그것은 P 씨 또래의 운동권이 변혁의 주체로 믿었던 '민중' 상당수도 실상은 중산층의 삶을 욕망하고 있었다는 점이다. 돌이켜보면 그 '민중' 개념의 핵심이라고 할 수 있는 노동자들의 집단적 각성과 정치적 성장은 중화학공업에 기반을 둔 경제성장의 부수적 효과 중 하나이지 않은가? 그렇다면 특정한 발전 단계에 도달한 경제적 토대가 단순히 자본에 대한 노동자들의 적대적 의식을 고양시키는 데 그치지 않고, 사회 전반의 민주화를 통해 계층 이동의 장벽을 낮춤으로써 임금 상승을 지렛대로 삼아 노동자들 중 일부를 무산계급의 위치에서 중산층의 자리로 옮겨놓을 수도 있지 않은가? P 씨는 이런 과정을 거쳐 중산층에 진입한 이들이 있다면 '보통 사람'이라는 단어가 그들을 일컫는 표현으로 꽤나 적절해 보인다고 생각했다.

아이러니한 것은 '보통 사람들의 위대한 시대'가 개막한 지 얼마 지나지 않아 '민중의 나라'였던 동구권 사회주의 국가들의 붕괴 소식이 외신으로 들려오기 시작했다는 것이다. P 씨의 운동권 친구들은 당황하기 시작했다. 그들은 자신이 역사의 운동 법칙을 꿰뚫어 볼 줄 아는 과학적 세계관의 소유자라고 생각했었다. 그런데 갑작스럽게 출현한 세계사적 전환 앞에서 이제 자신들이 "남들이 다 버리고 간 혁명의 교과서를 집어 들"고 역사의 사잇길을 배회하고 있었던 것은 아닐까 자문해봐야 하는 궁색한 처지에 내몰렸던 것이다.[5] 그들만큼은 아니었지만, P 씨도 예외는 아니었다. 그 역시 잠시나마 혁명의 가능성에 도취된 적이 있었으니 말이다. 사실 이렇게 동요하는 이들에게 남은 선택지는 하나뿐이었다. 대열에서 이탈해 오른쪽으로 급선회를 시도하는 것이었다. 몇몇은 몸을 추스른 채 "대학원이라는 내적인 망명지"를 선택했고, 또 일부는 고시를 준비하거나 유학을

다섯 번째 아수라장

떠났으며, 또 다른 이들은 "생계와 사랑과 결혼을 위해" "그들이 그토록 비판하던 대기업에 그리고 또 다른 몇몇은 신문사나 출판사에 그들 인생의 닻을 내"렸다.6 물론 개중에는 정계 진출을 위해 정치판을 기웃거리는 이들도 있었다. 그들 중 일부는 정치 변화를 갈망하는 이삼십대가 90년대 중반이면 전체 유권자의 60퍼센트를 차지하게 될 것이라는 사실에 희망을 걸고 있었다. "아무튼 다들 뿔뿔이 흩어져 각자 도생의 길을 걸었다." "이제 우리는 해체되고 모두들 '나'만 남아 살길을 찾아 나섰"던 것이다.7

　　P 씨는 대기업 취업으로 진로를 결정한 부류였다. 다행히도 그가 대학 졸업을 앞둔 80년대 후반, 국내 대기업들은 취업의 문을 활짝 열어놓고 있었다. "단군 이래 최대 호황"이라는 3저 호황의 가파른 성장세 덕분이었다. 친구들은 P 씨가 입사했을 때 "애국적 사회 진출"이라며 축하해 주었지만, 그는 민망할 따름이었다. 왜냐면 대학 신입생 시절에 꿈꿨던 중산층의 삶을 향해 인생의 방향타를 원위치로 되돌렸을 뿐이었기 때문이다. 물론 이런 결정은 분명 그의 출신 지역과 연관된 것이었지만, 그렇다고 그 관계를 명료하게 설명할 수 있는 것은 아니었다. 다만 다음과 같이 이야기할 수는 있다. 그는 자신의 실존적 조건 덕분에 인위적으로나마 '80년 5월 광주'와 안전거리를 확보할 수 있었고, 운동권에 투신한 동기들에 대한 부채감을 최소화할 수 있었다고 말이다. '민주주의'의 무조건적 신봉자가 되기에 그의 앞에는 너무 많은 걸림돌이 놓여 있었다. 그는 이념에 무관심해지기로 작정했다. 이십대의 그를 움직이던 동력에서 '이념'을 빼고 나니, 남은 것의 8할이 콤플렉스였다. 바로 촌놈 콤플렉스였다.

　　별 어려움 없이 취업한 이후 1년간 그는 직장 생활로 정말 눈코 뜰 새 없이 바빴다. 그러다가 우연히 신문의 서평 기사 덕분에 한 권의 소설책을 구입해 읽게 되었다. 기사에 인용된 다음과 같은 문장 때문이었다. "내 나이 열아홉, 그때 내가 가장 가지고 싶었던 것은 타자기와 뭉크 화집과 카세트 라디오에 연결하여 레코드를 들을 수

마지막 코리안 스탠더드: 신도시-이마트-중산층

있게 하는 턴테이블이었다."⁸ P 씨와 동갑내기인 작가가 1988년을
배경으로 재수생 주인공을 내세운 일종의 성장소설이었다. 그는
단숨에 읽어 내려갔다. 자신이 경험하지 못한 세계를 엿본다는
점에서 충분히 흥미로웠기 때문이다. 다만 읽는 내내 소설가가 이미
사라져버린 자신의 청춘을 되살리기 위해 문학적인 심폐 소생술을
거듭하는 것 같다는 느낌을 버리지 못했다. 그런 아쉬움에도 불구하고
독서는 만족스러웠다. 서두의 문장 덕분에 자신이 원하는 삶의 모습을
구체적으로 떠올릴 수 있었기 때문이다. P 씨는 그 문장을 다음과
같이 변형한 다음 속으로 몇 번이고 되뇌어보았다. "내 나이 스물여덟,
지금 내가 가지고 싶은 것은 아파트와 승용차, 그리고 최진실을 닮은
아내다"라고 말이다.

　　그렇다. 그 무렵 P 씨의 이상형은 최진실이었다. 그가 '최진실을
닮은 아내'를 욕망하기 시작한 것은 1988년에 초유의 히트를 기록한
삼성전자의 비디오 플레이어 광고를 본 직후였다. 그 광고에서 신혼의
주부 배역을 맡은 최진실은 화면 바깥의 시청자를 향해 "남자는 여자
하기 나름이에요"나 "남편 사랑은 가끔 확인해봐야 한다고요"라고
말하며, P 씨 또래의 미혼 남성이 꿈꿀 법한 행복한 가정의 이상적
이미지를 연출해냈다. 그 이미지란 "부모와 분가해서 둘만의 아파트에
오붓하게 자가용 한 대쯤 굴리면서 근사한 외식도 하고, 가끔은 자극제
차원의 말싸움도 주고받으며 한 쌍의 비둘기처럼 살아가는"것 정도로
요약될 수 있는 것이었다.⁹ 당시 갓 데뷔한 무명의 배우였던 최진실은
그런 장면들과 가장 잘 어울리는 여성의 외모를 갖추고 있었다. P 씨는
최진실이라는 배우야말로 1년 전 군부 세력이 선거용 구호로 내세웠던
'보통 사람'의 현현이라고 생각했다. 그가 보기에 '보통 사람'이라는
기호는 이 배우에 의해 생동감 넘치고 매력적인 생활인의 이미지로
번안되고 있었다.

　　사실 P 씨는 최진실을 처음 보았을 때, 정확히 10년 전에
칠성사이다 광고 모델이었던 가수 혜은이를 떠올렸다. 당시

다섯 번째 아수라장

마지막 코리안 스탠더드: 신도시-이마트-중산층

칠성사이다는 청량음료 시장의 토착 브랜드로 "화란 나르당의
천연향"을 전면에 내걸고 코카콜라의 청량음료들과 전면 승부를
꾀하고 있었다. 차별화를 의도한 것인지 가늠하기 어렵지만,
이십대 초반 나이의 1956년생 혜은이는 코카콜라 광고의 서구형
선남선녀들과는 분명 다른 모양새였다. 후자의 모델들이 자유분방하고
활동적인 면모를 과시하며 미국적 라이프스타일을 보여주었던 반면,
혜은이는 동양적인 이목구비에 다소곳한 포즈로 그저 말없이 독자에게
눈길을 건넸다. 하얀 치아를 드러내며 입가에 살포시 미소를 띠고
있었지만, 넓은 미간 사이로 언뜻언뜻 불안한 기색을 감추지 못했다.
P씨가 보기에 최진실의 평범함은 그가 중학생 시절에 매혹되었던
혜은이의 평범함과 동일한 부류의 것이었다. P씨는 직장 생활에
적응을 마칠 무렵, 대학교 후배와 결혼했다. 아내는 딱히 최진실을
닮은 것은 아니었지만, 그래도 귀여운 외모의 소유자였다.

3.

많은 사람들이 '보통 사람의 시대'가 자신의 삶을 바꿔주기를
기대했지만, 오히려 현실은 기대와는 약간 다른 방향으로 흘러가고
있었다. 3저 호황의 여파가 부동산과 주식 등 자산 시장을 강타하면서
엄청난 거품을 만들어냈기 때문이다. 아파트를 비롯해 일정 수준의
자산을 보유한 중산층에게는 '불로소득'의 달콤한 맛에 취할 수 있던
호시절이었던 반면, 아직 '보통 사람'도 되지 못한 이들은 천정부지로
치솟는 집값 앞에서 열패감을 맛볼 수밖에 없는 고난의 시기였다. 이제
막 취업의 관문을 통과한 P씨 또래들 상당수는 후자에 속했다.*

---

* 그 세대의 급진적 엘리트들은 이 상황을 묵과하지 않고 한마디씩
거들며 당시 한국 자본주의의 성격을 두고 논쟁을 벌였다. "발전의
한계에 봉착한 전반적 위기"라는 견해와 "경기 순환상의 일시적
하강세"라는 견해가 서로 맞부딪쳤다.

다섯 번째 아수라장

P 씨는 무주택 세대주로 이 일련의 과정을 직접 경험하면서 중산층에 대한 자신의 관념이 얼마나 순진한 것인지 깨달았다. 주지하다시피 1970년대 중반 이후 아파트는 중산층이 되고자 하는 이들의 '내 집 마련'을 돕기 위한 양산형 주거 모델로 기능했다. 실제로 1970년대의 강남, 그리고 1980년대의 목동, 상계 · 중계, 과천 등지에 대규모 아파트 단지들이 솟아올랐고, 그 아파트들은 당시 집 장만에 나섰던 기성세대 일부의 몫으로 돌아갔다. 이들 대다수는 분양가 상한제 덕분에 비교적 적은 비용을 지불하고 아파트를 구입할 수 있었다.

그런데 아파트의 기능은 그것뿐이 아니었다. 정리하자면 이렇다. 1960년대 이후 "조국 근대화"의 흐름을 타고 서울에 당도한 엘리트 청춘들은 제각각 4 · 19 혁명과 유신 체제 선포 같은 정치적 격변을 경험하면서도, 대졸이라는 학력 자본의 습득을 통해 사회적 이동의 경로를 확보할 수 있었다. 하지만 그것만으로 중산층이 될 수 있었던 것은 아니다. 그보다 한 걸음 더 나아가 '내 집 마련'의 형식으로 부동산을 구입함으로써 중산층이라는 계층적 지위를 확고히 할 수 있었다. 일단 집을 사두면 가격은 오르기 마련이었기 때문이다.

실제로 아파트의 거주자들이 본격적인 소비 활동을 통해 중산층의 라이프스타일을 선보이기 시작한 것은 집값 상승 이후의 일이었다. 그들 상당수는 집값의 상승폭만큼의 경제적 여유를 변신의 동력원으로 삼아, '근로소득자'의 정체성을 청산하고 '중산층 소비자'의 일상을 설계하기 시작했다. 대규모 단지 주변의 교회, 쇼핑 시설, 학원가 등이 입주 첫 세대의 생애 주기에 맞춰 세를 확장했던 것도 이런 맥락 덕분이었다. 즉 이들에게 아파트는 단순히 주거 모델일 뿐만 아니라 자산 증식을 위한 투자처 구실도 해주었던 것이다. P 씨는 부동산과 관련된 맥락들을 눈여겨보면서, 80년대에 등장했던 중산층의 독특한 역사적 성격을 다음과 같은 도식으로 정리할 수 있었다. 그들은 고학력 엘리트로서 산업화의 실무자가 되어 계층 이동의 경로를 고안해냈고,

마지막 코리안 스탠더드: 신도시-이마트-중산층

아파트 소유자로서 도시화의 수혜자가 되어 풍요의 소비문화를
일궈냈다고 말이다. 그들 대부분은 1989년 이후 불어 닥친 부동산
가격 폭등을 기회로 삼아 한 차례 더 도약을 준비 중이었다. 바로 이
시점에서야 P 씨는 1987년 대선을 앞두고 그들 상당수가 운동권에게
등을 돌린 이유를 명확하게 이해할 수 있었다.

한편 부동산 가격의 폭등세가 "집이 있는 계층과 집이 없는 계층",
그리고 베이비 붐 이전 세대와 이후 세대라는 식의 사회적 갈등으로
확산되는 양상을 보이자, 노태우 정권은 당황하지 않고 주택 200만 호
건설과 수도권 신도시 개발 등의 정책을 내세워 적극적으로 대처하기
시작했다. 흥미로운 것은 P 씨가 주목한 신도시의 아파트들은 '보통
사람들의 시대'와 보조를 맞추기 위해서였는지 이전의 아파트들과는
약간 다른 모양새였다는 점이다. 기본적으로 '주택 청약 제도'와
'분양가 상한제'를 아파트 공급의 제도적 골격으로 삼는 것은
여전했다. 정부와 건설업체와 주택 소비자의 긴밀한 삼각관계도
크게 달라지지 않았다. 물론 이전까지 정부의 '하청 기업'에 불과했던
건설업체들이 목소리를 높이며 아파트 분양가를 상향 조정해줄 것을
요구하고 나서기도 했다. 바야흐로 '민주화'의 시대였으니 그럴 법도
했다. 그러나 정부 역시 그리 호락호락한 상대가 아니었다.

당시 정부는 경제 성장의 추이에 맞춰 아파트 공급의 정책적 목표
자체를 재설정하고 있었다. 주지하다시피 70년대 강남에서 시작한
대규모 아파트 단지의 건설은 급속한 도시화에 따른 주거 문제에 대한
최종 해결안으로 제시되었던 것이다. 즉 포드주의적 건설 방식을 통해
표준화된 주거 모델의 대량생산에 초점을 맞추고 "소매가 아니라
도매의 방식으로 도시를 바꾸"고자 했다. 물론 90년대의 신도시 건설
역시 호황 이후의 부동산 거품과 민주화 이후의 정치적 상황이 맞물린
데다, 베이비 붐 세대의 내 집 마련 시기까지 겹쳐지면서 주택 부족
문제 해결에 초점을 맞추고 있긴 했다. 확실히 26만 가구에 달하는
엄청난 물량의 신도시 아파트들은 도시화의 주력 부대였던 베이비

다섯 번째 아수라장

붐 세대의 무주택자들을 위한 주거 모델임에 틀림없었다. 하지만 그것으로 끝이 아니었다. 왜냐면 신도시 자체가 그들에게 학력과는 상관없이 무차별적으로 '보통 사람'의 지위를 제공하는 압도적인 규모의 사회적 이동 경로이기도 했기 때문이다.•

또한 정부가 보기에 이 신도시들은 잉여 자본과 잉여노동을 빠른 속도로 흡수하는 토건과 개발의 전진기지이면서, 집 장만에 성공한 보통 사람들의 구매력을 동력원으로 삼는 경기 활성화의 새로운 용광로이기도 했다. 신도시의 보통 사람들은 냉장고, 에어컨, 텔레비전, 가구 등 내구소비재의 구입을 통해 서울의 중산층이 완성한 라이프스타일을 모방하는 데 그치지 않고, 교외 거주자라는 특수한 상황으로 인해 자동차 수요의 증대를 비롯해 새로운 소비문화를 창출해낼 것이 분명했다. 그러니까 이렇게 정리할 수 있지 않을까? 기존의 서울 신시가지 아파트가 예비 중산층을 수요자로 삼아 포드주의적 골격 위에 세워졌다면, 90년대의 신도시 아파트는 그 골격 위에 케인즈주의적 외피를 덧씌운 채로 미래의 보통 사람들을

• 주지하다시피, 200만 호 건설과 수도권 신도시 개발로 집약되는 노태우 정권의 주택 공급 정책은 뚜렷한 성과를 거두었다. 실제로 1990년부터 1995년까지 서울의 주택 보급률은 57.9퍼센트에서 68.0퍼센트로, 수도권은 63.3퍼센트에서 76.7퍼센트로, 전국은 72.4퍼센트에서 86.0퍼센트로 증가했다. 한편 이런 주택 공급 정책의 주요 수혜자는 1990년을 기준으로 25~39세 구간의 연령대, 즉 당시 생애 주기상 내 집 마련의 시점이었던 유신 세대와 386 세대 일부였다. 1990년 당시 25~29세 구간의 자가 점유율은 16.0퍼센트에서 1995년에는 31.9퍼센트로, 30~34세 구간은 29.1퍼센트에서 46.3퍼센트로, 35~39세 구간은 42.3퍼센트에서 56.6퍼센트로 각각 급증했다. 진미윤·최지웅, 『중장기(2013~2030) 주택 수요 전망 연구』, 한국토지주택공사 토지주택연구원, 2013년, 75쪽.

마지막 코리안 스탠더드: 신도시-이마트-중산층

맞이했다고 말이다.[10]

　사정이 어찌되었든, P씨는 아내와 함께 신도시 주변의
모델하우스를 들락거렸고 마침내 분양권을 거머쥐었다. 80년대
후반에 각자 도생에 나선 후 세상 돌아가는 이치에 눈뜬 그의 친구들
역시 당첨 운에 따라 분당으로, 평촌으로, 일산으로 흩어졌다. 그들은
마침내 '보통 사람'이 되었던 것이었다. 그들이 입주한 신도시는
급하게 조성된 흔적이 역력했다. "눈을 즐겁게 할 다양성도 애착을
느끼게 할 연륜도" 갖추지 못했다. "막 심어놓은 불쏘시개 크기의
가로수들과 20층짜리 아파트 건물이 전부"인 도시는 사실상 아직
마감 처리가 끝나지 않은 거대한 콘크리트 복합체나 다름없었다.
그래서였을까? 서울의 집을 팔고 이곳으로 이주한 연배가 있는 주민들
중 일부는 자신이 거주하는 아파트를 두고 "20층짜리 양계장"이라고
비꼬아 부르기도 했다. 주거 공간의 외형부터 그 내부의 일상까지,
"양계장과 그 속에서 달걀만 낳으려고 사는 닭의 생활"과 그리
다르지 않다고 생각했기 때문이다.[11] 그에 맞장구라도 치듯이 외부의
방문자들 일부 역시 "신도시라는 건 결국 시멘트의 폭력"이라고 혀를
차기도 했다.[12] 그들은 자신의 이해 범위를 넘어선 신도시의 엄청난
규모에 당혹감을 느끼면서도 그럴싸한 비판의 말 한마디를 덧붙이고자
했던 것이다.

　물론 몇 년이 지나면 신도시 한편에 자리를 잡은 공원에는
"유모차를 밀고 가는 젊은 엄마들의 웃음소리"가 끊이지 않을 것이며,
신도시의 입주자 어느 누구라도 집값을 묻는 친구의 질문에 "강남보다
싸구 강북보다 비싸구"라며 자신 있게 응대할 수 있을 것이었다.[13]
하지만 아직은 아니었다. 초기 신도시의 인프라 부족을 참고 견뎌낼
수 있는 인내력이 필요한 시점이었다. 사실 꿈에 그리던 '내 집 마련'에
성공했으니, 일상의 불편함 따위를 감내하는 것은 그리 큰 문제가
아니었다.

　한편 P씨나 그 주변 친구들이 '보통 사람'으로 변신하는 동안,

　　　　　　　　다섯 번째 아수라장

정반대 방향으로 인생행로의 유턴을 감행하는 이들도 있었다. 그의 대학 동창인 소설가 Y 씨가 그런 경우였다. 그는 잘 다니던 잡지사를 그만두고 산동네의 사글셋방으로 들어갔다. 물질적인 궁핍 따위는 그리 두렵지 않았다. '시속(時俗)과 거리를 둔 관찰자'를 자처한 터라, "하루 두 끼의 식사와 담배 한 갑, 그리고 안주는 없어도 좋을 슈퍼마켓 가격의 소주 한 병"이면 혼자 살아가는 데 충분하다고 생각했다. 그러나 "도배를 언제 했는지 벽지의 무늬조차 알아볼 수" 없는 방구석만큼은 견디기 쉽지 않다. 특히나 옆방의 "손톱 깎는 소리, 코 푸는 소리, 간혹 여자의 물기 빠진 웃음소리, 이불 속에서 몸이 뒤척이는 소리, 잠꼬대하는 소리, 심지어는 음양이 교합하는 소리… 등등"은 인내심의 한계 지점까지 그를 밀어붙인다. 칸막이 역할을 하는 베니어합판은 아무런 차단막 구실을 하지 못한다.

그는 그럴듯한 글을 써내지 못한다. 기껏해야 시간을 죽이며 "눈에 들어오지도 않는 묵은 잡지나 뒤적일 뿐"이다. 그는 나지막이 "허름한 사글셋방 같은 곳이 양질의 작품을 생산하는 시대"가 이미 가버린 것 같다고 토로하며, 글을 쓰기 위해선 "장급 여관 정도의 시설을 갖춘 곳"이 필요하다고 말한다. 그리고 다시금 "먹이사슬로 편입하느냐 마느냐"의 문제를 두고 심각한 고민에 빠져든다.[14]

Y 씨는 한때 사회변혁의 야심을 품었던 또래 친구들의 변신을 냉소적인 시선으로 응시하는 것도 잊지 않는다. 먹고사는 일에 치여 평소에는 얼굴 보기조차 힘든 그 친구들이 하나둘 모여드는 자리는 거의 언제나 대학 동창의 결혼식장이다. Y 씨에 따르면, 그들이 피로연 자리에서 술잔을 부딪치며 서로 말을 섞는 화제란 대충 이런 것들이다.

증권 다음엔 보험이라는 이야기, 집은 어떻게 살 것인가 하는 이야기, 집은 하나보다 둘 둘보다는 셋 많으면 많을수록 좋다는 이야기, 마누라하고 하는 이야기, 하기 위해 힘이 있어야 한다는 이야기, 힘에는 물개가 좋다는 이야기, 마누라 말고 따먹은 여자가

마지막 코리안 스탠더드: 신도시-이마트-중산층

몇 명이라는 이야기, 훔쳐 먹은 사과가 맛있다는 이야기, 애는
잘 큰다는 이야기, 애 낳고 나더니 마누라가 더 밝힌다는 이야기,
그래서 죽겠다는 이야기, 기타 등등.[15]

그들은 재산 증식과 부부 관계, 자녀 교육을 화제로 삼긴 하지만,
그래도 자신이 속한 계층의 이해관계를 노골적으로 옹호하는
데까지 나가지는 않는다. 아직까지는 그런 태도를 부끄럽게 여기고
있었으니까. 그 어정쩡한 태도 때문이었을까? 이 대화의 피날레를
장식하는 것은 다름 아닌, "사랑도 명예도 이름도 남김 없이 어쩌구
하는 노래"다. 스스로 힘겹게 버티고 있다고 생각하는 이들에게 분명
마음의 위안을 줄 만한 선곡이었다. 그러나 소설가 Y씨에게는 퇴행의
극치일 뿐이다. 그는 "노래는 종종 사람을 잘 속"이며 그래서 "자기의
삶이나 생각과는 영 딴판인, 모순되는 노래를 열렬하게 불러댈 수도
있"다고 생각한다. 그가 보기에 옛 친구들은 "배 나오고 머리 벗겨진
그 옛날의 4·19 세대들처럼 변해가"고 있던 것이다.[16]
　　이런 경험을 반복하다 보니, 소설가 Y씨는 이제 '시대와의 불화'
단계를 훌쩍 뛰어넘어 '세상에 대한 환멸' 단계에 당도하게 되었다.
따라서 그가 '후일담 소설'의 형식을 전유해 자기 자신을 주인공으로
내세워도 그리 이상하지 않았다. 그 허구의 형식 안에서라면, 그는
자신의 무능을 '작가적 진정성'으로 치장하면서 '보통 사람'으로의
변신에 성공한 친구들을 속물로 비아냥거릴 수 있을 테니 말이다.
그가 골방에 머무는 한 할 수 있는 일이라곤 그것뿐일 테니까. 물론
비평가들은 그를 일컬어 '거대 서사에 의해 억압되었던 개인의 진정한
자의식을 응시하며 일상적 삶의 미세한 무늬를 더듬어가는 내향적인
인간형'이라고 평할 수도 있을 것이다. 하지만 소설가 Y씨에 대한
P씨의 생각은 단순명료했다. 그는 그저 세상이 어떻게 변해가고
있는지 전혀 깨닫지 못하고 있을 뿐이었다.
　　이렇게 변신과 유턴의 자리바꿈으로 혼돈스러운 와중에도, 비록

다섯 번째 아수라장

소수이긴 했지만 본래의 자리에서 버티고 서 있던 이들도 있었다. 노동 현장이나 운동권 조직을 떠나지 않고 있던 P씨의 동창들이었다. P씨의 편견일 수도 있겠지만, 그들 대부분은 "학창 시절에 목소리를 높이지 않고, 주변적인 일로 보이지만 실상은 매우 중요한 일을 하던 묵묵하고 성실한 친구들"이었다. P씨는 그들이 애당초 "자기 현시적인 욕망"이나 권력 지향적 성격과는 거리가 먼 인물들이었기 때문에 비타협적인 태도를 유지하며 '80년대'의 사수대 역할을 떠맡고 있는 것이라고 생각했다.[17] 다만 P씨는 그들이 변하지 않아서 그 자리를 지키는 것인지, 아니면 변할 수 없어서 그 자리에 남아 있는 것인지 종종 궁금해하곤 했다.

한편 P씨가 이십대 후반에 그토록 갈망했던 아파트, 승용차, 아내, 이 세 가지 모두를 가지게 된 것은 혜은이의 사이다 광고로부터 16년, 최진실의 가전제품 광고로부터 6년이 지난 후의 일이었다. 그중 가장 마지막으로 손에 넣은 것은 쏘나타 투였다. 아내와 결혼한 지 4년, 신도시 아파트에 입주한 지 1년 뒤의 일이었다. P씨는 승용차를 구입한 후 이제는 "호암아트홀풍의 (…) 휴먼 드라마들",[18] 그러니까 「미션」 같은 영화를 관람하며 감동의 눈물을 흘릴 차례라고 생각했다.

돌이켜보면, P씨의 33년 인생은 거의 수직에 가까운 가파른 그래프로 표현될 법한 변화의 격랑에 휘말려 있었다. P씨가 태어나던 해 1인당 국민소득은 100달러 안팎이었고, 대학에 입학하던 해에는 간신히 1000달러를 넘어섰었다. 그런데 그가 승용차를 보유하게 된 지금, 1만 달러 돌파를 앞두고 있었다. 변방의 농업 국가를 자본주의사회로 개조해낸 엄청난 추진력, "농민층의 하향 분해를 촉진하며 농촌 사회를 해체하고 광범한 산업예비군을 창출해낸 힘, 이들을 이제 1000만을 훨씬 넘는 노동자계급으로 변신시켜 이른바 '아시아의 용'을 만들어낸 힘". P씨는 그 힘의 정체를 가늠해볼 때마다 경외의 감정을 맛보았다. 정말 "어수룩한 사람이라면 그걸 좇아가는 일만으로도 눈알이 핑핑 돌아 제정신을 잃을 만했다."[19] P씨는 세상이

마지막 코리안 스탠더드: 신도시-이마트-중산층

깜빡한 인생으로 전락하지 않기 위해 다시 한 번 이를 악물었다.

4.

P 씨가 새 아파트에 입주할 무렵, 신도시는 상권이 제대로 형성되지
않은 상태였다. 주부들이 따로 날을 잡아 서울로 '장보기 원정'에
나서야 할 정도였다. 상황이 달라진 것은 90년대 중후반부터 대형
할인점들이 상업 지구에 들어서면서부터였다. P 씨의 아내가 먼저
대형 할인점의 문을 두드렸다. 그녀는 혼자 집에 앉아 점심을 챙겨먹는
게 궁상스럽게 느껴질 때면 그곳으로 향하곤 했다. 평일 오전
11시, 느긋하게 산책을 즐길 수 있는 시간대였고, 저녁 식사를 위해
간단한 찬거리를 구입하기에도 안성맞춤이었다. 아파트만 빼곡히
들어서 있는 이 삭막한 도시에서 그곳만이 그녀의 숨통을 틔어준 듯
보였다. 그로부터 얼마 후, P 씨는 한가한 주말 오후면 아내와 함께
외식도 할 겸 대형 할인점으로 쇼핑에 나서게 되었다. 주차장에 차를
세우고 카트를 밀고 매장 안으로 입장할 때면 매장 안은 가족 단위의
쇼핑객들로 가득 차 있었다. 모두가 카트를 밀고 있는 모습이었다.

그렇게 몇 차례 드나들다 보니, P 씨는 무엇이 이들을 이곳으로
불러 모으는지 궁금증이 일었다. 이곳에 '피리 부는 사나이'라도 숨어
있는 것일까? 일단 신도시의 독특한 면모가 큰 역할을 했을 것이다.
주지하다시피 신도시 아파트의 실내는 기본적으로 거실 중심의
기존 아파트 평면 계획을 고스란히 답습했다. 하지만 단지 바깥으로
시선을 옮겨보면 사정은 달랐다. 서울 신시가지의 아파트 단지는 어떤
식으로든 그 바깥의 이질적 요소와 접촉할 수밖에 없는 도시 연속체의
일부였다. 반면 신도시는 외부와는 가느다란 교통의 선들로 연결된
콘크리트의 섬이나 다름없었다. 거기에 한 겹 더해 짧은 기간에 주거
기능 중심의 '베드타운'으로 건설된 터라, 도시 내부의 사회적 기능
상당수는 공백으로 남겨져 있었다. 바로 이 시점에 등장한 것이 대형
할인점이었다. 그것은 신도시의 빈 공간에 파고들어 주변 환경을

다섯 번째 아수라장

빠르게 재편하고 있었다. 연배가 있는 거주자들은 이전에 거주하던 도시를 떠올리며 집 근처에 재래시장이 없다고 불평을 쏟아내기도 했다. 반면 생애 처음으로 이 도시에 집칸을 장만한 P 씨 같은 젊은 거주자들 상당수는 기존의 도시적 삶의 습속에 얽매이지 않고, 곧바로 신도시의 쇼핑 환경에 적응해갔다. 주말에 가족끼리 갈 만한 곳도 마땅치 않았던 터라, 가족 나들이의 필수 코스로 대형 할인점을 간주하기 시작했던 것이다.

물론 이 나들이 길에 자가용 승용차는 반드시 함께해야 하는 동반자였다. 일주일에 한 번 꼴로 방문하는 터라 구입 물품의 양도 적지 않았고, 왕복 이동 거리도 만만치 않았기 때문이다. 하지만 신도시 거주자들에게 이는 걸림돌이 되지 못했다. 그들 대부분은 '내 집 마련' 이후 잠깐 숨을 돌렸다가 곧바로 '마이카 시대'의 대열에 뛰어들었기 때문이다. 자동차를 위해 설계된 인공 도시에서 살기 시작한 첫 번째 거주민들에게 다른 선택지는 없었다.

그러면 이제 주차장에 차량을 세워둔 뒤 매장 내부로 들어가보자. 카트 손잡이가 이제 승용차 핸들을 대신했다. 사실 한번쯤 카트를 밀며 매장을 둘러본 이라면, 대형 할인점이 인기를 끄는 이유를 알아채기란 그리 어려운 일이 아니었다. 유통의 합리화를 통한 저가 물량 공세, 다양한 상품 품목, 쇼핑의 효율성과 편의성 등등. 그런데 그것들은 너무 뻔한 모범 답안이었다. P 씨가 보기에 그 모든 요인들을 하나로 통합해내는 것이 따로 있었다. 그것은 바로 독특한 쇼핑의 경험 형식을 제공하는 매장 공간의 질서였다. 외견상 대형 할인점은 수많은 상품들이 거대한 창고 속에 쌓여 있는 듯 보였다. 하지만 실제로는 명료한 분류 체계에 따라 진열대에 배치되었고, 쇼핑객은 카트를 밀며 진열대 사이를 오가면서 자신이 원하는 상품을 고를 수 있었다. 다양한 가격대의 유사 상품들이 바로 이웃에 자리를 잡고 경쟁을 벌이고 있으니, 선택의 즐거움은 배가될 수밖에 없다. P 씨의 아내는 이 즐거움에 대해 이렇게 표현하곤 했다. 진열대 사이를 멍하니

마지막 코리안 스탠더드: 신도시-이마트-중산층

돌아다니다 보면 없던 기운도 샘솟는다고, 될 수 있으면 꼭 필요한
물건만 카트에 넣으려고 하지만 카트를 밀고 가다 보면 진열대 위의
모든 상품에 대해 전부 다 알고 싶어진다고 말이다.[20] P 씨도 다르지
않았다. 실제로 10년 넘게 변두리 동네의 골목 가게를 드나들었던
그에게 그곳은 소비자 주권을 실현하기 위해 상품의 평등주의를 강도
높게 실험하는 공간처럼 보였다.

　　한편 이렇게 위계가 사라진 매장 공간의 질서는 기존의 중산층이
추구하던 교양주의의 세계와는 확연히 구분되는 것이기도 했다.
P 씨는 과거에 『샘이 깊은 물』 같은 잡지들을 통해 그 세계를 힐끗
엿보면서 자신과의 거리를 재보곤 했다. 그때마다 그 잡지들이
다루는 세련된 안목과 고상한 취향의 목록에 질투심과 함께 동경의
시선을 보내곤 했다. 언젠가는 당도하리라 다짐했던 문화적 교양의
신세계, P 씨는 그 세계가 대형 할인점 앞에서 처절하게 박살나고
있다고 생각했다. 하긴 유통 자본이 전면화한 '박리다매'의 논리
앞에서 문화적 교양이란 진열대의 수많은 상품들 중 하나에 불과하지
않은가.* 물론 어떤 이들은 이런 변화를 두고 대중 소비사회에 내재한
하향 평준화의 결과라고 비판할 수도 있을 것이다. 하지만 시대는
변하고 있었다. 한때 '교양'의 품에 안겨 있던 '문화'는 이제 '서비스'의
영역으로 부드럽게 미끄러져 들어가고 있었다.**

* 현대문학의 독자 자리에 교양 중산층을 배정해놓고 그들의 성찰
능력에 대한 희망을 버리지 않았던 1942년생 비평가 김현은
1991년에, 전통의 현대화와 문화적 교양주의를 목표로 내걸고 잡지
『샘이 깊은 물』과 『뿌리 깊은 나무』를 발간했던 1936년생 잡지 편집인
한창기는 1997년에 각각 암으로 사망했다.

** 이런 변화를 고스란히 반영하고 있던 것 중 하나는 '문화 산업'이라는
용어였다. 불과 몇 년 전까지만 해도 상아탑의 엘리트들이 '문화의

다섯 번째 아수라장

P씨가 보기에 대형 할인점에서 상품의 평등주의가 '서비스'로 경험되게끔 만드는 것은 바로 카트였다. 필요한 물건 한두 개만 구입하려는 요량이면, 굳이 카트를 밀고 매장에 입장할 필요가 없었다. 곧바로 해당 진열대로 이동해 상품을 집어든 뒤 계산대로 향하면 그만이었다. 반면 온 가족을 이끌고 주말 오후에 매장에 들른 이들에게 100원짜리 동전과 카트는 필수품이었다. 그들에게는 상품 구매뿐만 아니라 얼마간의 시간을 이곳에서 보내야 한다는 뚜렷한 목표가 있었다. 그들은 그 시간 동안 이 공간에서 자유롭게 움직이기 위해 카트에 의지할 수밖에 없었는데 이때 카트의 쓰임새는 운반 수단에만 그치지 않았다. 그것은 매장의 공간 질서로부터 새로운 쇼핑의 경험 형식을 추출해내는 미디어의 역할을 떠맡았다.

일단 카트는 멈춰 서 있을 수는 있지만 질주할 수 없다. 쇼핑객이 진열대 앞에서 특정 상품의 구매 여부를 가늠할 때 카트는 멈춰 선다. 한편 그가 다른 진열대로 이동할 때 카트는 그의 이동 속도를 제어한다. 쇼핑객의 발걸음뿐만 아니라 그의 시선과 보조를 맞춰 일정한 속도를 유지한다. 좌우 진열대를 훑어볼 수 있도록 시간적 여유를 제공하는 것이다. 이때 카트를 미는 쇼핑객의 시선은 영화의 수평 트래킹 촬영 기법과 닮아 있다. 비좁은 통로를 이동하며 미로의 벽 같은 진열대를 측면에서 바라보는 시선, 쇼핑객은 바로 이 시선을 통해 색다른 만남을 기대하며 상품의 세계를 관광한다.•

상업화와 저급화'를 낮춰 부르기 위해 사용했던 이 용어는 1990년대 중반을 넘어서면서 고객의 문화적 욕구를 충족시키기 위한 산업 일반을 통칭하는 가치중립적 개념으로 탈바꿈했다.

• 아마도 미국에서 살다 온 이들이라면, 카트의 동선이 미국과 다르다는 사실을 어렵지 않게 눈치 챘을 것이다. "한국에서는 진열대에 가까이 붙어서 물건을 고르는데 그 나라에서는 반대편 진열대를

마지막 코리안 스탠더드: 신도시-이마트-중산층

그래서 경험 형식의 측면에서 대형 할인점은 백화점과 뚜렷하게 구분된다. 백화점은 공간 한가운데에 에스컬레이터를 위치시킴으로써 수직적 이동을 통한 조감의 시선을 전제하고 그 시선에 의지해 개별 매장들을 위계적으로 배치한다. 소비 행위는 전적으로 이 위계에 귀속되며, 구매자는 조감의 시선을 통해 이 위계를 자각한다. 반면 대형 할인 매장은 무빙워크를 외곽에 배치해 경험의 연속성을 극대화한다. 이 공간은 카트를 미는 시선의 존재를 가정하고 그 시선에 맞춰 진열대의 상품들을 평면화해 버린다. 그것은 카트가 매개하는 납작한 공간인 것이다.

대형 할인점이 제공하는 경험 형식 때문이었을까? P 씨는 이곳에서 카트를 밀기 시작한 이후, 어느 순간부터 자기 정체성의 골격이 변형되고 있다고 느끼기 시작했다. 돌이켜보면, P 씨는 철든 이후 줄곧 개인과 사회라는 개념의 격자 사이에 국민, 민족, 민중, 시민이라는 집단적 정체성의 렌즈를 차례대로 삽입해보며 자신과 세상의 거리를 가늠해보곤 했다. 그때마다 초점이 흐릿한 안경을 착용한 듯한 느낌을 버리지 못했다. 그리고 신도시에 거주하기 시작한 후에는 '보통 사람'이라는 닉네임에 만족하면서도, '대기업 봉급생활자', '명문대 출신의 베이비 붐 세대', '신도시 아파트 거주자', '야권 성향의 유권자', '마이카 운전자' 등과 같은 다양한 지표를 통해 자신의 정체성을 작도해보려고 애썼다. 그런데 대형 할인점에 몇 차례 방문한 이후 달라지기 시작했다. P 씨는 카트를 미는 동안

등지고 멀찌감치에서 물건을 골랐다." 은희경, 「T아일랜드의 여름 잔디밭」, 『다른 모든 눈송이와 아주 비슷하게 생긴 단 하나의 눈송이』, 문학동네, 2014년, 129쪽. 국내 할인 매장도 초창기에는 창고에 쌓아두는 방식으로 진열대를 배치했다. 하지만 이후 고객의 만족스러운 경험을 위해, 카트 운전자의 눈높이에 맞춰 진열대를 재배치했다.

다섯 번째 아수라장

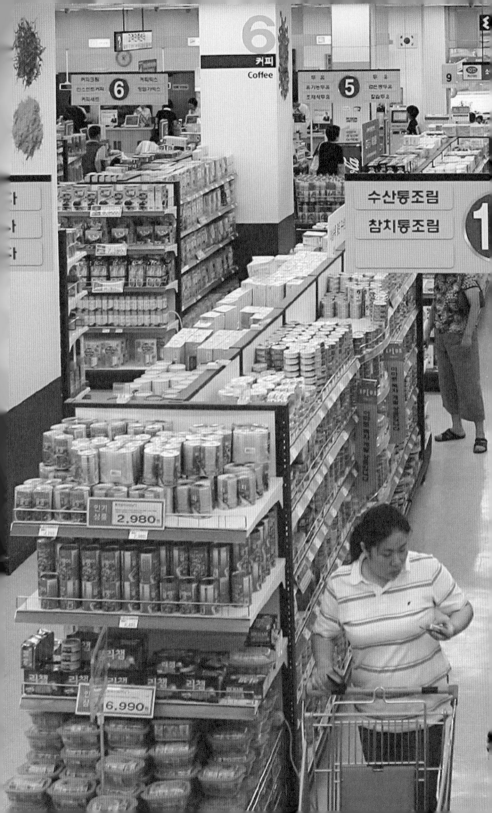

자신의 정체성이 자연스럽게 단 하나의 정체성으로 수렴되는 것을 경험했던 것이다. 그것은 '소비자-고객'이라는 정체성이었다. 마치 종교에 귀의해 세례를 받고선 새로운 세상에 눈뜬 것만 같았다. 그 세상은 총천연색의 고해상도로 명료하게 욕망의 이해관계를 표시하는 세상이었다.

여기에 카트의 또 다른 기능이 숨겨져 있었다. 그것은 독특한 패턴의 경험 형식을 유도해내는 이동의 미디어일 뿐 아니라, 진열대로부터 구매 상품을 추출해내는 소비자 정체성의 여과 장치이기도 했다. 미로같이 펼쳐진 매장의 통로는 쇼핑의 컨베이어 벨트나 다름없었다. P 씨가 보기에 계산대 옆의 실제 컨베이어 벨트는 이 공간의 동학을 압축적으로 드러내는 제유적 사물이었다. P 씨는 대형 할인점과 카트의 조합이야말로 한국 자본주의가 '보통 사람'에게 선사할 수 있는 최상의 선물이라고 판단했다. 대형 할인점이 다른 도시들로 점포 수를 늘려나간다면, 전 국민을 대상으로 하는 '소비자 주권론'의 학습장으로 자리매김하는 것은 시간 문제였다.*

한편 불청객의 출현으로 매장 안의 분위기가 험악해지는 경우도 있었다. 행정구역상 신도시와 같은 도시에 속하는 구도심, 혹은 멀리 서울에서 원정 나온 불량배들이 바로 그 불청객이었다. 이치들은 여자애들을 카트에 태우고 매장 여기저기를 들쑤시고 다니곤 했다. 입에 찰싹 달라붙은 수만 가지 욕설들이 멀리서 들리면, 그들이 들이닥쳤다는 신호였다. 일상의 평온함에 젖은 채로 장을 보러 온 아줌마, 아저씨들은 그 소리를 듣는 순간 일제히 눈살을 찌푸렸다. 그러고선 그들과 마주치지 않기 위해 원래 계획했던 동선을 다시 짜느라 궁리를 시작했다. 물론 그 불량배들이 구입하는 물품이라고

---

* 물론 그가 그 시절에 미처 예상하지 못했던 것도 있다. 2015년이면 대형 할인점이 수백 개로 늘어나 전국 각지에서 고객을 맞이하게 되리라는 사실이 바로 그것이었다.

마지막 코리안 스탠더드: 신도시-이마트-중산층

해봐야 기껏 맥주나 소주, 안줏거리가 될 만한 라면이나 스낵류 정도인 터라, 소란은 금방 잦아들었다. 그들이 카운터에서 계산을 마치고 사라지고 나면, 매장 안의 풍경은 원래의 평온한 부산함을 되찾았다. P씨는 몇 차례 그들의 행패를 목격한 바 있는 터라, 어렵지 않게 그들의 정체를 추측할 수 있었다. 십중팔구 남자 애들은 삐끼일 것이고, 여자 애들은 술집에 나가고 있을 것이다. 그저 눈이 맞는 데 그치지 않고 여기까지 함께 원정을 나올 정도면, 아마도 그 둘은 서울의 여관방이나 구도심의 다세대 주택 반지하 단칸방에 살림을 차렸을 것이다. 그리고 그 방으로 돌아가는 길, 그들은 폐차 직전의 구형 포니 엑셀을 몰며 라디오에서 흘러나오는 젝스키스의 「기사도」 같은 노래를 따라 부를 것이다.[21] 그들은 아마도 영원히 보통 사람이 될 수 없을 것이다.

5.

1994년 이후 정부는 수능 평가나 논술 고사 등 다양한 변별 척도의 도입을 통해 이해 당사자 모두를 만족시키는 입시 제도를 완성하려고 애쓰고 있었다. 부질없는 시도가 되풀이되는 사이, 대치동을 근거지로 삼던 사교육 산업은 고교 비평준화 지역이었던 신도시로 점차 활동 범위를 넓혀갔고, 신도시의 학부모들은 자녀의 성적을 정규 분포곡선의 오른쪽으로 이동시키기 위해 너도나도 사교육 시장에 뛰어들었다.

　　사실 그 학부모들 상당수에게 '사교육'은 말로만 들어보고 실제로 경험해본 적이 없는 세계, 한때는 소수 상류층의 전유물이었으나 전두환 정권 시기에는 사법적 처벌의 대상이 되었던 세계, 그리하여 '동경'의 대상이 될 법한 나름의 연혁을 갖춘 세계였다. 그들은 자신의 자녀들이 그 동경의 세계를 경유해 더 나은 미래에 도달할 수 있기를 바랐고, 지금 당장의 경쟁에서 뒤쳐지지 않기를 원했다. 그들에게 사교육은 자녀의 미래를 위한 투자재이자 자신의 불안감 해소를 위한 소비재, 두 가지 성격을 동시에 지닌 서비스 상품이었다.*

　돌이켜보면, 그들 대부분의 개인사 속에 학교란 '국가'를 대리해 자신을 체벌하는 초법적 주체이자, '촌지'라는 보이지 않는 손이 개입하는 탈법적 장소였다. 그러니 그들이 공교육을 신뢰하기란 쉽지 않은 일이었다. 특히 서비스 제공자와 서비스 사용자의 관계가 '시민의 권리'나 '국민의 의무'라는 매우 모호하고 추상적인 매개항을 거쳐야 비로소 이해될 수 있는 종류의 것인데다가, 거기에 '군사부일체' 같은 유교적 관념의 잔여물까지 끼어들기 일쑤였다. 학부모들이 이렇게 복잡하게 뒤엉킨 관계를 투명하게 응시하기란 쉽지 않았다. 따라서 담임선생의 회초리가 무서워 억지로 '국민교육헌장'을 외워야 했던 이들이 "민족중흥의 역사적 사명" 따위는 뒷전에 버려둔 채 사교육 시장으로 향한 것은 그리 이상한 일이 아니었다. 기꺼이 비용을 지불하고 '소비자'의 자리를 차지함으로써, 자신의 주도로 서비스 제공자의 관계를 재정립할 수 있으리라 기대했던 것이다. 어쩌면 그들은 그렇게 해서라도 '보통 사람'인 자신들과는 달리 자식들만큼은 학력을 통해 보통 이상의 계층 상승에 성공하기를 바랐던 것인지도 모른다.

　한편, P 씨 같은 대졸 엘리트들에게 사교육은 이와는 약간 다른 의미를 지니고 있었다. 이를테면 P 씨는 자신의 교육열이 삼대에 걸친 가족 대하드라마를 완성하기 위한 것이라고 믿고 있었다. P 씨의 아버지가 속한 세대는 세상 뒤바뀌는 속도를 따라잡지 못해 계속 뒤쳐지던 아버지들로 넘쳐났다. 일제강점기에 태어난 그들의 발목을 제일 먼저 잡아챈 것은 봉건적 계급 질서와 전근대적 농경문화였다.

---

* 이런 측면에서 신도시에 들어선 학원들은 거의 언제나 교회들과 동반자적 관계를 유지했던 것도 그리 이상한 일이 아니었다. 사교육 기관과 종교 기관, 이 양자는 국가를 대신해 중산층 소비자들의 '미래'를 함께 염려하는 사회적 중책을 떠맡고 있었으니까.

마지막 코리안 스탠더드: 신도시-이마트-중산층

얼마 후 해방이 지나갔고, 전쟁이 들이닥쳤다. 끝이 보이지 않던
혼돈과 파괴의 시간, 그들은 자신의 젊음을 완전히 소진해버린 후에야
거기에서 간신히 벗어날 수 있었다. 정신을 챙길 수 있을 정도로
쥐뿔만큼의 여유가 생기자, 사람의 도리를 하기 위해 가정을 꾸리고
아이를 낳았다. 하지만 이후의 세상 역시 그들의 편이 아니었다. '조국
근대화'라는 이름의 폭주 기관차가 갑작스레 등장해 그들을 따돌렸던
것이다. 그들이 그렇게 보잘것없이 늙어가면서도 마지막 자존심으로
간직한 것은 공부 잘하는 아들의 장래에 대한 기대였다. "저놈만큼은
틀림없이 보통 인물은 벗을 테니 어디 두고 보자", "분명 저놈이 집안을
일으킬 것이다"라고 주문처럼 속삭였다. 그러고는 자신이 한때 품었던
출세에 대한 희망을 자식들에게 투사하곤 했다.

　　그 아버지의 아들들은 일찍 세상 물정에 눈떴다. 그리고 아버지가
얼마나 무능한 사람인지 알아채고선, 빠른 계산속으로 세상의 속도에
뒤쳐지지 않으려고 안간힘을 썼다. 아버지와는 다른 사람이 되기로
마음먹었던 것이다. P씨는 자신이 그런 노력 덕택에 고도성장의
흐름을 타고 보통 사람의 대열에 끼어들 수 있었다고 생각했다.
돌이켜보면, P씨의 세대보다 한발 앞서 이 대하드라마의 두 번째
주인공 역할을 맡았던 기성세대들은 삼십대 초입에서 자기 나름의
'억울함'을 토로하곤 했다. 이를테면 1930년대 후반생의 어느 소시민은
1970년대 초반, "요즘 이 나라가 잘살아 보겠다고 아우성치"고 있다며,
그 아우성에 대해서는 아무런 불만도, 불평도 없다고 말했다. 하지만
자신이 "잘살게 된 때에 태어나지 못하고, 잘살아보려고 아우성치는
이런 고약한 시대에 태어났"다는 사실에 대해서는 억울함을 표했다.[22]
흥미로운 것은 세대에 따라 원망의 대상도 변한다는 사실이었다. 위의
1930년대생과는 달리 1950년대생의 어느 소시민은 '시대'가 아니라
'국적'을 도마 위로 올린다. 그는 1980년대 초반 "이 지구에 하고많은
나라들 가운데 / 어쩌면 이런 거지같은 나라에 태어났는가"라며
억울해한다.[23] 따지고 보면 P씨가 속한 세대 역시 그들과 크게 다르지

다섯 번째 아수라장

않았다. 다만 차이가 있다면, P씨 또래들은 앞 세대들이 알지 못했던 것을 알고 있었다는 점이다. 제각각 억울함을 토로하던 이들은 머지않은 미래에 자녀들에게 원망의 대상으로 지목받게 되리라는 것 말이다.

　　P씨 세대의 대졸 엘리트들은 어느 정도 경제적 안정성을 확보하자마자 곧바로 사교육 시장에 소비자로 뛰어들었다. 자신의 자녀들이 부모의 경제적 지원을 밑거름으로 삼아 다른 경쟁자들이 넘볼 수 없는 문화 자본을 확보하고 학력 경쟁을 통해 스스로 '남다른 아이'임을, 더 나아가 '특별한 가족의 일원'임을 증명해낼 수 있기를 기대한 결과였다. 다만 자신을 중산층이라고 착각하는 '보통 사람들'의 증가로 인해 이 '존재 증명 경쟁'에 뛰어든 자녀 세대의 수가 이전에 비할 수 없을 만큼 많아진 것은 분명했다. 경쟁이 치열해진 만큼 사교육을 통해 경제 자본을 학력 자본으로 전환하려는 움직임 역시 더욱 빨라질 수밖에 없었다.

　　P씨는 자신이 맡고 있는 상품 기획 업무 때문에 우연히 읽게 된 어느 사회학자의 논문 덕분에 사교육에 대한 자신의 믿음을 더욱 확고히 할 수 있었다.[24] 그 논문은 부모의 문화 자본이 자녀의 학업 성취도에 미치는 영향에 대한 것이었는데, 논문 작성자는 부모의 계급적 위치와 문화 자본 보유 정도, 그리고 자녀의 대학 수능 성적 간의 상관관계에 관해 다음과 같은 두 가지 유의미한 명제를 도출해내고 있었다. 첫 번째 명제는 부모의 계급적 위치와 문화 자본 보유 정도가 반드시 일치하지 않는다는 것이었다. 소위 전문직이나 관리직에 속하는 중산층 내부의 상위 계층이 자본가 계급보다 상대적으로 많은 문화 자본을 보유하고 있는 것으로 나타난다는 것이었다. 두 번째 명제는 자녀의 대학 수능 성적이 부모가 보유한 문화 자본의 총량과 비례한다는 것이었다.

　　연구자는 이 두 번째 명제를 좀 더 정교하게 제시하기 위해 문화 자본을 두 가지 유형으로 구분한다. 하나는 '미적 취향'과 관련된 문화 자본이며, 다른 하나는 '인지 능력'과 관련된 문화 자본이다. 그에 따르면, 자녀의 수능 성적에 좀 더 큰 영향을 미치는 부모의 문화 자본 유형은 후자에 속하는 것이다. 정리하자면, 중산층 내 상위 계층의 문화 자본과 그 자녀 세대의 계급적 재생산 사이에는 뚜렷한 상관성이 있으며, 특히 이 관계에서 중요한 역할을 하는 문화 자본은 미적 취향이 아니라 인지 능력에 대한 것이라는 주장이다.

P 씨가 흥미롭게 느낀 것은, 해당 논문의 연구자가 특정 계층의 배타적 재생산 역학을 비판적으로 분석하기 위해 '인지 능력'을 특정 유형의 문화 자본으로 정의하는 대목이었다. 그런데 연구자의 말대로 그 능력이 정말 '문화 자본'에 불과한 것일까? 실제로 교육을 통한 계급 재생산에 적극 참여하는 행위자들은 그 '인지 능력'이 사회적으로 구성되는 것이라기보다는 생물학적으로 유전되는 것으로 간주하고 있지 않은가? 그들은 만인이 법 앞에 평등하더라도 생물학적 우열 관계는 어디에나 존재하게 마련이라고 생각하지 않을까? 만일 그렇다면 그들은 모두가 소비자로 평등해진 시대이므로 자기 자녀의 타고난 능력을 계발하기 위해서는 일정 수준 이상의 투자와 관리가 필요하리라고 판단할 것이다.

P 씨는 나름의 사회적 입지를 다진 자기 세대 일부의 교육열이 바로 이런 인식에 바탕을 두고 있다고 생각했다. 그러니까 모종의 '혈통주의'가 그들의 내면 풍경 어딘가에 깊숙이 자리하고 있다는 것이다. P 씨가 보기에 이 혈통주의야말로 삼대에 걸친 가족 대하드라마를 추동하는 근본적인 동력원이었다. 따라서 이 드라마의 두 번째 주인공들은 자신의 학벌뿐만 아니라 자녀의 학력을 지표로 삼아 자기 가족이 '보통 사람'이 아니라 비범한 혈통임을 증명하고, 더 나아가 감히 돈으로 교환할 수 없는 형태로 가족 로망스의 서사를 완성해야만 했던 것이다. 족보 없는 집안의 혈통 만들기가 바로 그들의 임무였던 것이다. 돌이켜보면, 1994년에 화제를 모았던 모 유업의 분유 광고는 한발 앞서 이 욕망의 핵심을 꿰뚫어보고 있었다.

다섯 번째 아수라장

그 광고에서 워커를 신은 미니스커트의 미시족 엄마는 아기를 한 손에 든 채 다부진 표정으로 다음과 같이 말하고 있었다. "내 아기는 다르다. 내가 남들과 다른 것처럼. 내 아기는 그 누구와도 다르다고 생각한다."•

• 이런 맥락에서 안정적인 직장인이라는 명함, 30~40평형대 아파트 거주, 중형 이상의 승용차 보유를 통해 '코리안 스탠더드'의 인증 마크를 획득한 이들이 21세기 초반, 자녀의 조기 유학을 통해 '글로벌 스탠더드'라는 타이틀에 도전하기 시작했다는 점도 기억해둘 만하다. 사실 90년대 초반의 조기 유학 열풍을 상기해보면, 이런 현상이 완전히 새로웠다고 하기는 힘들다. 하지만 양자 간에는 큰 차이가 있었다. 90년대 초반의 열풍이 상류층의 자본 소득과 사업 소득을 동력원으로 삼았고 '도피성 유학'이라는 혐의로부터 자유롭지 못했던 반면, 21세기의 새바람은 상위 10퍼센트 내에 자리한 근로소득 가구가 주도했다는 점이 그것이다.

　　주지하다시피, 조기 유학 모델의 확산은 '기러기 가족'이라는 변종 가족의 출현을 가져왔다. 어린 자녀는 뒷바라지해줄 엄마와 함께 유학길에 나서고 아빠는 고국에 남아 열심히 직장 생활을 하며 다달이 생활비와 학비를 보내는 새로운 형태의 가족이 등장했던 것이다. 상류층 일부는 자녀의 미국 국적 취득을 위해 '원정 출산'이라는 전략을 실행에 옮기고, 보통 사람들 상당수는 아파트 근처 학원가를 떠돌며 사교육에 몰두하던 시점, 그 시점에 기러기 가족은 그 내부의 치열한 경쟁을 우회하는 '세계화' 전략을 구사하고 있었다. 여기에는 이들 일부의 소득 증가도 큰 몫을 했다. 이 시기는 자산 소득을 추구하는 '일상의 금융화'가 부동산과 주식시장의 폭등세를 틈타 확산된 시기이면서, 동시에 근로소득 상위 10퍼센트의 임금이 전체 임금에서 차지하는 비중이 급증하던 시기이기도 했다. 1980년 이후 지속적으로 감소해 1995년에는 23.9퍼센트까지 내려갔던 그 비중은

마지막 코리안 스탠더드: 신도시-이마트-중산층

6.

소년은 멍하니 차창 밖의 아파트 단지를 바라보고 있다.* 학교 수업을
마친 뒤 교문 앞 도로에 정차해 있던 학원 버스에 몸을 실었다. 지금,
영어 학원으로 향하는 중이다. 방금 전까지 소년은 자신의 처지가
대형 마트의 카트에 담긴 물품과 닮았다고 생각했다. 카트 내부의
시선이 상품 진열대 너머를 볼 수 없듯이, 버스 안의 시선 역시 고층

IMF 외환 위기 이후 급상승해 2005년에는 35퍼센트대에 육박했다.
이런 경제적 여건은 그들이 소비자로서 경쟁자들과는 질적으로 다른
교육 상품을 구매할 수 있는 물적 기반이었다.

　　적어도 2008년 세계 금융 위기 이전까지 기러기 가족은 비록
소수이긴 하지만 하나의 뚜렷한 흐름을 만들어가고 있었다. 기러기
가족의 부모가 속한 세대가 '도시화'의 흐름을 완성하며 보통 사람의
대열에 진입한 세대였으니, 경제적 여유가 있는 그들 중 일부가 대학
진학률 80퍼센트대의 시대를 맞이하여 자녀 교육의 명품화를 통해
'세계화'의 가능성을 모색하면서 새로운 형태의 가족 구성을 실험하는
것도 그럴듯해 보였던 것이다. 아마도 성공 여부와는 무관하게 '기러기
가족'은 한국의 가족주의가 실행에 옮길 수 있는 재생산 전략의
최대치로 기록될 것이다.

* 1990년대 초반에 이 도시에서 태어난 아이들 대다수가 그렇듯이,
소년 역시 "출생지는 서울이었다." 당시 신도시에는 "병원이 없었기
때문"이다. 소년이 태어날 무렵, 엄마는 신도시에서 성장할 자신의
아들이 "군대에 가도, 외국 생활을 해도 세상 어디에든 뿌리를 잘
내릴" 것이라고 생각했다. "신도시의 아이"니까. "갚을 빚도 없고
상처도 없고, 그리고 과거도 지니지 않은 가벼운 존재"이니까. 은희경,
「프랑스어 초급 과정」, 『다른 눈송이와 아주 비슷하게 생긴 단 하나의
눈송이』, 문학동네, 2014년, 48쪽, 69쪽.

다섯 번째 아수라장

아파트의 벽을 넘어서지 못하지 않는가? 아파트와 진열대는 시선이
그 너머의 세계로 향하지 못하도록 가로막아 선 거대한 바리케이드나
다름없었다. 소년은 답답했다. 끝없이 이어 붙여진 납작한 표면들이
마치 보호막처럼 자신의 세계를 둘러싸고 있는 듯한 기분이었다.
파노라마 극장에 감금된다면 이런 기분일까? 그런데 그뿐이 아니었다.
중요한 공통점이 하나 더 있었다. 소년이 느끼기에 가장 중요한
것이었다. 바로 학원 버스와 카트의 '탑승' 여부를 결정하는 것은 단 한
사람, 바로 엄마라는 점이었다.

　　소년은 오늘 아침 아빠가 엄마에게 했던 말을 떠올렸다.
집에서도 주식 투자를 하기 위해 ADSL을 깔아야겠다는 것이었다.
2000년, 국내 인터넷 이용자 수 2000만 명 돌파가 목전으로 다가온
시점이었다. 소년은 집에서도 인터넷을 할 수 있으리라는 기대감에
들떴다가, 이내 가방에서 닌텐도 게임보이를 꺼내 들었다. 소년과
비슷한 또래의 신도시 아이들은 아파트 단지별로, 혹은 평수에
따라 뭉치고 흩어지기를 반복했다. 그들은 "비슷한 옷을 입고, 같은
학습지를 신청하고 줄곧 같은 학원을 다니고, 우르르 몰려가 같은
병원에서 포경수술을 받"았다.[25] 그들의 엄마들도 그리 다르지 않았다.
"함께 시장을 보고, 정보를 교환하고, 머리를 하고, 사우나를 가고,
전화기를 붙들면 기본이 두 시간"이었다. 사실 이것은 그리 새로운
일이 아니었다. 강남 개발 이래로 생겨난 아파트 특유의 문화적 습속이
이 도시에서도 여전히 위력을 발휘했다.

　　소년은 또래 친구들의 엇비슷한 면모에 싫증을 느끼고 있었고,
자신이 앞으로 살아갈 세상이 지금처럼 따분하고 지루할지도 모른다며
근심하기도 했다. 흥미롭게도 머릿속에서 난반사를 거듭하던 이런
상념들은 묘한 방향에서 탈출구를 찾았다. 친구의 손에 이끌려
PC방을 방문한 덕분이었다. 그는 그곳에서 '스타크래프트'나 '바람의
나라' 같은 인터넷 게임과 처음 조우했다. 흥분과 스릴이 넘치는
신세계였다. 특히 그의 흥미를 집중시킨 것은 게임 관련 온라인

마지막 코리안 스탠더드: 신도시-이마트-중산층

커뮤니티였다. 초기만 해도 '눈팅'으로 게임 공략법을 익히기 위해
동호회 게시판을 들락거렸다. 얼마 후 그곳에서 새로운 사람들과
대화를 나누면서 그동안 꽉 막혀 있던 숨통이 트이는 기분을 맛볼 수
있었다. 나이가 어리다고 무시하는 사람도 많았지만, 친절을 베푸는
이들 역시 적지 않았다. 이런저런 커뮤니티를 전전하다 보니 아이디
아래로 자신의 정체를 숨기는 기술도 늘었다.[26] 은폐술이 둔갑술로
진화하면서, 소년이 누릴 수 있는 '평등주의'의 레벨 역시 높아졌다.
그에게 인터넷은 신도시의 납작한 세계에서 도망가기 위한 동아줄이나
다름없었다.

　　다시 학원 버스 안. 소년은 한숨을 얕게 내쉬며 호흡을
가다듬었다. 그러고선 곧바로 게임보이의 화면 하단에 자리 잡은
자동차에 시선을 고정했다. 출발 신호와 동시에 자동차는 불꽃을
분사하며 힘껏 질주했다. 속도가 높아질수록 경주 트랙은 화면 아래로
빠르게 사라졌고, 주변 풍경은 화면 양옆으로 스쳐 지나갔다. 그리고
뒤처진 경쟁자들은 화면 바깥으로 밀려났다. 모든 것이 변화하는
화면 속에서 그의 자동차만은 제자리를 지키고 있었다.[27] 소년이 처음
레이싱 게임을 시작했을 때 마치 대형 마트의 무빙워크를 역방향으로
달려가는 것 같은 기분이었다. 하지만 금세 게임 속 시공간 질서에
익숙해졌다. 최종 결승점만 돌파하면, 그의 자동차는 굉음을 내며
트랙의 소실점 속으로 빨려 들었다가 마침내 사라질 것이다. 그때까지
그저 규칙을 지키며 경주에 임하면 그만이었다.

　　그런데 경주용 자동차는 화면에서 사라진 이후 어디로 향하게
되는 것일까? 소년은 마른 침을 삼키며 나름의 답안을 내놓았다.
적어도 그 자동차의 행선지가 엄마가 원하는 그곳은 아닐 것이라고
말이다. 그는 정말이지 그것만큼은 의심의 여지가 없다고 확신했다.
물론 그가 알지 못하는 것도 있었다. 스마트폰도, 트위터도,
페이스북도, 그리고 일베도 아직 알지 못했다.＊

다섯 번째 아수라장

• 그리고 몇 년 뒤 어느 한가한 주말 오후, 혼자 집을 지키던 소년은 케이블 티브이의 채널을 돌리다가 우연히 「매트릭스」를 보게 될 것이다. 네오가 하늘 위로 솟구쳐 오르는 마지막 장면까지 영화 내내 넋을 잃고 화면을 응시할 것이고, 엔딩 타이틀 장면에서 RATM의 「깨어나(Wake Up)」가 강렬한 기타 리프와 함께 터져 나오면 이전에 맛보지 못한 감정의 역류를 경험하게 될 것이다. 소년은 이전에 인터넷 게시판에서 봤던 글을 떠올리며 "이게… 바로 그 락 스피릿이라는 것일까" 하며 자문해볼 수도 있을 것이다. 밤섬해적단 인터뷰,『레코즈 1권』, 함영준 편집, Uniquely Banal Books, 2011년, 57쪽.

마지막 코리안 스탠더드: 신도시-이마트-중산층

1기 신도시 연령대별 인구 구성

신도시 중간값
서울시 평균

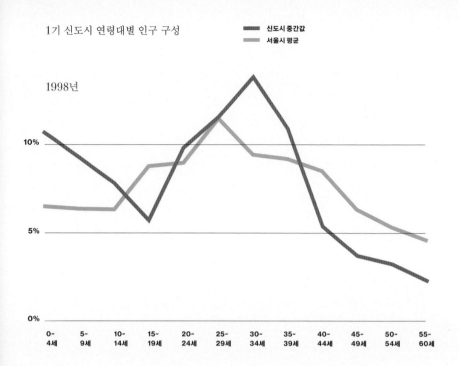

1998년

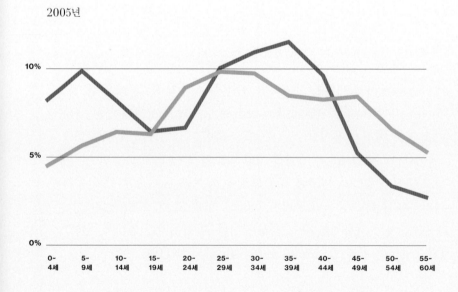

2005년

2010년

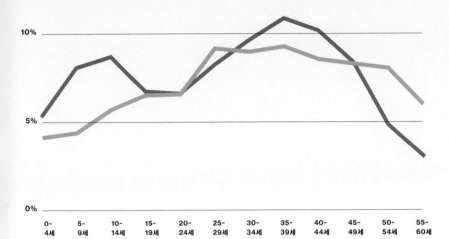

2015년

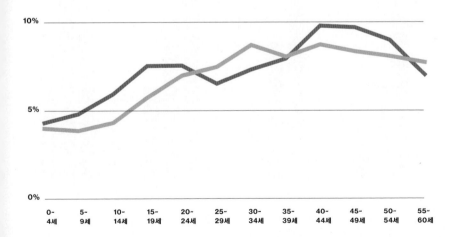

1기 신도시 연령대별 유권자 비율의 변화 추이(중간값)

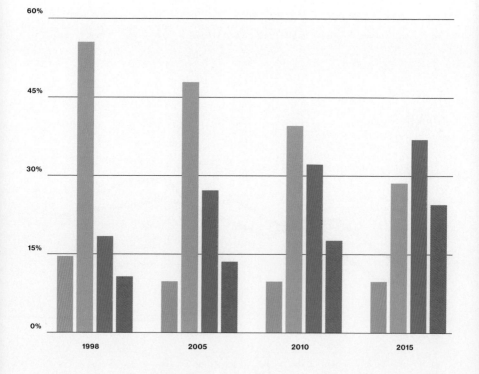

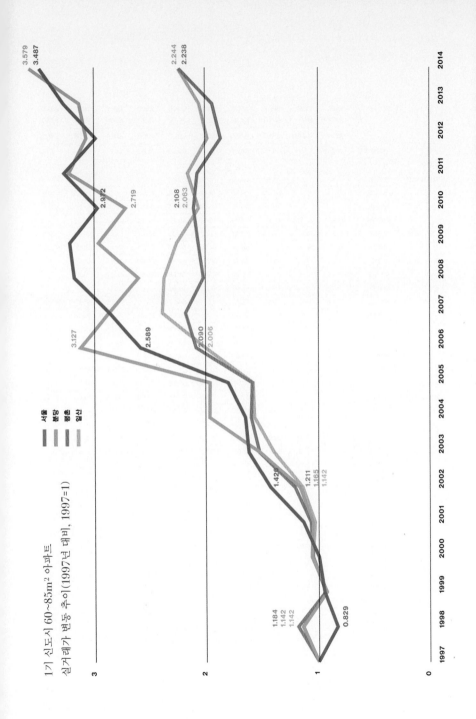

1기 신도시 60~85m² 아파트
실거래가 변동 추이(1997년 대비, 1997=1)

서울
분당
평촌
일산

3.579
3.487

2.244
2.238

2.972
2.719

2.108
2.063

3.127

2.589

2.090
2.006

1.428

1.211
1.165
1.142

1.184
1.142
1.142

0.829

3

2

1

0

1997 1998 1999 2000 2001 2002 2003 2004 2005 2006 2007 2008 2009 2010 2011 2012 2013 2014

1995년 이후 주요 선거 1기 신도시 행정동별 새누리당 계열 후보의 득표율

		1995 도지사 이인제	1997 대선 이회창	1998 도지사 손학규	2002 도지사 손학규	2002 대선 이회창	2006 도지사 김문수	2007 대선 이명박	2010 도지사 김문수	2012 대선 박근혜	2014 도지사 남경필
	경기도 평균	40.62	35.54	45.69	58.37	44.18	59.68	51.88	52.20	50.43	50.43
시군구	동										
고양시 덕양구	성사1동	40.15	37.57	45.47	53.86	40.41	57.12	50.56	46.09	48.62	49.35
	성사2동	40.34	42.80	49.89	58.92	48.14	59.75	52.69	49.64	49.43	50.67
	행신2동	39.29	39.63	45.65	56.75	43.68	58.36	50.07	45.09	44.61	43.97
	화정2동	45.48	41.49	46.97	55.99	45.32	56.11	48.33	43.13	42.31	41.18
고양시 일산동구	마두1동	46.51	51.77	54.39	64.48	54.37	63.55	58.61	53.68	49.32	47.62
	마두2동	47.62	53.39	55.10	66.68	58.33	66.39	60.16	57.78	53.17	52.18
고양시 일산서구	주엽1동	44.85	48.70	53.02	62.28	52.75	62.79	55.80	52.25	47.72	47.16
	주엽2동	45.25	43.76	50.76	60.28	50.86	62.26	55.61	52.56	48.81	48.19
군포시	금정동	39.81	29.40	40.52	51.49	37.42	54.81	44.02	43.71	47.49	47.33
	산본1동	43.56	31.53	41.89	52.02	39.64	54.22	45.76	45.05	47.00	48.35
	산본2동	44.10	41.21	47.26	57.00	45.56	56.85	48.68	46.85	46.63	46.25
부천시 원미구	상2동	40.81	35.68	42.36	55.27	46.12	60.13	47.98	43.04	42.02	42.05
	상동	39.59	38.86	45.20	58.82	46.36	65.65	51.64	51.17	49.01	49.01
	중1동	40.20	40.53	44.69	59.09	47.25	64.35	48.57	45.80	43.53	42.89
	중2동	41.39	44.92	47.45	61.01	50.81	69.77	54.60	53.85	50.51	50.95
	중동	36.75	32.08	40.11	52.47	38.80	65.65	46.76	47.35	47.06	45.76
성남시 분당구	금곡동	44.26	47.35	50.63	62.44	52.86	64.46	59.66	56.74	54.43	53.23
	분당동	47.67	52.64	55.87	65.39	55.44	64.68	60.12	55.24	51.06	50.79
	서현1동	46.67	55.29	55.30	68.29	61.70	70.00	65.86	60.49	56.34	54.99
	서현2동	50.01	58.94	59.82	64.70	56.39	65.35	61.67	55.20	52.40	50.53
	수내1동	48.65	53.33	53.61	67.53	62.53	69.09	65.52	61.39	56.66	54.2
	수내2동	46.13	56.00	55.83	69.06	63.53	73.23	70.79	67.59	60.81	58.38
	수내3동	47.11	52.50	54.32	64.64	56.36	66.11	61.21	55.85	50.97	49.84
	야탑1동	46.55	55.08	55.74	61.67	52.98	64.76	57.62	54.92	51.34	51.77
	야탑2동	40.80	37.98	47.07	54.69	43.31	54.95	49.70	61.39	58.75	57.34
	야탑3동	44.26	50.67	51.20	66.80	58.63	69.73	64.43	43.57	44.80	44.03
	이매2동	39.48	40.20	44.98	68.99	63.64	73.75	68.55	66.83	60.86	58.83
	정자1동	45.58	58.06	58.26	64.37	54.19	71.37	67.51	64.15	59.64	57.89
	정자2동	50.19	48.66	54.66	59.27	49.86	59.47	53.89	48.46	48.56	45.94
	정자3동	42.41	47.74	50.73	65.41	54.76	64.37	60.14	54.56	51.32	49.1
안양시 동안구	귀인동	53.16	54.93	58.55	68.84	58.39	64.47	61.01	56.64	51.85	49.48
	달안동	41.19	32.21	43.53	51.62	39.54	47.31	42.81	37.10	38.70	38.57
	부림동	41.42	38.81	44.17	54.50	41.87	51.36	44.63	38.79	39.95	39.28
	부흥동	46.94	43.50	49.46	60.90	49.54	56.55	49.51	46.43	44.88	44.37
	신촌동	44.89	46.63	49.54	61.68	51.06	59.33	51.58	49.42	47.27	47.73
	평안동	45.10	44.68	49.88	60.24	49.94	57.92	50.21	44.06	42.23	41.54
	평촌동	44.73	28.15	43.87	55.90	45.51	57.70	49.93	44.66	45.07	44.18

2012년 대통령 선거 박근혜 후보 득표율

■ **40% 이하**
■ **40 ~ 45%**
■ **45 ~ 50%**
■ **50 ~ 55%**
■ **55 ~ 60%**
■ **60 ~ 75%**

야탑

이매

판교

서현

정자

미금

오리

분당

221

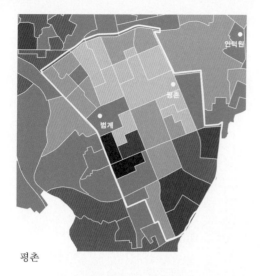

40% 이하
40 ~ 45%
45 ~ 50%
50 ~ 55%
55 ~ 60%
60 ~ 75%

평촌

일산

1. 총알택시에 대한 내용은 다음을 참고했다. 김영하, 『나는 나를 파괴할 권리가 있다』, 문학동네, 2012년, 28~30쪽.

2. 주인석, 「사잇길로 접어든 역사」, 『검은 상처의 블루스』, 문학과지성사, 1995년, 69쪽.

3. 위의 책, 74~75쪽.

4. 윤이형, 「1980년대라는 달의 뒷면」, 『실천문학』, 통권 109호, 2013년 봄, 300쪽

5. 주인석, 앞의 책, 75쪽.

6. 권성우, 「욕망, 허무주의 그리고 '태백산맥'」, 『비평의 매혹』, 문학과지성사, 1993년, 312~313쪽.

7. 김명인, 「1987, 그리고 그 이후」, 『황해문화』, 통권 54호, 2007년 봄, 28쪽.

8. 장정일, 『아담이 눈뜰 때』, 미학사, 2005년, 8쪽.

9. 유하, 「최진실, 우리들의 눈높이 스타」, 『이소룡 세대에게 바친다』, 문학동네, 1995년, 122~123쪽.

10. 데이비드 하비, 『자본이라는 수수께끼』, 창비, 2012년, 238~242쪽.

11. 이남희, 「슈퍼마켓에서 길을 잃다」, 『사십세』, 창작과비평사, 1996년, 63쪽.

12. 공지영, 「고독」, 『존재는 눈물을 흘린다』, 창작과비평사, 1999년, 83쪽.

13. 위의 책, 82쪽.

14. 윤대녕, 「눈과 화살」, 『은어낚시통신』, 문학동네, 1994년, 254~255쪽.

15. 주인석, 앞의 책, 82쪽.

16. 김영하, 「삼국지라는 이름의 천국」, 『호출』, 문학동네, 1997년, 167쪽.

17. 권성우, 앞의 책, 312~313쪽.

18. 백민석, 『목화밭 엽기전』, 문학동네, 2000년, 33쪽.

19. 김명인, 「불을 찾아서」, 『실천문학』, 1992년 여름, 225쪽.

20. 이남희, 앞의 책, 124쪽.

21. 김영하, 「비상구」, 『엘리베이터에 낀 그 남자는 어떻게 되었나』, 문학과지성사, 1999년, 156~157쪽.

22. 홍성원, 「즐거운 지옥」, 『주말여행』, 문학과지성사, 2006년, 127쪽.

23. 황지우, 「18」, 『나는 너다』, 풀빛, 1987년, 52쪽.

24. 장미혜, 「사회 계급의 문화적 재생산: 대학 간 위계 서열에 따른 부모의 문화 자본의 차이」, 『한국사회학』, 36(1), 2002년, 223~251쪽.

25. 박민규, 「비치보이스」, 『더블』, 창비, 2010년, 125쪽.

26. 윤원화, 「과거는 낯선 나라」, 『도미노』, 통권 2호, 2012년, 120~122쪽.

27. 닌텐도 자동차 경주의 공간 시뮬레이션에 대해서는 다음의 글을 참고하라. 정현, 「Mode 7」, 『도미노』, 통권 5호, 2013년, 116~120쪽.

여섯 번째 아수라장
변종-디자이너 혹은 인조인간

변종-디자이너의 출현

여기, 한 명의 디자이너가 있다.

그는 대학에서 전공 교육을 받기 이전까지 그림 그리기에 몰두하거나 그와 관련된 문제를 심각하게 고민해본 적이 없었다. 대학 입시 준비를 위해 따로 미술 학원을 다녀본 적도 없었다. 물론 어린 시절 사생 대회에 참가해 곧잘 상을 받아오곤 했다. 하지만 그 나이 또래들이 그렇듯이 취미 활동의 일환이었을 뿐이다. 그럼에도 그가 자신의 바람대로 디자인을 전공으로 택할 수 있었던 것은 공과대학 계열의 디자인학과 덕분이었다. 당시 신설된 지 얼마 되지 않았던 이 대학의 디자인학과는 미술대학의 디자인학과와는 뭔가 달랐었다. 이들과의 차별성이 특히 두드러진 대목은 실기 시험을 배제한 신입생 선발 방식이었다.

그런데 그가 입시의 관문을 통과한 후에도 그림 그리기에 무심할 수 있었던 것은 아니었다. 왜냐면 이 학과 역시 입시의 문턱만 달랐을 뿐 1, 2학년의 기초 교육과정에 그리기와 관련된 교과목들을 배치해놓고 있었기 때문이다. 바우하우스에서 유래되었다고 전설처럼 전해지는 이 도제식의 교과목들은 별다른 이론적 설명도 없이, 매주 수많은 과제들을 학생들의 어깨 위에 얹어 놓고서는 뜬눈으로 밤새기를 강요했다. 친구 한 명은 반복되는 밤샘이 자신들의 감각 어딘가에 숨겨져 있을 게슈탈퉁의 논리를 발견하러 떠나는 외로운 여행이라고 자못 낭만적인 어조로 이야기하곤 했다. 하지만 그는 친구의 말을 못 미더워하는 편이었다.

이즈음, 그의 눈길을 사로잡은 것은 CAD 소프트웨어들(이후 캐드)이었다. 어린 시절부터 전자오락실을 들락거리며 아케이드

게임을 섭렵한 이력 덕분에, 그는 별다른 어려움 없이 이 소프트웨어의
인터페이스에 적응할 수 있었다. 필기구가 종이 위를 미끄러지며 남긴
마찰의 감촉은 그의 손에 한없이 낯설었던 반면, 마우스를 움켜쥔 그의
오른손은 거의 언제나 그의 생각보다 빨리 움직였다. 그는 어디선가
읽은 적이 있는 "혼연일체의 몰입감"이라는 표현이 무엇을 의미하는지
확실히 이해할 수 있었다. 그와 컴퓨터 사이엔 아무런 심리적 거리도
존재하지 않았다.* 결국 그는 다른 디자이너들이 상당한 시간을
들여 숙련의 대상으로 삼아왔을 법한 그림 그리기를 포기했다.
대신 오로지 컴퓨터 스크린 앞에서 마우스를 드래깅하면서 디자인
과제를 수행했다. 담당 교수들의 따가운 눈총을 받아야 했지만 그는
아랑곳하지 않았다.

　　　그런데 그림을 '제대로' 그릴 줄 모르는 디자이너라니? 물론
지금이라면 그다지 이상하게 생각하지 않을 수도 있을 것이다. 하지만
당시만 해도 이는 꽤나 모순적인 것으로 받아들여졌다. 왜냐면

* 한편, 이 예비 디자이너의 음악적 취향이 이런 성향에 결정적이진
않았지만, 크게 한몫하기도 했다. 그가 영국 그룹들이 만들어내는
전자 사운드가 아니라, 하이든의 현악 4중주나 바흐의 소나타와
파르티타를 밤샘의 노동요로 삼았다면, 그래픽 소프트웨어에 대한
그의 편애는 개인적 경험의 총량에도 불구하고, 조금 덜 짙은 색으로
채색되었을지도 모른다. 그의 귀가 현악기 연주자의 보우잉이
만들어낸 음향의 선형적 전개에 순응하는 만큼, 그의 눈과 손도 그림
그리기가 요구하는 협응의 선형성에 쉽게 길들여졌을 테니 말이다.
하지만 그의 귀가 추종하던 전자 음향의 리듬이 만들어내던 깊은
굴곡과 비선형적인 단락은, 그의 눈과 손을 스크린과 마우스 앞으로
끌어당겼다. 그것은 컴퓨터 모델링 인터페이스가 요구하는 사고의
낙차 큰 전개와 감각의 분산적 작동에 더없이 적절한 사운드트랙을
제공해주었다.

여섯 번째 아수라장

디자인과 캐드의 관계에 대한 그 시절의 상식을 뒤집고 있었기 때문이다. 21세기 이전의 일반적인 디자인 교육 프로그램에서 캐드는 독자적인 분야가 아니었다. 그것은 말 그대로 그림 그리기라는 디자이너의 '본질적' 행위를 보좌하는 부차적인 영역으로 간주되었다. 그러니까 캐드의 역할은 디자이너가 그린 디자인 제안을 스크린상에서 시뮬레이션해 보거나 도면 데이터를 디지털화하는 데 초점이 맞춰져 있었다.

그런데 이 디자이너는 이런 위계를 뒤집고 있지 않은가? 약간의 과장을 보탠다면, 우리는 이 디자이너를 두고 디자이너의 일반 모델에서 일탈한 예외적 변종이었다고 말할 수도 있다. 이런 명명법이 정상성의 개념을 앞세워 이 디자이너를 교정의 대상으로 간주하려는 것이 아님을 분명히 해두자. 일단 '변종'이라는 표현이 지닌 부정적 어감을 털어낼 필요가 있다. 진화생물학자 스티븐 제이 굴드의 지적대로, 진화론에서 정상성의 개념은 변종들의 평균치를 추상화한 결과일 뿐이다. 이에 따르면 우리가 디자이너의 일반 모델로 '상상'하는 것은 단지 수많은 변종-디자이너들의 평균치이며, 따라서 당연히 어떤 관념의 산물일 뿐이다.

변종-디자이너의 상황을 본격적으로 검토하기 전에, 일단 그의 서식지라고 할 수 있는 공과대학 계열 디자인학과의 유래를 살펴보도록 하자. 1960년대 이후 미국과 유럽의 몇몇 대학에 유행처럼 설립되었던 이런 유형의 디자인학과들은, 과학사회학자 앤드루 피커링이 "사이보그 과학(cyborg science)"으로 명명한 일련의 과학적·기술적 실천 및 담론과 밀접하게 연관되어 있었다.[1] 세계대전과 한국전쟁 이후, 레이더 기지, 미사일 인공위성 등 거대 군사 시스템을 구축하려는 기술적 시도가 큰 성공을 거둔 후, 관련 프로젝트의 실무자와 연구자들은 민간 영역의 대학이나 연구소로 자리를 옮기면서, 기업 및 행정 조직, 도시 환경, 교육제도와 같은 집단적 단위의 사회체를 일종의 거대 시스템으로 재조직화하려고

변종-디자이너 혹은 인조인간

시도했다. 근대적 이성에 기대선 유럽 중심의 인문주의 담론과는
상당한 거리를 둔, 그래서 다분히 미국적 실용주의의 색채가 강한
이런 시도들은 인간과 기계, 사회와 시스템의 관계를 재정립하면서
사이버네틱스, 시스템 과학, 정보이론, 인공지능, 인지과학, 경영 과학,
교육공학과 같은 일련의 학문 분야들을 잉태했고, 테크노크라시의
기술적 원천이라고 할 수 있는 '통제(control)'의 공학적 프로그램들을
양산해냈다.

　　디자인 분야 역시 여기에서 자유롭지 않았다.[2] 이른바
"디자인 방법론"이라고 불리는 역사적 운동이 사이보그 과학과의
담론적 · 인적 네크워크를 구성해, 디자인에 대한 새로운 종류의
진술을 만들어냈고, 이와 보조를 맞춰 새로운 교육 프로그램을 갖춘
디자인학과들이 속속 신설되기 시작했다. 미국의 일리노이 공대나
독일의 울름 조형 대학 같은 경우가 대표적이었다. 이 대학들의
프로그램은 미적 직관이나 기교의 향상이 아니라 합리적 사고,
논리적 추론, 수학적 계산에 기반한 창의적 문제 해결 능력의 함양을
교육 목표의 핵심으로 내세웠다. 그러니까 그 대학의 교수진들이
학생들에게 원했던 것은 예술가의 심미안이나 장인의 기예가 아니라,
각종 컴퓨터와 기타 장비들로 가득 채워진 실험실의 어떤 정신이었던
것이다. 따라서 이 대학들에서 그리기 중심의 전통적인 디자인 교육은
상대적으로 과소평가당할 수밖에 없는 처지였다. 여기에서 그림
그리기란 그저 이성적 사유의 결과물을 받아 적는 도구의 차원에
배정되었을 뿐이다. '앎의 실험실'이 '만듦의 스튜디오'를 대신했고,
추상적 개념의 생산이 인공적 대상의 조형보다 우위를 점했다.

　　이제 우리의 변종-디자이너가 공과대학의 디자인학과를 성장의
숙주로 삼을 수 있었던 맥락도 분명해진다. 그건 바로 위에서 설명한
서구의 공대 계열 디자인학과의 교육 프로그램이 20여 년의 시차를
두고 80년대 중반에 국내에 다소 불완전한 형태로 이식된 덕분이었다.
그리고 바로 그곳에서 그림 그리기에 능숙하지 못한 우리의

여섯 번째 아수라장

디자이너는 별다른 제약이나 규제 없이 자발적으로 캐드를 선택할 수 있었다.

이 지점에서 주목해야 할 것은 이 디자이너가 캐드를 본래의 도구적 차원을 넘어서 디자인 행위의 동반자로 삼았다는 점이다. 즉 그는 그림 그리기가 요구하는 손과 눈의 협응과는 전혀 다른 방식으로, 그리고 그 협응의 습득 과정과는 전혀 다른 경로로, 캐드 소프트웨어와 호흡을 맞추며 자신의 몸을 사용하는 방법, 그리고 디자인 대상을 조작하는 방식을 체득했던 것이다. 이런 측면에서 고려해봐야 할 것은 캐드를 비롯한 컴퓨터의 모델링 인터페이스가 디자이너의 행위를 변형할 수 있는 물질적 조건을 내재하고 있었던 것이 아닐까 하는 질문이다.[3]

일단 거칠게나마 디자이너와 모델링 인터페이스의 관계를 살피기 위해 발터 베냐민의 도움을 받도록 하자. 그는 마르크스가 초기 논문에서 제안했던 실습과 훈련의 구분을 재해석하며, 테크놀로지와 인간 신체의 관계를 숙고한다. 마르크스에 따르면, 실습은 도제적인 장인의 교육 방법으로, 주체가 다양한 경험을 통해 자신에게 적합한 기예의 형태를 발견하고 그것을 서서히 완성해나가는 과정을 의미했다. 반면 훈련은 생산의 리듬에 맞춰 특정한 패턴으로 단순화된 행위를 기계적으로 주입받는 과정을 뜻했다. 베냐민이 이런 구분에 주목했던 이유는, 테크놀로지의 발전으로 인해 인간의 감각이 수용해야 할 외부 자극의 강도와 범위가 크게 변모했다는 사실 때문이었다. 그에 따르면 개별 주체가 이런 자극을 순조롭게 받아들이기 위해선 일정한 학습의 과정이 요구되는데, 실습과 훈련은 이 학습의 두 유형에 해당하는 것이었다. 베냐민에 보기에 이 두 유형은 모더니티의 조건 속에서 서로 다른 경로를 밟게 되는데, 훈련이 미숙련 노동자를 대상으로 적용 범위를 넓혀가며 이 학습 과정의 지배적인 유형으로 자리 잡았던 반면, 실습은 숙련 장인의 운명과 마찬가지로 점차 제자리를 잃어갔다. 베냐민은 실습의 쇠락과 훈련의

변종-디자이너 혹은 인조인간

발흥이 신체적 경험의 위축을 불러온다고 판단하면서, 이 비가역적인 역사적 과정을 안타까운 시선으로 바라봤다.

한편 1950년대에는 과학자 마이클 폴라니가 베냐민과 유사하게 실습을 통해 얻어진 지식에 "암묵지(暗默知, tacit knowledge)"라는 꽤나 근사한 이름을 선사했다. 그는 1950년대에, 언어와 상징을 중심으로 매개되는 근대적 지식의 한계를 지적하면서, 이와는 다른 형태의 지식의 존재에 대해 논한다. 그에 따르면, 암묵지라고 명명된 이 지식은 수영 선수의 몸동작이나 피아니스트의 타건 주법처럼 오랜 시간 동안 특정한 신체적 감각을 반복적으로 활성화하여 획득하는 것이다. 폴라니는 암묵지가 언어로 재현되기 어렵다는 이유로 지식의 근대적 위계에서 천덕꾸러기 신세를 모면하지 못했다고 지적한다. 논의의 맥락은 다르지만, 베냐민의 실습과 폴라니의 암묵지, 양자 모두는 농밀하게 압축된 신체적 경험이 앎의 감각적 방편이라고 넌지시 말하고 있었던 것이다.

그렇다면 이 지점에서 다음과 같은 질문을 제기해보는 것은 어떨까? 혹시 신체적 경험의 접촉면이 달라지면, 실습이 유도하는 감각의 지향성, 그리고 실습으로 퇴적된 암묵지의 지층도 달라지지 않을까? 이를테면 필기구와 타자기는 동일하게 글쓰기의 도구이지만, 상이한 신체적 경험을 유도하며 글쓰기의 행위 패턴 역시 다르다. 철학자 니체가 타자기로 작성한 1882년의 편지에서 "우리가 글쓰기에 사용하는 재료는 그 자신의 몫만큼 우리의 생각에 영향을 미친다"고 말했던 이유도 여기에 있다. 그는 쇠약해진 시력을 보완하려는 생각으로 당시 새로운 발명품이던 타자기를 구입했다. 하지만 이 기계가 요구하는 엄격한 눈과 손의 협응 패턴에 적응하는 데에는 실패했다. 그럼에도 그는 타자기가 글쓰기의 물질적 조건 자체에 변형을 가하고 있음을 알아채고 있었다.[4] 혹시 니체와 유사한 맥락에서 캐드 소프트웨어의 등장을 목도하며 불안감을 느꼈던 디자이너는 없었던 것일까? 만약 있었다면, 그는 기존의 모델링

여섯 번째 아수라장

인터페이스에서 오랜 실습을 통해 얻어낸 자신만의 암묵지가 이제
유효기간이 얼마 남지 않았을지도 모른다고 직관적으로 예감했던
것은 아닐까? 혹은 달리 표현하자면, 새로운 모델링 인터페이스가
이제 곧 "너의 몸을 바꿔라"라고 요구할 것이라는 사실을 눈치 챘던
것은 아닐까? 투시도법의 모델링 인터페이스가 유클리드 기하학을
디자이너의 조형적 문제 해결에 핵심 알고리즘으로 인스톨했다면,
이와 마찬가지로 컴퓨터의 모델링 인터페이스 역시 그 자체의 내적
논리에 부합하는 조형 원리와 미적 감각의 특권화를 요구할지도 모를
일 아닌가?

컴퓨터그래픽스, 제국의 역습
그러면 이제 '실습'과 '암묵지'라는 약간 투박한 근대적 개념의
그리드를 출발점으로 삼아, 디자이너와 컴퓨터 모델링 인터페이스의
관계 내부에 작용했던 외부 힘들의 역사적 변화를 추적해보도록 하자.
이는 변종-디자이너가 정상성의 궤도로부터 이탈했던 경로를 좀 더
정교하게 작도하기 위한 일종의 좌표 축이 되어줄 것이다.
　　일단 먼저 생각해볼 수 있는 외부 힘 중 하나는 캐드의
역사적 출현에 관한 것이다. 단순하게 생각한다면, 캐드와 관련된
컴퓨터그래픽스의 역사적 배경을 그려보기 위해, 수치제어 공작기가
촉발한 포스트포드주의의 다양한 지류들이 모여들었던 1960,
70년대의 제너럴모터스나 보잉 사의 기술 연구소 근처를 기웃거려
보는 것도 그리 나쁜 선택 같아 보이지는 않는다. 여기에서 수치제어
공작기는 단순히 금속 절삭 기술의 자동화만을 의미하지 않았다.
그것은 궁극적으로 컴퓨터가 원격 조정하는 기계가 숙련된 인간
노동자를 대체할 수 있으리라는 믿음의 표상으로 대접받았다. 이에
따르면, 머지않은 미래에, 노동자의 '훈련'받은 몸동작은 컴퓨터의
연산 알고리즘과 밀링머신의 움직임으로 대체될 것이었다. "노동자가
사라진 공장"이라는 포스트포드주의의 야심 덕택에 제 모습을 드러낼

변종-디자이너 혹은 인조인간

수 있었던 캐드의 핵심 목표는, 주지하다시피, CAM(Computer-Aided Manufacturing)의 개념과 짝을 이룰 수 있도록 메인프레임 컴퓨터가 관장할 일련의 기획, 설계, 생산 프로세스에 유통될 정보의 일부, 특히 설계 도면의 정보를 디지털화하는 것이었다. 이에 따라 기본 알고리즘은 투시도법의 수학적 원리를 얼개로 삼는 와이어프레임 방식으로 구성되었고, 인터페이스는 '코맨드 라인' 중심의 실시간 커뮤니케이션을 위한 입출력의 장소로 기능했다.

그런데 흥미로운 것은 80년대 초반부터 이런 경향과는 거리를 둔 새로운 경향이 등장하기 시작했다는 사실이다. 그 핵심에는 이반 서덜랜드와 데이브 에번스, 그리고 그들의 유타 대학 제자들이 자리하고 있었다. 주지하다시피 서덜랜드는 이미 최초의 그래픽 프로그램으로 불리는 스케치패드(Sketchpad), 그리고 벨 헬리콥터의 지원으로 헤드 마운티드 디스플레이(HMD)를 개발해, '가상현실'의 구현을 목표로 컴퓨터그래픽스의 가능성을 타진한 바 있었다. 이후 그는 유타 대학의 컴퓨터과학과 전공 교수로 자리를 옮겨, 동료 교수인 데이브 에번스와 함께 에번스 앤 서덜랜드 사를 설립하고 펜타곤에 군사훈련용 시뮬레이터를 납품했다. 그리고 이 과정에서 컴퓨터 그래픽 이미지의 리얼리즘적 구현을 위해, 컴퓨터그래픽스의 핵심 기술들을 숙성시킬 수 있었다. 히든 서페이스 처리, 서페이스 렌더링, 컴퓨터 애니메이션과 시뮬레이션, 가상현실 관련 기술, 인터페이스 디자인 등이 바로 그것들이었다.

당시만 해도 군사 기밀의 봉인에 묶여 있던 이 기술들은 서서히 대중 앞에 제 모습을 드러내기 시작했다. 서덜랜드 밑에서 연구를 진행하던 전후 베이비 붐 세대의 자유분방한 엔지니어들이 박사과정을 마치고 민간 영역으로 진출한 덕분이었다. 흥미로운 것은 서덜랜드의 제자들 상당수를 흡수한 것이 컴퓨터그래픽스의 행보에 촉각을 곤두세우고 그 잠재력을 눈여겨본 할리우드의 엔터테인먼트 산업이었다는 점이다. 이 산업은 1977년 「스타워즈(Star Wars)」의

여섯 번째 아수라장

대대적인 성공 이후 특수 효과를 집약한 블록버스터의 양산 체제를
구축해, '규모의 경제'를 통해 전 지구적 차원의 영화 시장을
재편하려고 시도하고 있었다.

바로 이런 독특한 역사적 맥락에서 유타 대학 출신의
엔지니어들이 맹활약을 펼칠 수 있었다. 이를테면 컴퓨터 애니메이션
관련 연구를 진행했던 에드윈 캣멀은 루카스 필름에서 경험을 쌓은 후,
픽사 애니메이션의 공동 창립자로서 '렌더맨(RenderMan)'의 개발을
주도하며 「토이 스토리(Toy Story)」(1995) 제작에 참여했고, HMD
환경의 3D 그래픽스를 연구했던 짐 클라크는 실리콘 그래픽스를
창립해 꾸준한 하드웨어 및 소프트웨어의 개발로 컴퓨터그래픽스
시장을 재편했다. 또한 놀런 부슈널은 비디오게임 산업의 가능성을
보여준 탁구 게임 '퐁(Pong)'을 제작한 후 아타리를 창립했고, 앨런
케이는 제록스 파크 연구소에서 객체지향적 프로그래밍 언어와 그래픽
유저 인터페이스를 개발한 뒤, 아타리와 디즈니의 연구소에서 관련
연구를 지속했다. 특히 그래픽디자인과 관련해서는 존 워노크의
성과도 빼놓을 수 없을 것이다. 나사의 우주선 시뮬레이터 프로젝트에
참여했고 히든 서페이스 처리를 위한 알고리즘을 개발했던 워노크는
이후 어도비 시스템을 창립했고, DTP 시스템을 위한 포스트스크립트
언어의 개발을 주도했다. 이들은 1980년대 전반에 걸쳐 새로운
테크놀로지의 청사진을 제시하며 컴퓨터그래픽스 분야의 산업화를
위한 밑그림을 그려나갔다.[5] 그리고 한때 포스트포드주의의 후광을
받아 컴퓨터그래픽스의 총아로 군림하던 캐드는 이런 변화의 흐름
속에서 그 하위 영역으로 재배치되었다.

한편, 1980년대 후반 사회주의권의 붕괴 전후로 불어닥친
탈냉전의 여파는 컴퓨터그래픽스 분야에 성장 촉진제의 역할을
했다. 역설적으로 이 분야와 관련된 군사비 지출의 감축은, 사실상
엔터테인먼트 산업이 주도하는 컴퓨터그래픽스의 산업화를 추인하는
계기가 되었다. 이런 변화는 에번스 앤 서덜랜드 사의 상품 목록에도

변종-디자이너 혹은 인조인간

고스란히 반영되었다. 이전까지 군사적 용도로 쓰이던 시뮬레이터와
컴퓨터그래픽스 관련 기술들이 민간 영역의 엔터테인먼트 상품을
개발하는 데 활용되었는데, "군사 및 항공 시뮬레이터에 사용되는
이미지 제조기, 텔레비전 프로덕션에서 사용되는 가상 세계 기술,
사이버 파이터라는 네트워크 군사 시뮬레이터를 본떠 모델화시킨
네트워크 게임 스테이션 체계, 그리고 몰입형 위치 기반 오락
스테이션인 가상 글라이더" 등이 그 결과물이었다.[6] 한편에서는 CNN
뉴스 채널을 통해 걸프전의 스펙터클이 중계되고, 다른 한편에서는
「터미네이터 2(Terminator 2: Judgment Day)」(1991)와 「쥬라기
공원(Jurassic Park)」(1993)이 전 세계 극장에서 동시 개봉하던
시기는 이런 변화의 정점이었다. 시각성의 군사적 생산양식이 단순히
민간 영역의 대중문화 전반으로 영향력을 확대하는 데 그치지 않고,
펜타곤과 할리우드가 동일한 디지털 테크놀로지를 공유하면서 유사한
시각성의 생산양식을 만들어내는 상황에 당도하게 되었던 것이다.
노먼 클라인은 다음과 같이 이야기한다.

> 1995년 시그라프에서 나는 영화 「저지 드레드(Judge Dredd)」의
> 전시 부스를 구경했다. (…) 바로 그 옆에는 에번스 앤 서덜랜드의
> 전시 부스가 있었다. 거기에는 걸프전에서 사용되는 것과 유사해
> 보이는 스크린 위에, 실제 전쟁이 시뮬레이션되고 있었다. 여성
> 사회자가 명랑한 목소리로 설명했다. "우린 발칸반도에 깊숙이
> 개입하고 있습니다." 바로 그때, 나의 놀란 표정을 눈치 챘는지,
> 그녀는 말을 끝맺지 않고 "인도주의적 방식으로"라고 덧붙였다.[7]

이런 변화의 양상은 약간의 시간적 지체를 거친 후, 여전히
캐드의 포스트포드주의적 패러다임에 사로잡혀 있던 건축과
디자인의 실무에도 본격적으로 유입되었다. 주지하다시피, 이는
포스트모더니즘의 거품이 소리 소문 없이 잦아들기 시작한 90년대

여섯 번째 아수라장

중반 이후, 좀 더 정확하게 말하자면, 워크스테이션 장비와 관련
소프트웨어의 가격이 떨어져 중소 규모의 디자인 스튜디오가 어렵지
않게 구매하기 시작한 이후의 일이었다.

이와 더불어, 스스로 하드에지 유형으로 분류되길 희망하던
일군의 디자이너와 건축가들이 하이테크-어드벤처-블록버스터
영화에 열광하며 해당 영화의 실험적인 모델링 프로세스를 모방하기
시작했다. 캐드 관련 컴퓨터 그래픽 분야가 생산 프로세스와의 연계에
발목을 잡힌 탓에 새로운 기술 개발에 보수적인 태도로 일관한 반면,
엔터테인먼트 산업에 기반한 컴퓨터 그래픽 분야는 스크린에 투영된
가상의 스펙터클 연출을 목표로 삼은 덕분에 다양한 알고리즘의
개발을 통해 그 자체에 내재한 표현적 특질들을 마음껏 실험할 수
있었다. 따라서 테크노필리아적 태도를 취하는 건축가와 디자이너들이
후자의 분야에 눈길을 보낸 것은 어찌 보면 당연한 선택이었다. 결국
그레그 린은 '게슈탈퉁'의 자동화를 위해 터미네이터 T-1000의
모핑 알고리즘을 차용했고, 프랭크 게리는 거대한 곡면 조각-건축
복합체의 제작을 위해 T-렉스의 모델링 프로세스를 흉내 냈다. ILM은
T-렉스의 오분의 일 축소 모형을 제작한 후, 레이저 스캐닝의 과정을
거쳐 모니터상에서 와이어프레임을 만들었는데, 게리 역시 구겐하임
빌바오의 설계에 이런 프로세스를 차용했다. 게리 자신은 "건축의
헨리 포드"가 되겠다고 했던 발터 그로피우스를 흉내 내며 "건축의
빌 게이츠"가 되겠다고 자랑스럽게 말하곤 했지만, 사실 "건축의
스필버그"처럼 행동하고 있었다. 다른 한편, 애플의 디자이너들 역시
픽사의 애니메이션 캐릭터들과 형태적으로 친족 관계를 지닌 듯
보이는 "블랍(blob)"한 디자인 제안들을 내놓기에 여념이 없었다.

이렇듯 표면적으론 그레그 린이나 프랭크 게리의 실험이
떠들썩하게 새로움의 충격을 안겨주며 대중들의 이목을 사로잡았다.
하지만 실질적 측면에서 모델링 인터페이스와 관련된 변화 중 맨
앞자리에 놓여야 할 것은, 실리콘 그래픽스의 워크스테이션과 애플의

변종-디자이너 혹은 인조인간

매킨토시를 통한 그래픽 유저 인터페이스(이하 GUI)의 대중화였다. 이 발명품은 앨런 케이가 유타 대학 대학원에서 데이브 에번스의 지도하에 연구했던 혁신적인 개인용 컴퓨터 환경의 모델을, 제록스 팔로알토 연구소로 자리를 옮겨 더욱 발전시킨 것이었다.

GUI는 캐드의 기술적 조건에 근본적인 변형을 가했다. GUI 이전까지 인터페이스는 명령어와 데이터의 입출력이 이뤄지는 장소에 불과했다. 정보 처리에 대한 제어 기능의 대부분은 컴퓨터 소프트웨어의 소관이었다. 따라서 스크린의 앞자리는 디자이너보다는 오퍼레이터에게 더 어울리는 것이었다. 하지만 GUI는 제어 기능의 상당 부분을 윈도우, 마우스, 아이콘, 팝업 메뉴 등을 전진 배치한 인터페이스로 이양했다. 이런 성과는 케이가 단순히 스크린의 표면만을 문제 삼은 것이 아니라, 새로운 개념의 컴퓨터와 프로그래밍 언어를 구상한 덕분에 얻어진 성과였다. 이를테면, 기존의 절차적 프로그래밍 언어는 위계적 구조로 구성된 반면, 케이가 제안한 객체 지향적 프로그래밍 언어는 알고리즘과 데이터 구조가 결합된 준자율적 단위인 객체들의 분산적 네트워크로 구성되었다. 마누엘 데란다의 표현을 빌리자면 전자는 컴퓨터를 하드웨어 기반형에서 소프트웨어 기반형으로, 그리고 후자는 다시 소프트웨어 기반형에서 사건 기반형으로 변형시켰다.[8] GUI란 바로 이 사건 기반형 기계의 인터페이스로서, 사용자와 객체들 사이에서 커뮤니케이션뿐만 아니라 인터랙션의 사건들이 발생하는 장소였다.[9]

캐드의 인터페이스는 바로 이 인터랙션의 사건들 덕분에 이전과는 전혀 다른 방식으로 구성될 수 있었다. 오토캐드(AutoCAD)와 같은 기존의 캐드들은 스크린의 표면을 X, Y, Z 축으로 구성된 데카르트적인 좌표 공간으로 정의했다. 투시도법에 기반한 와이어프레임의 구축을 목표로 삼았던 탓에 전적으로 좌표적 공간에 의존했으며, 따라서 데이터의 입력을 제외하면, 디자인 행위와 직결된 인터랙션의 사건들은 별로 필요치 않았다.

여섯 번째 아수라장

반면 GUI 기반의 캐드들은 스크린과 사용자 사이의 공간을
벡터적 공간으로 변형시켰다. 그것은 스크린 내부의 조형물과
디자이너의 눈동자를 잇는 선을 축으로 하여, 마우스와 일체화된
손의 촉감적 감각이 인터랙션의 사건들을 만들어내는 공간이었다.
그리고 그와 함께 이 사건들을 조형의 디자인 행위로 번역해내는
알고리즘들이 등장하기 시작했다. 솔리드 모델링이나 넙스 모델링이
그 결과물이었다. 다분히 과도기적 성격을 가지고 있던 솔리드
모델링이 인터랙션의 사건들에 의지해 기하학적 도형들의 직관적인
'편집'을 가능케 했지만, 기본적으로 좌표적 공간에서 벗어나지
못했다. 반면 넙스 모델링은 한 걸음 더 나아가 GUI의 벡터적 속성을
십분 활용해, 특이점에 작용하는 힘들의 경합을 통해 탄력적인 곡면의
표현을 가능케 했다.

인터랙션의 실험실, 디자이너의 신체
그러면, GUI와 특정 알고리즘을 탑재한 모델링 인터페이스는
디자이너의 신체적 경험에, 그리고 감각의 지향성과 어떤 관계를
맺게 되는 것일까? 여기에서 잠시 케이가 GUI의 발명에 동원했던
인지과학 담론의 역사적 흐름을 눈여겨볼 필요가 있다. 앞서 우리는
군사적 목적의 테크놀로지가 엔터테인먼트 산업의 우회로를 거쳐
컴퓨터그래픽스 전반을 '갱신'하는 과정을 살펴보았다. 이러한 과정은
단지 캐드 소프트웨어의 혁신을 가져오는 데 그치지 않았다. 우리가
주목해야 할 중요한 변화는 디자이너의 신체가 사실상 '인터랙션의
실험실'로 전환되었다는 사실이다.
폴 비릴리오가 지적했듯이 제2차 세계대전 이후, 인터랙션에 관한
연구 개발이 집중된 실험실은 군사적 용도의 비행 장치들을 다루는
조종사의 신체였다. 대공포 예측 조준기의 개발을 위해 동원된 노버트
위너의 전폭기 조종사부터, 헤드 마운티드 디스플레이의 구상을
도왔던 이반 서덜랜드의 벨 헬리콥터 조종사, 원숭이를 대신해 지구

변종-디자이너 혹은 인조인간

탈출의 가속도를 견뎌내고 무중력의 진공상태에서 유영해야 했던 우주 비행사, 에번스 앤 서덜랜드 사가 개발한 비행 시뮬레이터에서 훈련하는 예비 조종사, 최첨단 시감각 인터페이스를 통해 시선으로 기체와 대화를 나누는 조종사, 그리고 무인정찰기를 실현한 인공지능 조종사까지, 전후 군사 무기 개발의 역사에서 이 실험실의 연대기는 빼곡하게 채워질 수 있다. 물론 경쟁자가 없었던 것은 아니다. 제2차 세계대전 당시만 하더라도, 대공포 사격 조준병, 레이더 모니터링 오퍼레이터 등이 전투기 조종사와 더불어 기계와의 인터랙션을 연구하는 실험실로 주목받았다. 하지만 이후 초고속의 첨단 기계 장치를 다루던 비행 조종사가 이 경쟁자들을 물리치고, 인간-기계의 관계와 관련된 테크놀로지 담론의 지형에 독보적인 위치를 차지했다.

한때 테일러리즘이 대량생산 체제의 생산성 향상을 위해 인간 노동자의 최적화된 행위 모델을 제안하며 이 지형의 중심부에서 지배력을 발휘했지만, 제2차 세계대전을 거친 후에는 인간공학이 군부의 재정적 지원이 집중되었던 전투기 조종석을 거점으로 삼아, 테일러리즘의 성과를 흡수하며 빠른 속도로 성장했다. 인간이 사용하는 기술 장비의 디자인을 핵심 문제로 상정하는 이 학문 분야는 전쟁 중에는 조종석 디자인, 발포 시스템, 센서 시스템 같은 군사적 용도의 장비 디자인에서 두각을 나타내며 중요한 성과를 얻어냈고, 전후에는 "고속도로 시스템 설계"에서 "노동 공간의 조직화"에 이르기까지 민간 영역의 다양한 분야로 영향력을 확대하며 인간-기계 인터페이스의 보편적 디자인 원리를 규범화해 나갔다.[10]

이 인간공학 담론은 인간을 추상화하는 과정에서 행동주의적 접근에 의지했다. 이 관점은 인간에게 가해지는 기계의 자극과 기계로 되돌려 보내는 인간의 반응 사이에 인간 신체의 효율적이면서도 정확한 에너지 소비, 간단히 말하자면 자극과 반응 사이에 최적화된 인간 신체의 열역학적 조직화에 주목하면서, 외부 자극에 대한 감각, 신경, 근육의 반응 과정을 모델링하기 위한 계량적 실험의 방법과

여섯 번째 아수라장

기술들을 개발해냈다. 이를테면 빠르게 움직이는 기체 내부에서
조종사가 육안으로 식별 가능한 적기(敵機)의 크기는 어느 정도인가,
조종사가 외부의 시각적 자극에 얼마나 빠르게 반응해서 미사일
발사 버튼을 누를 수 있는가, 혹은 얼마나 빠르게 기체의 운동 방향에
변화를 줄 수 있는가, 조종사가 좀 더 빠르게 반응하는 데에는 어떤
형태의 조종간이나 발사 버튼이 요구되는가와 같은 질문들이 이
분야의 주요한 연구 주제들이었다. 사실상 인간공학이 행동주의적
접근에 의지해 이런 문제에 대한 해결안으로 제시하려던 것은, 자극과
반응의 최적화된 피드백 회로를 개발해 그것을 인간과 기계 사이의
접촉면에 이식하는 것이었다.

GUI의 등장 이전까지 컴퓨터 인터페이스에 대한 접근의 주류
역시 인간공학이었다. 하지만 앨런 케이는 GUI의 개발을 위해
어린이의 인지 모델을 인간 사용자의 자리에 동원함으로써, 당대의
지형에 우회로를 만들 수 있었다. 케이가 인간과 기계의 접촉면을
혁신적으로 재설계하려는 의도로 인터랙션의 실험실로 끌어들인 것은,
기존의 주류적 접근과는 거리를 둔 인지주의의 특정 경향이었다.

1960년대 초반, 인지주의는 인공지능 연구의 재정 지원을 두고
벌인, 사이버네틱스에 이론적 기반을 제공했던 행동주의적 접근과의
대결에서 승리한 뒤 지형 내부에서 지분 행사를 요구할 수 있을
정도로 성장했고, 행동주의적 접근이 지배하던 전투기 조종사의
신체에도 점차 제 영토를 마련해가고 있었다. 본래 인지주의는 인간
사고와 컴퓨터 프로그램 간의 유비 관계를 상정하고, 상징 처리의
인지적 프로세스를 설계하는 것을 목표로 삼았다. 즉 행동주의적
접근이 괄호로 묶어놓았던 인간의 사고 과정을 일련의 알고리즘으로
시뮬레이션함으로써, 인공지능의 가능성을 모색하겠다는 것이었다.
자극과 반응 사이에 놓인 인간의 사고와 판단을 정보론적 관점에서
해석하려는 이런 관점은 인공지능 분야에만 머무르지 않고, 이후
사회과학 분야로도 행동반경을 넓혀 공학적 관점에서 인간 혹은

변종-디자이너 혹은 인조인간

집단의 행태를 해석하려는 시도들을 낳았다.[11] 디자인 담론에도 인지주의적 접근은 꽤나 강력한 영향을 미쳤는데, 디자인을 문제 해결 과정으로, 그리고 디자이너를 문제 해결사로 정의한 것이 그 출발점이었다. 사실 이런 식의 정의는 인지주의적 접근의 태두라고 할 수 있는 허버트 사이먼의 인공지능 모델, 즉 보편적 문제 해결 기계로서의 모델을 고스란히 복제한 것이었다.*

* 문제 해결이라는 개념의 역사성과 제반 문제에 대해선, 인공지능 연구의 선구자인 요제프 바이첸바움의 다소 긴 다음과 같은 지적을 경청해볼 필요가 있다. "'문제'라는 낱말은 어디서 왔을까요? 틀림없이 전쟁 이전의 문학에서 '문제'라는 단어는 전혀(혹은 거의) 오늘날 우리가 사용하는 것처럼 등장하지 않았던 것 같아요. (…) 이런 현상은 영어를 비롯한 많은 다른 언어들에도 배어 있어요. 컴퓨터의 승리가 이와 관련되어 있는 게 분명합니다. (…) 우리는 문제를 가지고 있고, 문제는 해결을 요구해요. 문제와 해결, 이 두 개념은 서로 불가분의 관계예요. 이것이 의미하는 바는, 문제가 있다면 이 문제에 적용될 수 있는 어떤 해결 방법이 있다는 거예요. 그것은 수학적인 방법일 수도 있어요. 여기에서 해결 방안이 나오는 거죠. 그러나 인간의 삶에서는 사정이 달라요. 인간의 문제는 사정이 다르죠. (…) 인간의 문제, 사회의 문제는 결코 해결되지 않아요. (…) 제1차 세계대전이 끝날 무렵에 영국은 중동의 여러 문제들은 아주 특별하게 '해결'했지만, 다른 문제들을 야기했어요. 오늘날 그 문제를 아주 똑똑히 볼 수 있잖아요. 그리고 우리 미국인들은 동남아시아, 특히 베트남에 문제가 있다고 생각했어요. 그래서 문제를 풀기 위한 어떤 수단이 있는지 찾아보았죠. 그 답은 우리에게 군대가 있다는 것이었어요. 그다음에 우리는 군대를 해결 자료로, 즉 알고리즘으로 활용했어요. (…) 하지만 그것은 생각처럼 작동하지 못했어요. 광의의 차원에서든 개인의 차원에서든 '문제'라는 개념이 어떤 의미에서 우리를 매수한 거예요."

여섯 번째 아수라장

그러나 인지주의적 접근 역시 초기 활황세에도 불구하고 인공지능의 개발에 한계를 보이면서, 내부의 비판 담론들과 힘겨루기에 나서야 했다. 이 담론들은 사이먼과 같이 인지 과정을 상징 처리로 환원하려는 입장을 "고교회 계산주의(high-church computationalism)"로 명명하면서, "데카르트의 극장"—대니얼 데넷의 표현—이라는 은유에 강박적으로 집착하고 있다고 비판했다. 이 은유는 인간의 정신 전체를 조향하는 의식의 중심 작인(agency)이 존재하며 그것이 두뇌의 특정한 장소 어딘가에 자리 잡고 있다고 가정한다. 반면 비판자들은 인간은 생각만 하는 것이 아니라 지각하고 생각하고 행위한다는 점에 착안해서, 이 은유가 가정하는 정신과 신체의 위계적 이분법을 부정하며 지각, 인지, 행위의 상호 연관성에 주목한다. 이들에 따르면, 고도의 인지적 행위 대부분은 두개골 내부의 정신적 과정이 아니라, 특정 미디어와의 인터랙션이 제공하는 신체적 경험의 물질성 내부에서, 좀 더 정확히 말하자면, 인터랙션의 사건이 촉발한 두뇌, 신체, 인공물의 이질적인 배치로부터 창발한다. 바로 이런 과정을 거쳐 인터랙션은 행위가 아니라 사고의 일부로서 신체적 감각의 재조직화를 촉진한다. 인간과 미디어는 물리적으로 분리되어 있지만, 사실상 인터랙션의 사건들로 인해, 인지적 차원에선 경계가 불분명한 연속체적 관계를 맺고 있는 것이다.•

요제프 바이첸바움 · 군나 벤트 지음, 『이성의 섬』, 모명숙 옮김, 양문, 2008년, 103쪽.

• N. Katherine Hayles, "Computing the Human," *Theory, Culture & Society*, vol. 22(1), 2005, pp.131~151. 계산주의와 분산 인지라는 두 가지 입장은 최근 로봇의 연구 개발에서도 고스란히 반영되어 있다. 전자의 입장을 계승한 이가 한스 모라벡이라면, 후자의 입장을 발전시킨 이는 로드니 브룩스이다. 로드니 브룩스의 관점에 대해선

변종-디자이너 혹은 인조인간

이후에 이러한 입장은 앤디 클라크, 에드윈 허친스, 데이비드 커시, 대니얼 데넷 같은 인지과학자들을 거치면서 "분산 인지"라는 좀 더 정교화된 명칭을 얻게 되는데,[12] 케이가 동원했던 어린이의 인지 모델은 이 이론적 계보의 초창기 모델 중 하나로서, 소련의 스푸트니크 호 발사 성공의 충격 이후 1960년대 미국 과학교육 과정의 개혁을 주도한 구성주의 인지 심리학자, 제롬 브루너가 제안했던 것이다. 브루너의 이론에 따르면 어린이, 더 나아가 인간 행위자는 대부분의 인지주의자들의 생각처럼 자극과 반응 사이에서 그저 상징적 표상만으로 사고하는 것이 아니라, 상황에 따라 자신이 사용할 수 있는 이질적인 표상들 중 하나를 사고의 미디어로 선택해 문제 해결에 나선다. 이때 표상들은 어떤 위계적 구분도 지니지 않고 서로 수평적인 관계를 맺으며, 필요에 따라 행위자의 인지 과정에 개입해 제 역량을 발휘한다. '객체'의 개념을 떠올리기에 충분한 이런 속성으로 인해, 브루너의 어린이 인지 모델은 별다른 마찰 없이 GUI의 설계 과정에서 사용자의 인지 모델로 전유될 수 있었다. 그리고 이에 따라 행위적, 도상적, 상징적 표상 등 다양한 유형의 표상들은 스크린의 중첩 윈도우에 몸을 싣고 어린이의 문제 해결 과정을 도울 수 있었다.

주목해야 할 점은, 케이의 GUI가 보편화되자, 이제 컴퓨터 스크린의 앞자리는 전투기 조종사의 군사적 신체에 집중화되었던 인지과학의 모델들이 민간 영역의 다양한 미디어 장치들로 유입될 수 있는 통로 역할을 하기 시작했다는 점이다. 그리고 이 과정에서 케이의 어린이를 대체하는 실험실로 급부상한 것이 디자이너의 노동하는 신체였다. GUI가 탑재된 컴퓨터의 모델링 인터페이스는 전투기 조종석만큼은 아니었지만, 꽤 강도 높은 인터랙션의 노동을 요구하는

다음을 참고하라. 로드니 A 브룩스, 『로봇 만들기』, 박우석 옮김, 바다출판사, 2005년.

여섯 번째 아수라장

장소였기 때문이다.*

이 지점에 도달하면 앞서 살펴본 실습과 훈련에 관한 베냐민의
근대적 구분은 '분산 인지'의 관점에서 좀 더 정교하게 재정의된다.
미 국방부의 지원을 받아 군사 무기 관련 오퍼레이터의 인지적
역량에 대한 연구를 진행한 바 있던 데이비드 커시와 폴 마글리오는
그 연구 결과의 검토 과정에서, 인터페이스상에서 진행되는 인간의
행위를 실용적 행위(practical action)와 인식적 행위(epistemic
action), 두 가지로 구분한다. 이는 분산 인지의 관점을 더욱 급진화한
것이었는데, 그들에 따르면, 실용적 행위는 특정한 목적을 성취하려고
인터페이스상에서 단순히 기계적인 행위를 반복하는 것인 반면,
인식적 행위는 사용자의 신체적 감각이 미디어의 인터페이스와
독특한 배치를 이루면서 문제 해결 프로세스의 일부로 편입되는 것을
의미한다. 모델링 인터페이스의 차원으로 이 논의를 옮겨오자면,
도면의 설계 정보를 단순히 캐드 시스템에 입력하는 작업은 실용적
행위에 속한다고 할 수 있다. 반면, 디자이너 잭 하우가 "나는
무엇인가를 그린다. 비록 하찮은 것일지라도 나는 그린다. 그린다는
행위가 내 생각을 명료하게 한다"고 이야기할 때, 그는 그리기의
모델링 인터페이스와 일체화된 감각으로 인식적 행위를 행하고 있다고
말할 수 있다.

특히 인식적 행위가 실용적 행위와 근본적으로 다른 점은,
앤디 클라크의 은유적 표현을 빌리자면, 이 행위가 디자이너의

---

* 물론 여기에 다른 유형의 경쟁자들도 있었다. 전투기 조종사의
미래형이자, 『뉴로맨서』의 데이터 카우보이의 현재형이라고 할
수 있는 프로게이머의 신체, 그리고 NASA 지휘 통제 상황실의
오퍼레이터의 미래형이자, 「매트릭스(The Matrix)」(1999)에서
현실계와 가상계를 연결하는 오퍼레이터로 등장한 탱크의
현재형이라고 할 수 있는 증권 브로커의 신체 등이 그것이었다.

변종-디자이너 혹은 인조인간

"마음의 풍경"을 변형시킬 수 있다는 점이다.* 물론 컴퓨터의 모델링 인터페이스에서 GUI의 벡터적 공간은 인식적 행위를 활성화하는 촉매제 역할을 한다고 할 수 있다. 그것이 가능한 이유는 컴퓨터의 모델링 인터페이스를 접면으로 하여 한편에 디자이너의 신체가 있다면 다른 한편에는 브루너의 어린이 인지 모델과 같은 다양한 인지 모델의 몬스터들이 대기하고 있기 때문이다. 그 몬스터들은 인터페이스를 입출력의 장소가 아니라 사용자를 위한 '인지적 파워 슈트'로, 매클루언의 표현을 빌리자면 메시지가 아니라 마사지의 공간으로 설계하는 데 기본적인 다이어그램의 역할을 수행한다. 따라서 이렇게 말할 수 있을 것이다. 컴퓨터의 모델링 인터페이스상에 디자인을 행한다는 것이 (스크린상의 결과를 보고 의사 결정을 행하는) 디자이너와 (결과를 계산하고 사용자에게 보여주는) 컴퓨터 사이의 끊임없는 반복 루프라고 한다면, 이 루프상에서 디자이너는

---

* 한편, 문화 이론가 프레데릭 제임슨이 분산 인지의 이론적 계보에서 중심적 역할을 하는 대니얼 데닛의 저술들을, 오늘날 후기 자본주의의 주체성에 관한 알레고리로 읽을 것을 제안했다는 점도 주목해볼 만하다. 슬라보예 지젝은 제임슨을 인용하며 다음과 같이 말한다. "훨씬 더 중요한 것은 도구들—인간이 의존하는 외화된 지능—이 인간 정체성의 내속적 부분이라는 데닛의 주장이 데닛 스스로 가고 있는 것보다 더 멀리까지 나아가야 할 길을 열어놓는다는 데 있다. (…) 인간은 사회관계의 총체이므로, 왜 데닛은 그다음의 논리적 단계를 취하여 이 사회관계의 그물망을 곧바로 분석하지 않는가? 도구로부터 특히 언어 그 자체에 이르기까지 이 '외화된 지능' 영역은 자신만의 영역을, 즉 헤겔이 '객관적 정신'이라고 불렀던 것의 영역, 자연적 실체에 대립하는 인공적 실체의 영역을 형성한다." 슬라보예 지젝, 『신체 없는 기관』, 이성민 · 김지훈 · 박제철 옮김, 도서출판 비, 2006년, 47쪽.

여섯 번째 아수라장

인터페이스에 내재한 인지 모델의 몬스터들을 내면화하면서 독특한 신체적 감각의 지향성을 지닌 행위자로 변모할 수 있다고 말이다.*
좀 더 단순화하면 컴퓨터의 모델링 인터페이스는 특정한 문제 해결 프로세스를 디자이너의 인터랙션하는 신체에 각인하는 것이다.[13]

이런 관점에서 보면, 컴퓨터 모델링 인터페이스의 등장에 뒤이어 그에 상응하는 독특한 조형 원리가 출현하는 것은 당연해 보인다. 일단 그것은 기존의 좌표적 공간에서 생산된 유클리드 기하학의 조형 원리와는 거리가 멀다. 실제로 카티아, 라이노세로스, 프로/엔지니어, 마야와 같이 GUI와 넙스 알고리즘을 통합한 컴퓨터의 모델링 인터페이스들의 확산은, 형태와 기능에 대한 모더니즘적 혹은 포스트모더니즘적 개념화를 해체했다. 주지하다시피, "형태는 기능을 따른다"라는 모더니즘의 결정론적 명제는 포스트모더니스트들의 이데올로기적 공격으로 인해 과거의 영광을 복원하기 불가능할 정도로 약화된 상태였다. 한편 포스트모더니스트들은 기능에 대한 형태의 우위, 기의에 대한 기표의 우위 등을 내세우긴 했지만, 형태의 정태적 속성에 대한 모더니즘의 전제를 무력화하는 데까지 나가진 않았다. 하지만 넙스 모델링은 이 양자가 공유한 형태의 속성 자체에 근본적인 의문을 제기한다.

이를테면 넙스 모델링으로 디자인된 대상은 적어도 스크린 내부에서라면 정태적이지도 고정적이지도 않다. 오히려 강렬한 표면 장력의 굴곡을 전시하는 유동적인 곡면체로 존재한다. 그것은 점성(粘性)을 지닌 채 항구적인 변형의 상태에 놓여 있는 듯 보이는

* 이 문장은 심(Sim) 게임즈의 제작자, 윌 라이트의 표현을 약간 변형한 것이다. 원 문장은 다음과 같다. "게임을 행한다는 것은, 사용자와 컴퓨터 사이의 끊임없는 반복 루프다. 사용자는 컴퓨터 모델의 멘탈 모델을 구축하려고 시도한다." Lev Manovich, *The Language of New Media*, Cambridge: MIT Press, 2000, p.289.

변종-디자이너 혹은 인조인간

위상학적 표면인데, 그 표면의 역동성은 디자이너의 인식적 행위가 만들어낸 벡터적인 힘들이 알고리즘의 매개를 거친 결과이다.* 특정 소프트웨어의 경우, 이런 매개의 과정은 디자인된 대상의 표면에만 머무르지 않는다. 표면 일부의 변화는 자동적으로 제품 전체의 구조에 전달되어 내부 메커니즘을 재조정하기도 한다. 말 그대로 제품의 외피와 내부 메커니즘은 이음매 없이 통합되는 것이다. 여기에서 유클리드 기하학의 흔적을 찾아보기란 쉽지 않다. 결국 우리는 이런 결과물을 설명하는 데 디자인 이론가 엘런 럽튼의 지적을 참고삼아 형태보다는 '외피(skin)'의 개념이 더 유효한 것이 아닌가를 고민해야 하는 처지에 놓이게 된다.[14]

여기에서 GUI와 특정 알고리즘의 모델링 인터페이스, 디자이너의 인식적 행위, 인터랙션의 벡터적 힘들이 기입된 스킨은 사실상 삼위일체의 관계를 형성한다. 우리가 사이보그 과학과 디자인 이론의 담론 네트워크 정립, 엔터테인먼트 산업에 의한 군사적 컴퓨터 그래픽 기술의 산업화, 인터랙션의 다이어그램으로서 인지 모델의 도입, 이 세 가지 역사적 과정을 뒤쫓다가, 앞서 언급한 변종-디자이너를 다시 마주하게 되는 것도 바로 이 삼위일체의 관계 한복판에서이다. 이 관점에 따르면, 기존의 디자인 교육 프로그램에서 그림 그리기라는 전통적인 모델링 인터페이스는 나름대로 인식적 행위의 미디어로 기능했다. 다만 우리의 변종-디자이너에겐 그저 실용적 행위의 도구에 그쳤을 뿐이다. 반면 그에게 컴퓨터의 모델링 인터페이스는 인식적 행위의 미디어로서 그의 문제 해결 프로세스 내부에 그리고 그 프로세스의 결과로 디자인된 '외피'에 개입하고 있는

---

* 물론 여기에서 벡터적 운동을 생성하는 인터랙션의 사건들을 내부화해 디자이너의 개입을 허용치 않는 방법도 있다. 즉 컴퓨터의 인공지능화된 연산으로 형태의 생성을 처리하는 방법이 그것이다. 그레그 린의 접근이 그 대표적 사례이다.

여섯 번째 아수라장

것이다. 이런 측면에서 보자면 우리는 이 변종-디자이너야말로 강도 높은 인터랙션을 통해 인지 모델의 몬스터들을 내면화한 상태라고 주장할 수도 있다. 그는 의도치 않게 인터랙션의 실험실에서 컴퓨터의 모델링 인터페이스에 길들여지고 적응하고 의존하면서, 결국엔 가장 GUI 친화적인 인지적 행위자로 거듭났던 것이다.

차세대 변종-디자이너

돌이켜보면 위와 같은 변종-디자이너의 출현은 당연한 일이기도 했다. 한번 생각해보자. 한편에는 20세기 후반 개발도상국의 유소년에서 21세기 초반 OECD 가입 국가의 디자이너로 성장하는 개인사적 과정이 있고, 다른 한편에는 제2차 세계대전과 한국전쟁 이후 중심부에서 전개된 디지털 테크놀로지 발전의 세계사적 과정이 있다. 대부분의 경우, 양자의 과정은 상이한 주기와 궤도를 지니며, 따라서 동일한 궤도 내에서 동기화될 가능성도 매우 희박하다. 기껏해야 전자는 후자가 영향력을 발휘하는 '중력장' 내부에만 일정 기간 머물 수 있을 뿐이다. 그런데 수많은 우연이 겹쳐진 결과로 종종 두 과정이 서로 근접 조우하는 경우가 발생하기 마련이다. 우리의 변종-디자이너가 바로 그 근접 조우의 사례라고 가정해보면 어떨까? 더 나아가 가상으로 그의 개인사를 구성해보면 어떨까?

먼저 근접 조우의 첫 단계로 그가 20세기 후반부에 진행된 테크놀로지의 역사적 발전 과정을 '소비자'의 자리에서 뒤늦게, 그리고 압축적으로 경험하는 과정을 상상해볼 수 있다. 아마도 그 경험의 첫 자리에는 '아타리'의 게임 콘솔이나 전자오락실의 아케이드 게임이 자리하고 있을 것이다.[15] 초등학교 시절 친구네 집을 자기 집 드나들 듯이 하거나 엄마 몰래 동전을 훔쳐 전자오락실의 출석부를 찍던 경험, 그는 분명 이 경험 덕분에 컴퓨터의 모델링 인터페이스가 요구하는 눈과 손의 협응에 일찍 적응할 수 있었을 것이다. 특히 그의 부모가 만일 중산층 수준의 경제적 여유를 가지고 있었다면, 그의 전자오락에

변종-디자이너 혹은 인조인간

대한 관심은 곧바로 8비트 개인용 컴퓨터로 직진했을 것이다. 그리고 애플 2와 SPC-1000과 MSX, 세 기종 중 하나를 선택해 초급 프로그램 언어인 베이직으로 기계 언어의 세계에 조심스럽게 첫발을 내딛었을 것이다. 여기에 그 무렵, 주말 텔레비전 오락 프로그램의 뮤직비디오 소개 코너에 '오프닝'으로 등장한 영화 「트론(Tron)」의 바이크 체이싱 장면까지 보게 된다면, 그는 나름대로 정시에 도착한 것이나 다름없다.

그러나 아쉽게도 그 다음부터 그의 시간은 더디게 흘러간다. 적어도 코프로세서를 부착한 486 컴퓨터와 함께 「터미네이터 2」와 「쥬라기 공원」과 조우하기 이전까지 말이다. 우연히 최신의 애플 매킨토시 시리즈를 친구 어깨너머로 구경하기도 했지만, 워낙 고가라서 직접 만져볼 기회는 오지 않았을 것이다. 학교의 과학 실험실에 놓여 있던 IBM 호환 기종 AT 컴퓨터는 담당 선생님의 눈치를 봐야 했기 때문에 그의 관심 대상이 아니었을 것이다. 아마도 그는 워크맨의 이어폰으로 귀를 걸어 잠근 채, 그렇게 느리게 가는 시간을 견뎌냈을 것이다. 다행인 것은 그사이에 그는 고등학교의 과학 선생님으로부터 소련의 스푸트니크 호 발사 성공 이후 미국 과학기술계의 변모에 대해, 그리고 대학 전공 교수로부터는 80년대 후반 일본의 어느 대학에서 '에번스 앤 서덜랜드 픽처 시스템(Evans and Southerland Picture System)'으로 이미지 합성을 실험한 경험담을 들을 수 있었다는 것이다.[16] 만약 그가 자신의 머릿속에서 두 사건을 연결한 후 그 사이의 공백에다가 자신의 소년기 시절 경험담을 채워보았다면 어떠했을까? 테크놀로지 발전사의 연표를 그려가는 가운데, 개발도상국의 학생인 자신의 위치를 가늠해볼 수 있지 않았을까? 물론 이는 8비트 컴퓨터를 만지작거리다가 우연히 「트론」의 한 장면을 보게 되는 것보다 훨씬 실현 가능성이 낮은 초 고난이도의 사건이라고 할 수 있다. 그 시절에는 인터넷도 위키피디아도 존재하지 않았으며, 기껏 참고할 수 있는 자료란 동아 원색 대백과사전의

여섯 번째 아수라장

과학기술 특집호나 일본 과학 잡지『뉴턴(Newton)』의 한국판『월간 과학』정도가 전부였을 테니 말이다.

　이제 근접 조우의 두 번째 단계로 접어들 차례다. 이 단계에서 변종-디자이너는 공대 계열의 디자인학과에 진학함으로써 소비자에서 사용자로 자리를 옮겨갈 수 있었다. 때마침 IBM PC 호환 기종의 모델 체인지가 빠르게 진행되고 MS-DOS가 윈도우 운영체제로 변신을 꾀하던 격변의 시기였다. 그는 오토캐드와 코렐 드로우를 사용하면서 존 워노크가 개발한 히든 서페이스 처리 알고리즘과 포스트스크립트 개념을 이해했을 것이고, C 언어로 1만 라인짜리 3D 그래픽 프로그램을 다 짜고 난 이후에도 버그를 잡느라 밤을 꼬박 새우고 나서야 컴퓨터그래픽스 과목의 과제로 제출했을 것이다. 물론 인터넷 머드 게임에 열중했고 PC 통신의 채팅방을 들락거리는 것도 잊지 않았을 것이다. 또한 그로부터 얼마 후 비트맵 기반의 그래픽 소프트웨어들이 사라지고 오토캐드가 3D 맥스에게 자리를 내주는 광경도 지켜보았을 것이다. 만약 그가 당시 비디오로 뒤늦게 유행하던 '저주 받은 걸작'「블레이드 러너(Blade Runner)」(1982)를 봤다면, 분명 리플리컨트 로이의 마지막 대사를 윤색해 혼자 중얼거렸을 것이다.

　　나는 너희들이 믿지 못할 광경을 목격했지. 허큘러스 그래픽
　　카드를 장착한 모노크롬 모니터에서 깜박이던 커서도 보았고,
　　320×200 해상도의 256 컬러 모드로 렌더링된 와이어프레임
　　구조물도 보았지. 이 모든 기억들이 시간 속으로 사라지겠지.
　　빗속에 흐르는 내 눈물처럼.*

* 로이의 원래 대사는 다음과 같다. "난 너희 인간들이 믿지 못할
　광경을 목격했지. 오리온자리 부근에서 불에 휩싸인 공격함이 있었고,
　탄호이저 게이트 부근의 어둠 속에서 빛나던 씨-빔도 봤어. 그 모든
　순간들이 시간 속으로 사라지겠지. 빗속에 흐르는 내 눈물처럼."

　　　　　　변종-디자이너 혹은 인조인간

249

이 단계에서 중요한 것은 우리의 변종-디자이너가 중심부와의 시차가
거의 사라진 개인용 컴퓨터 환경을 순차적으로 경험할 수 있었다는
점이다. 달리 말하자면 그는 디자인과 관련된 테크놀로지적 조건에
있어서만큼은 국제 표준 시간을 살아가는 사용자로 변모했던 것이다.
이런 상황에서 전공 교수들은 그에게 디자이너로서의 '태도'를 가르칠
수 있을지언정, 변종-디자이너가 취한 모델링 인터페이스에 대해
별다른 개입을 행하기는 어려웠다. 그들은 그 부분에 있어서만큼은
거의 문외한이나 다름없었다. 20세기 중반 태생으로서 제3세계의
미술대학에서 디자인학부 전공을 마쳤으며 유학생의 신분으로 미국에
다녀와 개발도상국의 공과대학에 교수로 임용된 이들이었다. 이들은
중심부의 디자인 사고와 라이프스타일을 빠른 속도로 흡수했고
공과대학 소속인 만큼 최신 테크놀로지에 열린 태도를 취했지만,
테크놀로지의 혁신이 유도해내는 감각의 변화까지 뒤쫓을 여력은
없었다. 그들이 주로 중심부와 주변부의 시차를 활용해 해외의
최신 트렌드를 수입하거나 번역하는 전략을 구사했던 이유도 이
때문이었다. 그들은 자신에게 선진 문물이나 다름없었던 중심부의
디자인을 '공부'했던 것이지, 전 생애 주기에 걸쳐 일상의 질서 일부로
'경험'했던 것은 아니었다. 변종-디자이너는 그들과는 다른 시간대에
속한 인간이었다. 그는 남들보다 일찍 이런 상황을 파악했고, 바로 그
덕분에 선제적인 처세술로 교수진의 간섭을 최소화하면서 자기 자신의
이동 경로를 확보할 수 있었다.

　　아마도 자신을 '변종'이라고 믿는 이들이라면, 우리의 변종-
디자이너처럼 테크놀로지 발전의 역사적 좌표 내부에서 자신의 이동
경로와 현재 위치를 가늠해보는 것이 그리 어려운 일이 아닐 것이다.
실제로 우리의 변종-디자이너가 흥미로워하는 대목은 차세대 변종-
디자이너들의 이동 경로다. 아마도 그들은 닌텐도-ADSL 인터넷-
바람의 나라-스타크래프트-싸이월드-버디버디-구글 혹은 네이버-
포토숍-아이폰으로 이어지는 경로로 이동하며 전 세대의 변종들과는

여섯 번째 아수라장

상당히 다른 방식으로 GUI-친화적인 인지적 행위자로 거듭나지
않았을까?*

　　이 지점에 도달하면 우리는 지금은 약간 촌스러워 보이는
질 들뢰즈와 펠릭스 가타리의 "기계-되기"라는 개념을 차용하고
싶은 욕망에 시달리게 된다. 르네상스 시대에 투시도법의 창안이
휴머니즘적 주체의 탄생을, 그리고 19세기 후반 영화의 발명이 광학적
무의식을 갖춘 몽타주적 주체의 출현을 야기했듯이, 21세기 초반,
중심과 주변, 그 사이에 위치한 독특한 테크놀로지 환경은 다양한
디지털 미디어들의 흥망성쇠를 통해 새롭게 '체현된(embodied)
인터랙션'의 경관을 매번 재편함으로써, 다종다양한 변종들의 출현을
위한 가능성의 조건을 마련해놓고 있는 듯 보이기 때문이다.

* 그 사례로 다음의 책과 글을 주의 깊게 살펴볼 필요가 있다. 정현
『PBT — 포토샵 브러시 텍스트』, 초타원형 출판, 2014년. 그리고
신생공간 반지하의 텀블러(http://vanziha.tumblr.com/)에 게재된
강정석의 글 「인스턴트 던전」.

변종-디자이너 혹은 인조인간

1. Andrew Pickering, "Cyborg History and the World War II Regime," *Perspectives on Science*, no.3, 1995, pp.1-48.

2. 사이보그 과학과 디자인 담론의 관계에 대해선 다음의 논문을 참고하라. 박해천, 「디자인 방법론의 역사적 맥락에 대한 연구: 사이보그 과학과의 관계를 중심으로」, 『디자인학 연구』, 통권 제67호, 2006년, 105~118쪽. 나이젤 크로스, 「기계가 디자인할 수 있을까?」 『디자인 앤솔러지』, 박해천 외 엮음, 시공사, 2004년, 82~93쪽.

3. 모델링 인터페이스의 개념화에 대한 더 자세한 설명은 본 글의 전편이라고 할 수 있는 다음의 글을 참고하라. 박해천, 「디자인의 모델링 인터페이스ㅣ투시도법과 캐드 소프트웨어의 경우」, 『인터페이스 연대기』. 디자인플럭스, 2009년.

4. 스콧 부캣먼, 「깁슨의 타이프라이터」,

『디자인ㅣ텍스트 02: 포스트휴먼 디자인, 비정한 사물들』, 오승환 옮김, 홍디자인, 2001년, 129~136쪽.

5. Timothy Lenoir, "All but War is Simulation: The Military-Entertainment Complex," *Configurations*, vol 8, pp.302-307.

6. 레프 마노비치, 『뉴미디어의 언어』, 서정신 옮김, 생각의 나무, 2004년, 351쪽.

7. Norman M. Klein, *The Vatican to Vegas: A History of Special Effect*, New York: The New Press, 2004, pp.241-242.

8. 마누엘 데란다, 「그물, 위계, 인터페이스」, 『디자인ㅣ텍스트 02: 포스트휴먼 디자인, 비정한 사물들』, 181~183쪽.

9. 그래픽 유저 인터페이스에 대한 더 자세한 설명은 다음의

글을 참고하라. 박해천, 「인간과 컴퓨터의 공진화ㅣ앨런 케이의 그래픽유저인터페이스」, 위의 책.

10. Branden Hookway, "Cockpit," *Cold War Hothouse*, Beatriz Colomina (ed.), New York: Princeton Architectural Press, 2004, p.43.

11. Stefano Franchi & Guven Guzeldere, "Machinations of the Mind: Cybernetics and Artificial Intelligence from Automata to Cyborgs," *Mechanical Bodies, Computational Mind: Artificial Intelligence from Automata to Cyborgs*, Stefano Franchi & Guven Guzeldere (eds.), Cambridge: MIT Press, 2005, pp.53-55.

12. Andy Clark, *Being There: Putting Brain, Body and World Together Again*, Cambridge: MIT Press,

1997, pp.53-69. 그리고
대니얼 데닛,「연산에 의한
지각」,『과학의 최전선에서
인문학을 만나다』,
존 브룩만 엮음, 안인희
옮김, 소소, 2006년.

13. 다음을 참고하라.
조르조 아감벤,『장치란
무엇인가: 정치학을 위한
시론』, 양창렬 옮김, 난장,
2010년.

14. Ellen Lupton,
"Skin: New Design
Organics," *Skin:
Surface, Substance,
Design*, Ellen
Lupton (ed.), New
York: Princetion
Architectural Press,
2001, pp.28-41.

15. 허준석,「전자오락실,
오래된 기억: 전자오락실의
미친 열정은 온라인에서도
지속되는가」,『한국의
디자인 02: 시각문화의
내밀한 연대기』, 2008년,
156~171쪽.

16. 조영제 · 강현주,
『한국 디자인사
수첩―한국의 폴 랜드,
조영제를 인터뷰하다』,

디자인플럭스, 2010년,
201쪽.

도판 목록

다섯 번째 아수라장

176 / 216~222쪽. 인포 그래픽. ⓒ 신수현(데이터 분석), 김형재 · 유연주(디자인)
신도시의 선거 관련 데이터는 중앙선관위 홈페이지 자료실을, 연령대별 인구 구성은
통계청 통계표 파일 서비스를 참조했다. 그리고 1997~2005년 구간의 아파트
실거래가 자료는 닥터아파트의 평형별 거래 가격 자료를, 2006~2014년 구간은
국토부 실거래가 사이트를 각각 참고했다.
189쪽. 칠성사이다 잡지 광고, 1978년.
203~204쪽. 평촌 이마트 내부 전경, 2006년. ⓒ 강재구

이 책에 실린 일부 도판은 저작권자를 찾지 못했습니다.
저작권자를 찾는 대로 동의 절차를 밟겠습니다.

아수라장의 모더니티
박해천 지음

초판 1쇄 발행. 2015년 8월 31일
2쇄 발행. 2016년 3월 30일

발행. 워크룸 프레스
편집. 박활성
인쇄 및 제책. 스크린그래픽

워크룸 프레스
출판 등록. 2007년 2월 9일 (제300-2007-31호)
03043 서울시 종로구 자하문로16길 4, 2층
전화. 02-6013-3246
팩스. 02-725-3248
이메일. workroom@wkrm.kr
www.workroompress.kr
www.workroom.kr

ISBN 978-89-94207-57-5 03300
값 15,000원